원불교 남도와 만나다

글·방길튼 조성식

남도와 원불교

소태산 대종사께서 태어나 구도하시고 대각하신 곳. 그리고 구인제자들과 방언공사와 법인성사를 나투었던 근원성지 영산靈山이 속해 있는 남도. 그리고 정관평 대부허가를 받은 옛 전남도청과 구산 송벽조와 정산종사가 구금을 당했던 광주형무소와 광주경찰서가 있고, 학비를 마련하기 위해 공장에 다녔던 여학원생들의 자취가 깃들어 있는 광주제사공장, 법문의 소재인 송정리 밥상과 덕진이 예화에 나오는 덕진교가 있던 영암천 등.

이렇듯 소태산과 제자들의 발자취가 있는 남도의 그 자세한 역사가 정리되지 못한 안타까움이 있었습니다. 아울러 정리된 역사도 세밀한 검증이 되지 못한 부분이 있었습니다. 이러한 아쉬움을 해결해줄 소중한 책, 『원불교, 남도와 만나다』의 발간을 축하합니다.

『원불교, 남도와 만나다』는 기록된 역사적 사실을 나열한 것이 아니라, 하나하나 자료를 찾고 현장을 찾아 검증하고 확인하는 힘겨운 작업입니다. 이는 단순히 역사를 기록하는 것을 넘어서서 그 속에 담긴 뜻을 발견하고 해석하는 매우 의미 깊은 일이라 할 것입니다.

『원불교, 남도와 만나다』는 소중한 역사교과서로 가치가 클 것이며, 두 발 걸음으로 또는 대중교통으로 찾아가는 순례안내서가 될 것입니다. 마음공부의 길로 인도하고자 애쓰셨던 소태산 대종사와 제자들의 거룩한 역사를 만날 것이며, 초창 당시 창립의 기쁨에 어려움도 잊은 채 애쓰셨던 선진들의 노고와 정신을 느낄 수 있을 것입니다.

또한 이 책은 소태산과 그를 따르던 제자들이 남기신 역사 현장을 탐방하고 체취를 느끼는 소중한 자료가 될 것이며, 그 깨어있는 혼을 체받는 이정표가 될 것입니다. 결국 이러한 활동들이 남도에 깃들어 있는 원불교의 자취를 느끼는 체험의 발길이 되고, 우리들의 신앙과 수행을 촉진하는 숨결이 될 것입니다.

이 한 권의 책이 나오기까지는 많은 어려움이 있었을 것입니다. 특히『원불교, 남도와 만나다』는 하나하나 현장조사를 통해 확인을 하고, 지난 역사의 자료를 수집하고, 수집된 자료들을 다시 확인하는 힘겨운 여정이었을 것입니다.

그러나 사명감을 가지고 자료를 모으고 현장을 답사하며, 바쁜 가운데 집필하고 교정을 통해 인쇄에 부치기까지 애써주신 길산 방길튼 교무와 조성식 교도께 마음 깊이 감사드립니다.

이 책이 남도와 만나는 교량역이 되기 바라며, 특히 교당별로, 단團별로 순례를 통해 신심을 북돋우고 자긍심을 키우는 계기가 되길 염원합니다. 아무쪼록 이번『원불교, 남도와 만나다』발간을 계기로 광주·전남에 소태산 대종사의 법음法音이 널리 퍼져 행복한 낙원으로 가꿔가길 바라며, 재가·출가 모두 소태산의 정법正法을 실천하고 인도하는 공부인으로 더욱 성장하기를 기원합니다.

원불교 광주·전남 교구장
준산 장덕훈 교무 합장

원불교, 남도南道와 만나다

'호남공중하처운湖南空中何處云 천하강산제일루天下江山第一樓'
(호남은 어떤 곳인가? 천하의 제일 전망처니라)

원불교 창시자이신 소태산少太山 박중빈(朴重彬, 1891~1943)의 호남에 대한 평이다. 소태산은 남도를 일러 이땅 제일의 전망이 깃든 곳이라했다. 소태산은 호, 중빈은 법명으로, 원각성존圓覺聖尊 또는 '소태산 대종사大宗師'라 존칭한다. 원불교는 호남과 밀접하다. 왜냐하면 전남 영광군 백수읍 길룡리에서 비롯되었기 때문이다. 다만 영광에 한정해 원불교를 얘기하다 보니, 영광 권역(칠산 바다 포함) 외의 광주·전남 지역의 원불교, 곧 남도와 관련된 원불교의 발자취는 잘 알려지지 못한 것 또한 사실이다.

남도 원불교에 관련된 행적, 활동 그리고 이야기들을 발굴 소개해서 남도 원불교를 새롭게 재발견하는 것이 시급하다. 나아가 이러한 사실을 바탕으로 한 남도 원불교 관련 순례길을 조성할 필요도 있다. 남도 원불교의 역사와 이야기를 잘 정리정돈하여 모두가 쉽게 접할 수 있도록 해야 할 것이다.

『원불교, 남도와 만나다』란 제목에서 '남도'가 '광주와 전라남도(영광 제외)' 권역을 뜻한다면, '원불교'는 소태산의 가르침을 받은 당대의 제자들을 포괄하는 의미로 사용한 것이다. 이는 소태산 당대 전후의 제자와 당시 사건들을 총괄하는 개념인 것이다. 『원불교, 남도와 만나다』는 남도와 관련된 소태산 대종사와 당대 제자들의 이야기인 셈이다.

남도 원불교는 일제강점기와 해방 이후를 거치며 다양한 행적, 활동 및 이야기를 통해 발전해 왔지만 아직까지도 남도 원불교를 이해하기에는 아쉬움이 남아 있다. 남도와 관련된 '소태산 및 소태산 당대 전후의 제자들과 사건을 재발견하고 이해하는 것이 필요하다. 광주는 원불교 초기 제자들의 자취들이 깃들어 있는 지역이다. 옛 전남도청과 정관평, 옛 광주형무소와 구산 송벽조, 옛 광주경찰서(감옥소)와 정산 송규, 무등산 전망지인 경양호와 경산 조송광, 광주 제사공장과 여학원생들, 도산 안창호 광주 강연과 소태산 이야기, 광주 고 외과와 일타원 박사시화의 순교 등에는 '다양한 행적과 활동 및 이야기'가 고스란히 스며있기 때문이다.

광주에 이어 살펴볼 장성 또한 영광과 익산을 오가는 관문으로 소태산과 제자들의 행적과 이야기가 남아 있다. 장성역은 원불교 태동성지 영광과 원불교 전법성지 익산총부를 이어주는 관문이었고, 장성역과 사창을 경유해 깃재로 넘어가는 길은 소태산 대종사와 제자들이 걸었던 길이다.

광주와 장성 말고도 송정리역과 송정리 밥상, 옥과의 월파 유팽로 시와 『대종경』 인도품 이야기, 유산 유허일의 '효도의 감응' 예화와 곡성 성덕산 관음사 연기설화, 광주권역 최초의 법회지인 창평과 장흥 고씨 집안의 입문, 소태산 법설 예화와 영암 덕진다리, 영산포와 사타원 이원화 생이별 이야기, 함평출신 향산 안이정 출가 이야기, 목포역~완도 뱃길과 경산 조송광의 완도 기행 등이 전해지고 있다.

뿐만 아니라 독립운동가였던 선산 변중선, 미산 오미선, 소남 김영현, 근산 지해원 등이 소태산의 가르침과 정산종사의 활동에 귀의해 원불교 신앙수행을 했던 이야기도 남아 있다. 더불어, 5·18 민주항쟁에 직·간접적으로 참여했던 남도 원불교의 역사 또한 깃들어 있다.

남도는 동학농민혁명, 의병전쟁, 3·1운동, 광주학생독립운동 그리고 5·18 민주화운동으로 이어지는 우리 근현대사의 질곡과 험난한 여정을 고스란히 보여준다. 바로 이 땅의 독립운동과 민주화운동 나아가 세계로 이어지는 일류인권운동의 터전이자 중심지인 것이다.

이 책은 이러한 남도 정신과 접속하는 기연이 되기를 바라며 남도에 새겨져 있는 소태산과 제자들의 자취가 원불교 내의 역사로만 그쳐 있을 것이 아니라 남도의 역사 문화와 함께 공명하기를 바라며 집필했다.

끝으로 이 책이 나오기까지 관심 가져준 원불교 광주·전남교구의 재가·출가 교도님들께 감사드리며, 특히 끝까지 믿고 후원해주신 준산 장덕훈 교무(광주·전남 교구장)와 교구사무국에 감사드린다. 또한 독해가 원활토록 글을 다듬고 자료 보강을 더해 준 출판사 [상상창작소 봄]의 김정현 대표와 관계자들께도 깊이 감사드린다.

2020년(원기 105년) 12월 말에

방길튼 · 조성식 합장

목 차

추천사 '남도와 원불교'
머리말 '원불교 남도와 만나다'

1장
광주의 숨결 따라

1. 정관평 대부허가 및 준공인가와 옛 전남도청

1. "1일에 영광 간부 이재철, 송규 양씨 언堰에 대한 교섭사交涉事로 전남도청을 경유 향영차向靈次 출발하다."(《월말통신》 제26호, 시창 15년 4월호, 인사동정) 옛 전남도청에 정산 송규와 일산 이재철이 정관평 준공 업무차 내왕한다.

2. 《월말통신》 제12호 시창 13년도(1928) 영광지부 결산 보고 중 손익대조표를 보면 '토지/언답준공신청及측량비//129.22'와 '修堰費/증책비//50.03'와 '구채반상/방언시부채. 김덕일 박원석 허//510'의 기록이 보인다. 방언 준공 신청을 위해 측량비용과 계속된 방언 수리비 지출 기록이 보이며, 특히 방언공사 시 청정리 김덕일(400원) 등에게 빌린 구채를 갚은 기록도 보인다.

3. "향하야 우편右便은 촉대봉燭臺峰이요 좌편左便의 고봉高峰은 옥녀봉玉女峰이며 대소大小의 峻峯이 연접連接한 중에 구호의 농장이 출현되었네."(《월보》 제41호, 이공주 作 '영산지부가' 4절)라는 문장이 보인다.

원불교의 창시자인 소태산 박중빈(이하 소태산 또는 소태산 대종사라 칭함)은 창립제자 8인과 함께 고향인 영광군 백수면 길룡리 앞 간석지를 막아 농토로 만드는 방언제방,공사를 한다.

1918년(원기 3년) 음력 4월 4일 시작해 1919년(원기 4년) 음력 3월 26일 준공한 간척공사였다. 준공 무렵 허가권 분쟁이 일어났으나 1919년 9월 16일자로 전라남도 제161번째(「전라남도 국유미간지 허가대장」 제161호)로 간석지 대부가 허가된다.

방언공사의 출원인은 김성섭(법명: 김광선) 외 8명으로 되어 있으며 출원간척 면적은 7정町1반反9무畝24보步로 약 2만 평이었다. 미간지 대부 기간은 1926년 12월 말일까지였고 대부료는 매년 4원씩이며 사업성공 후 부여하는 조건이었다.

대장의 이면기재 사항에 준공인가 신청 제출은 1925년 12월 5일에 접수해 12월 25일에 서류 미비로 일단 반려되었다가 1930년 7월 17일 답畓 1만 9천7백17평, 제방 1천8백21평, 호유지湖遊池 9백27평으로 준공인가[1] 된 사실이 기록되어 있다.[2]

결국 옛 전남도청은 정관평 대부허가 및 준공인가처이며, 관련서류의 보관처였다.

길룡리 구호동 아래 해안 전면의 보은강을 중심으로 양처兩處 방언답을 조합장인 소태산 대종사의 본가가 있던 구호동과 구인 제자들이 막았다 해서 주민들은 구호농장九虎農場[3] 또는 정관평貞觀坪이라 불렀다.

정관평이란 명칭은 1934년(원기 19년) 10월호인 《회보》 제12호 '영광

▲ 정관평 큰 언답(옥녀봉 아래)

▲ 정관평 작은언답 (영상원 아래)
〈소태산대종사탄생100주년기념 화보집〉에서, 1943년 촬영

근황'에 "안전眼前에 정관평의 도색稻色은 발수發穗가 되어 구롱溝에 충
만하고"라는 문장에서 처음 등장한다. 또《회보》제17호에 '정관평에 파
종하는 농부',《회보》제23호에 '정관평 넓은 들'이란 표현이 보인다.

　방언공사로 만들어진 정관평은 길룡리 주민과 그들의 모금으로 이룬,
길룡리 지역사회의 숙원이었던 논畓을 만드는 공익사업적인 성격이 있다.

정관평은 원불교 창립정신 산실이요, 초기 교단의 경제적 기반이었으며, 소태산과 창립제자의 자작자급自作自給, 주경야독晝耕夜讀, 이사병행理事竝行 영육쌍전靈肉雙全의 현장이었다.

　이와 같은 의미를 지닌 정관평의 대부허가와 준공인가는 옛 전남도청에서 이루어진 것이며, 관련 서류가 오랜 기간 이곳에 보관되었다.

▲ 정관평 제명바위

▲ 정관평 수확을 앞둔 영광지부 작농부

靈光白岫吉龍
干潟地兩處防堰組合

員　　設始員　　朴重彬

李仁明

朴京文

金成燮

劉成國

呉在謙

金聖久

李載馮

朴漢碩

大正七年四月四日始

大正八年三月三十六日終

▲ 방언공사 준공기념비, '방언조합원 설시원 제명비'

　　정관평 제명바위는 조합장 박중빈을 비롯하여 8인 조합원의 이름을 대략 나이순으로 새겨 넣은 원불교 최초의 금석문이다.

　　1919년(원기 4년) 음력 3월 26일 3만여 평의 간척답을 준공하고 방언공사 준공기념비를 간척답인 정관평이 내려다보이는 옥녀봉 중턱 3m여 높이에 설립했다. 자연석 바위에 시멘트를 판처럼 바른 후 가로 90cm, 세로 45cm의 판에 간척사업의 시始와 종終, 설시원設始員의 제명題名을 한문으로 오른쪽에서부터 세로로 음각하였는데, 제명바위는 원불교 최초의 금석문金石文이며, 가장 오래된 기록문記錄文이다.

　　◎ 방언공사가 순조롭게 진행되어 길룡리 갯벌에 옥답이 생긴다는 소문이 돌자 이웃 마을 부호가 자기의 권세와 금전을 믿고 간석지 대부 원서를 관계 당국에 제출하여 허가권을 뺏으려는 시도를 한다.

　　이웃 부호는 천정리 부호와 장산리 부호가 있다. 천정리 부호는 방언조합에 돈을 빌려준 사람[4]이며, 장산리 부호는 길룡리 간척지 중 2-4번지(807평)를 간척한 사람[5]이다. 그는 1919년 이전에 이미 이 토지를 개간했다고 한다.[6] 2-4번지는 1919년부터 개간하나 1927년 대부허가를 받아 1930년 준공하게 된다.

4. 김덕일. 천정리 천기동 거주

5. 김원영. 장산리 거주. 1928년에 장산리 2건의 미간지 대부 허가를 받는다.

6. 신순철, '1918년 길룡리 방언조합의 간척공사 연구', 『한국근대사에서 본 원불교』, 도서출판 원화, 74쪽

◀ 정관평 제2차 방언공사
(1956년 현장)

◀ 정관평 제2차 방언공사
착공식(1956년)

　　만일 천정리 부호가 허가권을 뺏으려고 했다면 방언조합이 천정리 부호
의 빌린 자금이 대여금이냐 투자금이냐 하는 논쟁이 있었을 것으로 추정
된다. 또한 만일 장산리 부호가 허가권을 뺏으려 했다면 길룡리 인근에서
간척사업을 시도했기에 허가신청의 과정에서 인근지역이기에 본인의 영
역이라고 주장했을 가능성도 있다.

　　이에 장차 토지 소유권 문제에 걱정되는 바가 적지 아니한지라 단원들
이 그를 깊이 미워하게 된다. 이 상황이 『대종경』 서품 9장에 약술되어 있
고 법문의 소재로 등장한다.

　　"단원들이 방언 일을 진행할 때에 이웃 마을의 부호 한 사람이 이를 보고 곧 분

쟁을 일으키어 자기도 간석지 개척원을 관청에 제출한 후 관계 당국에 자주 출입하여 장차 토지 소유권 문제에 걱정되는 바가 적지 아니한지라 단원들이 그를 깊이 미워하거늘, 대종사 말씀하시기를 「공사 중에 이러한 분쟁이 생긴 것은 하늘이 우리의 정성을 시험하심인 듯하니 그대들은 조금도 이에 끌리지 말고 또는 저 사람을 미워하고 원망하지도 말라. 사필귀정事必歸正이 이치의 당연함이어니와 혹 우리의 노력한 바가 저 사람의 소유가 된다 할지라도 우리에 있어서는 양심에 부끄러울 바가 없으며, 또는 우리의 본의가 항상 공중을 위하여 활동하기로 한 바인데 비록 처음 계획과 같이 널리 사용되지는 못하나 그 사람도 또한 중인 가운데 한 사람은 되는 것이며, 이 빈궁한 해변 주민들에게 상당한 논이 생기게 되었으니 또한 대중에게 이익을 주는 일도 되지 않는가. 이때에 있어서 그대들은 자타의 관념을 초월하고 오직 공중을 위하는 본의로만 부지런히 힘쓴다면 일은 자연 바른 대로 해결되리라.」

(『대종경』 서품 9장)

"오냐, 우리는 우리 할 일만 하자. 이전에 무용無用한 땅을 양전옥답良田沃畓을 만들어 놓는다면 설사 그 사람 세력에 밀려서 뺏긴다 하더라도 그 공로자는 우리가 분명하고, 또 길룡리 산고랑에서 쌀밥 구경도 못하던 사람들이 농사를 지어 쌀밥을 먹게 될 것이며, 세금이 생겨나서 국고에도 유익할 것이니, 그만큼만 된다면 만족하지 아니한가? 우리는 본래부터 이 전답을 만들어서 개인의 사복私腹을 채우려는 것이 아니라, 공익의 기본금을 삼아 가지고 천하에 도덕을 펴고 고해 중생을 낙원으로 제도하자는 것이 그 목적이니, 국가에나 동민에나 이익만 끼치게 된다면 곧 우리의 목적은 달성하였거늘 이 외에 무슨 여한이 또 있으랴? 제군은 누가 무엇이라고 하든지 관계하지 말고 오직 일만 충실히 하라"고 하였더니, 다행히도 그 사람들은 나의 말을 믿고 나태함이 없이 계속 노력하여 일을 마무리하게 되었던 것이다. …… 우리에게는 언답 대부 허가장이 나오게 되었었다.

(이공주 수필, 시창 23년 6월 6일, 제26회 하선夏禪결제시 소태산의 훈사,

청하문총 1 『금강산의 주인』, 243~244쪽)

　이웃 마을 천정리 부호로부터 몇 차례 돈을 빌렸다는 것은 국유미간지 이용권을 담보로 제공했음을 의미할 수 있다. 「국유미간지이용법시행규칙國有未墾地利用法施行規則」(1911.6 조선총독부 81호) 제20조에서는 '국유미간지를 대부 받은 자가 그 권리를 매매, 양여하거나 또는 담보로 제공할 때는 그 매매, 양여 또는 담보설정의 사유 및 매매 가격 또는 채무액을 기재하고 매수인, 양수인 또는 채권자와 연서連書로 허가서, 그 연도에 있어서 대부료 납부증 및 사업성적보고서를 첨부해 조선총독에게 원출願出해야 한다.'고 규정하고 있다.

　이같이 국유미간지이용법시행규칙에 따라 융자나 대출을 받으면, 사유지나 국유미간지 이용권이 담보로 설정되는 사례들이 많았는데, 이웃마을 부호는 방언조합(저축조합)에 몇 차례 빌려준 돈을 국유미간지 이용권 담보로 책정한 것으로 보인다. 이웃 부호는 방언조합에 투자한 것으로 보았다면, 방언조합은 이웃 부호로부터 빌린 자금이었다. 방언조합(저축조합)은 공사 경위와 담보설정의 사유를 명확히 함으로써 결국 이용권을 대부 받게 된 것으로 보인다.

　「국유미간지 이용법」 제4조에 따르면 대부를 받고자 하는 자는 출원하여 허가를 받도록 규정하고 있다. 이 조항이 악용되어 쌍방에서 하가원이 제출될 수 있으나 아마도 실사가 있었을 것이며 방언조합은 8인의 공동명의로 신청되어서 대부허가권을 뺏기는 어려웠을 것이다.

소태산 대종사는 이 논의 경작권을 주민들에게 나누어 준다. 소작료는 최초 3년간은 면제하고 그 후에는 지주가 수확량 절반을 징수하던 타조법 打租法[7] 에 의해 소작료를 받았다고 한다. 종자나 비료는 소작인이 부담하고 지세와 방조제의 보수비용은 방언조합에서 부담하였다. 소작인들은 논이 거의 없었던 길룡리 실정에서 경작지가 마련되었다는 사실만으로도 고마워하였으며 소작료라는 인식보다는 불법연구회(방언조합의 후신)의 공익사업 기금으로 납부한다는 생각을 가졌다.[8] 당시 전남지역의 소작관행에 비춰볼 때 소작인에게 불리한 내용이 아니었다.

50%의 타조법은 이후 3분작으로 변경된다. 소작의 3할을 도조賭租로 내는 것이다. 이후 국가의 2번에 걸친 토지개혁에 의해 정관평 경작권을 소유권으로 돌릴 수 있었으나 길룡리 주민들이 "대종사님의 은혜에 그럴 수 없다"며 소유권으로의 전환을 포기한다. 이에 원불교 교단은 경작권을 당시의 토지비용에 준한 가치로 보상하고 넘겨받게 된다.

7. 지주가 농지를 대여해 주고 그 대가로서 추수기에 수확량의 절반을 징수하던 소작제도

8. 신순철, '1918년 길룡리 방언조합의 간척공사 연구', 『한국근대사에서 본 원불교』, 원화, 70쪽

▲ 정관평 전경 (큰 언답, 작은 언답, 보은강)

◎ 정관평과 관련된 대부허가와 준공인가 관련 서류가 옛 전남도청에 보관되어 있었다.

길룡리 간척공사 서류 일부가 옛 전남도청 고문서 중 「국유미간지 허가
대장」이 발굴된 것이다. 이를 ≪원불교신문≫ 374호에 발표된다.

≪원불교신문≫ 374호, 1984년 01월 16일 (월)

정관평 간척공사 문건(일부) 발견,

　　중앙문화원이 전남도청서

　　출원문서도 찾아야

교단 초창기에 구인九人선진들의 피땀 어린 노력으로 이룩했던 길룡리 간척사
업—정관평 방언공사—에 관련된 문건의 일부가 발견되어 큰 관심을 모으고
있다. 정화사에서 교고총간을 간행할 당시부터 역사적으로 보존되어야 할 제

1호 보존문서로 지정되어 예의 추적해오던 영산방언 서류 일부가 전라남도청 고문서 중 국유미간지 허가대장에서 발견된 것이다.

… 중략 …

구랍 22일 이공전 중앙문화원장은 전남도청에서 원본을 영인하여 본사에 그 내용을 전하면서 "근 20여 년에 걸친 추적 작업이 이루어져 기쁘다"고 말하고 "九人선진님들이 공동제출한 출원문서 원본이 계속 발견되어진다면 그것은 교보 1호로 지정되어야 할 것"이라말하고, 이번 문서가 발견되기까지 김윤중 교정원장을 비롯, 김정호 학원재단 사무국장과 전남 도청 심광수씨, 김용기 양 의 협력이 컸다고 밝혔다.

◎ 방언공사 전후 시기에 영광 일대에서 간척사업이 활발하였다. 일인 日人들에게 독점권과 우선권이 주어졌다. 이런 중에 자본도 미약하고 경험도 없는 방언조합이 간석사업을 한다는 것은 무척 어려운 일이었다. 소태산은 백수 일대와 법성의 홍농 일대의 간석사업을 유심히 살펴보았을 것이다. 정관평은 큰 언답과 작은 언답으로 구분되어 있으며, '보은강'이라 불리는 수로水路가 있었다. 실제 농경지는 2만 5천여 평이나 제방·수로까지 합치면 약 3만여 평이었다.

1919년도 들어 영광군내에서도 일인日人들을 중심으로 간척사업이 활발하게 진행되었다. 1919년 7월 8일자로 백수면 학산리 아부농장은 염산면 봉남리의 약 80정보의 간석지 대부허가를 받아내었으며, 동년 9월 12일자로 마바유우 이찌馬場雄一가 길룡리를 관류하여 영광읍 근처까지 갯물이 들어가는 천변의 무령리 5정여의 간석지를 대부받았다. 일제당국은 자기들의 특권을 이용하여 공사 시작 전에 일인들에게 선취독점의 우선권을 주면서도, 1년여의 공사 진행 중인 조선인 방언조합에 대해서는 동족간의 개척허가권 분쟁을 야기 시키면서 많은 시간과 정력을 소모시키게 한 뒤, 방조제 준공 5개월 뒤인 1919년 9월 16일자로 대부허가를 내주었다.

불과 1년여 만에 완공된 길룡리 앞 개펄의 방조제 공사는 큰 언답과 작은 언답으로 나뉜다. 현재 문서상에 확인되는 평수는 지번 180-1로 등록된 큰 업답은 19,917평, 그리고 지번 2-5, 16-1로 등록된 작은 언답은 5,790으로 실제 농경지는 25,707평이 된다.

「전라남도 국유미간지 허가대장」 제161호에 보면 대정 8년(1919) 9월 16일자로 간석지 대부 허가가 났다. 8인의 조합원 명의로 7정町1반反9무畝24보步(21,810)의 간석지 대부기간은 대정 14년(1925) 12월 말일까지로 되어 있다. 간척답 준공인가는 소화 5년(1930) 7월 17일자로 답 19,717평, 제방 1,821평 조유지潮游地 927평으로 총 22,465평을 인가받았다. 허가원을 낼 당시보다 1,455평이나 불어난 면적이다.

1930년대 언답 관리 책임을 맡았던 성정철의 증언에 의하면 큰 언답 100두락, 작은 언답 30두락으로 제방·수로까지 합치면 3만 평이 넘는다는 것이다. …… 현 농경지(26,483)가 길룡천의 면적을 제한 평수임을 고려할 때 『창건사』의 '약 10수 정보(3만여 평)'라는 기록은 상당히 근거가 있는 주장이라 할 수 있겠다.

(박용덕, 『소태산의 대각, 방언조합 운동의 전개』, 329~333쪽)

길룡리 간척공사(방언공사)는 1918년 4월에 착수되지만 지번 180-1의 미간지 대부허가는 다음해인 1919년 9월에 허가를 받았고, 지번 2-5는 그보다 2년 후인 1921년 3월에 허가된다. 그리고 실제 준공은 1919년 4월이었지만 10년 후인 1930년과 1931년에 각각 준공 인가를 받는다. 이러한 차이는 준공 신청 서류상의 문제 때문인 것으로 보인다.[9]

길룡리 간석답인 정관평과 관련된 자료는 옛 전남도청 소장의 「국유미간

9. 신순철, "1918년 길룡리 방언조합의 간척공사 연구", 『한국근대사에서 본 원불교』, 도서출판 원화, 59쪽

지 허가대장」 2건과 광주지방법원 영광등기소 소장 「등기부」 5건이 있다.[10.]

10. 원불교 교화연구회, "길룡리 간척공사 위치, 준공명문, 허가대장, 등기부", 「부록」, 『한국근대사에서 본 원불교』, 도서출판 원화, 268~274쪽

11. "앞의 책", 59쪽

12. "앞의 책", 57쪽

구 분		180 – 1번지	2 – 5번지	16 – 1번지
허 가 대 장	허가일자	1919. 9. 16	1921. 3. 29	
	대부기간	1924. 12. 31	1924. 12. 31	
	신청자	김성섭 외 8인		?
	대부면적	7정 1반 9무 24보	2정 2반 6무보	
	대부료	매년 금 4원	매년 금 1원 50전	
	준공일자	1930. 7. 17	1931. 10. 15	
	준공 면적 답	19,717평	4,731평	1,059평(추정)
	조유지	1,821평	771평	
	제 방	927평	672평	
등 기 부	등기면적	19,917평	4,731평	1,059평
	보존등기일자	1932. 1. 19	1948. 7. 3	1948. 7. 3
	등기 권리자	김성섭 외 8인	박길진, 김충열	박길진, 김충열

▲ 길룡리 「국유미간지 허가대장」과 「등기부」의 주요 기재사항 [11.]

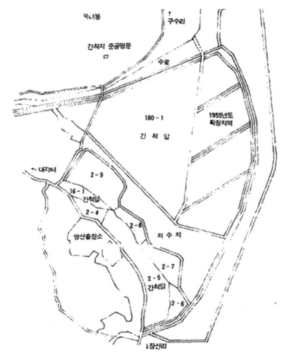

▲ 길룡리 방언조합 간척지 위치도 [12.]

소태산은 표준제자로 선택한 여덟 제자와 첫 조직으로 '방언조합(또는 저축조합)'을 만든다. 그리하여 8인 제자와 같이 술·담배를 끊어 그 대액代額을 저축하며, 의복·음식 등에 절약할 정도가 있으면 그 대액을 저축하며, 재래의 여러 명절 휴일을 줄여 특별 노동 수입을 저축하며, 각자 부인에게도 끼니마다 시미匙米를 저축케 하는 등으로 자금을 증식해 그 저축금으로 숯을 사두었는데 7~8개월 후 그 값이 올라 그 이익금으로 간척 사업을 착수 했다.

즉 조합원들의 근검절약과 공동노동에 의한 수입과 소태산 자신의 가산정리 대금과 차용금 등으로 목탄매매를 한 결과 8천원 가량의 자금을 마련해 길룡리 간척공사를 시작한다. 소태산은 이 간척 사업을 통해 길룡리 주민들의 숙원과 현실적 가난을 극복하고자 했다. 지역사회가 바라고 꿈꾸었던 일을 시도한 것이다. 일제치하에서 동네 주민들의 숙원이었던 자기 논을 가지는 일에 동네 지인들과 힘을 합하여 자기 자본으로 실행한 자립경제의 사업이었다.

당시 대부분의 국유미간지 개척은 일본 농장주들을 중심으로 조선총독부의 기술 지원과 막대한 자금력(금융조합의 융자)에 의해 이루어졌다. 소태산 대종사와 8인 제자들이 시행한 방언공사는 영리 위주의 간척사업이 아니라 자신들이 살고 있는 지역주민들의 바람과 자력에 초점을 둔 공사였다. 비록 소규모의 갯벌막이 공사였으나 조선사람들의 자력으로 이루어낸 사업으로 의미가 있는 것이다. 즉, 외부의 지원 없이 순수한 방언조합원들의 근검저축과 일심합력으로 이룩한 사업이며, 논농사를 지을 수 없었던 길룡리의 공익을 위한 사업이라 할 것이다.

소태산 대종사와 8인 제자들이 방언공사를 진행하기 전에 영광 일대에서 일인日人들에 의해 간척사업이 성행했다. 특히 길룡리 방언공사보다 한해 앞서 준공된 홍농들 간척사업(법성 자갈금과 홍농 목냉기 야산 사이)

은 길룡리 인근의 구수미에서 육안으로 목도할 수 있을 정도였다. 아마도 소태산은 구수미 나루에서 주의 깊게 관찰하였거나 건너가서 직접 현장을 참관했을 것이다.[13.]

13. 박용덕,『소태산의 대각, 방언조합 운동의 전개』, 1997, 297쪽

소태산 대종사는 8인 제자와 방언공사를 마친 후 어느 날 방언공사를 한 이유를 묻는 질문에 그 사유를 구체적으로 밝힌다.

"저 사람들(8인 제자)이 원래에 공부를 목적하고 온 것이므로 먼저 굳은 신심이 있고 없음을 알아야 할 것이니, 수 만년 불고하던 간석지를 개척하여 논을 만들기로 하매 이웃 사람들의 조소를 받으며 겸하여 노동의 경험도 없는 사람들로서 충분히 믿기 어려운 이 일을 할 때에 그것으로 참된 신심이 있고 없음을 알게 될 것이요, 또는 이 한 일의 시始와 종終을 볼 때에 앞으로 모든 사업을 성취할 힘이 있고 없는 것을 알 수 있을 것이요, 또는 소비 절약과 근로 작업으로 자작자급自作自給하는 방법을 보아서 복록福祿이 어디로부터 오는 근본을 알게 될 것이요, 또는 그 괴로운 일을 할 때에 솔성率性하는 법이 골라져서 스스로 괴로움을 이길 만한 힘을 얻을 수 있을 것이니, 이 모든 생각으로 이 일을 착수시켰노라."

(『대종경』 서품 10장)

이처럼 소태산 대종사는 방언공사를 통해 신심이 더욱 굳어지고, 사업 성취의 역량이 증대되며, 복록의 소종래를 보아 복록을 장만하는 능력이 증대되며, 인고와 극기를 통해 솔성하는 법이 골라지도록 했던 것이다.

길룡리 간척답은 정관평貞觀坪이라 불린다. 정貞은 '곧을' 정으로 절개와 지조을 뜻한다. 이는 경계와 일터[평坪]에서 곧고 지조가 있는 본래 정貞한 마음자리를 관觀해서 그 마음을 실행하라는 것이다. 내 마음에 원래

곧고 절개가 있는 드넓은 옥토가 있으니, 이 옥토를 체험하고 개척하라는 것이다.

소태산 대종사는 우리들에게 경계 속에서 이 정貞한 마음을 체득하는 방언공사의 실지를 보여주신 것이다. 경계를 따라 있는 어려운 상황 속에서 정관貞觀하여, 올곧은 원래 마음을 세우는 방언공사를 하라는 것이다.

그리하여 뜻을 세웠으면 결심이 확고한 신심을 세우며, 사업을 성취하는 역량을 키우며, 복록을 장만하는 능력을 키우며, 어떠한 경계도 이겨내고 극복하는 솔성의 능력을 키우도록 한 것이다. 이것이 일속에서 공부하는 방언공사의 실제이다.[14]

14. 방길튼 『소태산 대종사 숨결따라』, 163쪽

15. 원불교 교화연구회, "길룡리 간척공사 위치, 준공명문, 허가대장, 등기부", 「부록」, 『한국근대사에서 본 원불교』, 도서출판 원화, 268쪽

◎ 옛 전남도청에서 발행된 정관평 관련 「국유미간지 대부허가대장」 자료이다.

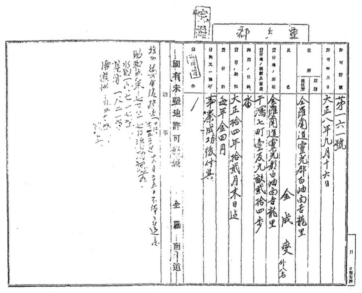

▲ 〈자료〉 '영광군 백수면 길룡리 180-1번지' 국유미간지 허가대장[15]

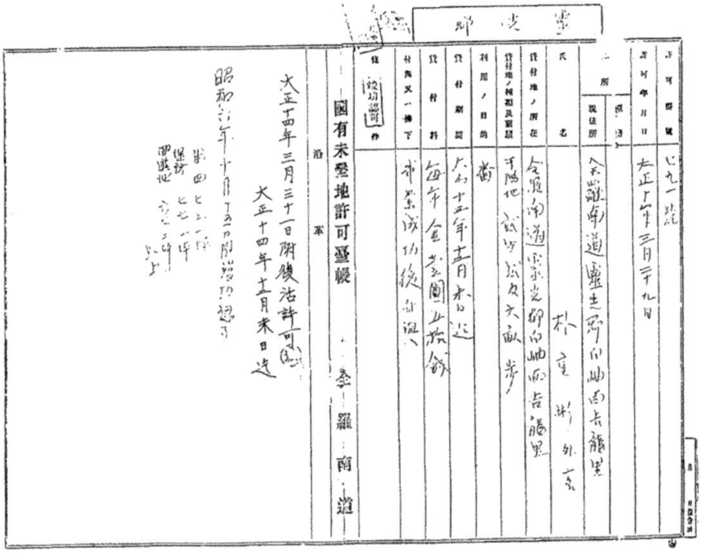

▲ 〈자료〉 '영광군 백수면 길룡리 2-5번지' 국유미간지 허가대장[16]

16. "앞의 책", 269쪽

◎ 정관평 대부허가와 준공인가 부서

정관평 간척공사 관련 허가대장을 취급한 전남도청의 소관계통은 1930년 부서 조정 이후에는 '산업부-농림국-토지개량과'였고 1926년~1929년에는 '내무부-토지개량부-개간과장'이었고, 1919년에는 '내무부-토목과'였다. 1919년 당시에 정관평 간척공사 관련 허가대장을 다룬 소관계통이 재무부의 '세무과'나 '이재과'가 아니라 '내무부-토목과'였다는 것은 다음과 같은 점에 의거한다.

첫째, 1930년 부서 조정 이후에는 정관평 간척공사 관련 허가대장 소관계통의 부서는 '산업부-농림국-토지개량과'였고 1926년과 1929년에는 실무부서가 '토지개량부-개간과'이었다. '조선총독부 도 사무분장 규정의 변화'에 1919년 당시의 소관부서는 '내무부-토목과'가 있었다.

둘째, 1919년 이후의 국유미간지 소관 업무와 1930년 이후의 국유미간지 소관 업무도 부서가 '토목과' 또는 '토지개량부 개간과' 혹은 '토지개량과'라는 일련의 동일 계열에 속해 있었다.

이를 모두 감안하면, 1919년 당시의 소관계통은 '내무부–토목과'였다면, 1926년 ~1929년 시기의 소관계통은 '내무부–토지개량부–개간과'며, 1930년 이후의 소관계통은 '산업부–농림국–토지개량과'였다고 볼 수 있다.

정관평 국유미간지 허가는 1919년 9월 16일에 나오므로 '내무부–토목과'가 소관계통이라면, 정관평 국유미간지 준공인가는 1930년 7월 17일에 나오므로 원칙적으로는 '산업부–농림국–토지개량과'가 소관계통이나 '내무부–토지개량부–개간과'의 연속이라 할 것이다. 1925년 정관평 국유미간지 준공 신청서를 12월 5일 접수하나 서류미비로 12월 25일 일단 반려 된다. 이와 관련된 소관부서는 '내무부–토목과'로 봐야할 것이다.

17. 판결일은 소화 2년 11월 15일이므로 대정을 소화로 수기 변경한 것은 타당하다.

18. 문서에 대정 4년으로 되어 있으나, 인쇄된 용지를 소화로 변경 못한 듯하다. 앞의 문서에서도 대정을 소화로 수기변경(대정→소화2년)했기 때문이다. 또한 토지개량부장, 개간과장 날인은 1926~1929년의 조직계통이다.

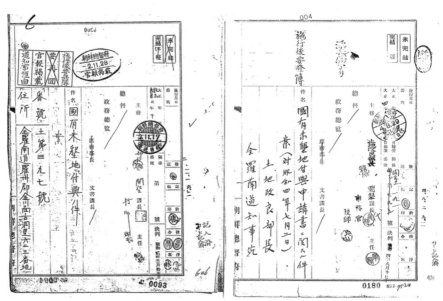

▲ 1927년 (소화 2년) 국유미간지부여건 [17]   ▲ 1929년 [18] (소화 4년) 국유미간지부여신청서 관한 건

1927년 국유미간지부여건-전남나주군[19]과 1929년 국유미간지부여신청서에 관한 건[20]인 이 2개의 허가대장을 보면 1927년과 1929년 소관 부서장이 '토지개량부장, 개간과장'으로 되어있다.

19. 생산기관 미상, 생산년도 1927년, 관리번호 CJA000505; 국가기록원

20. 생산기관 미상, 생산년도 1929년, 관리번호 CJA0005212; 국가기록원

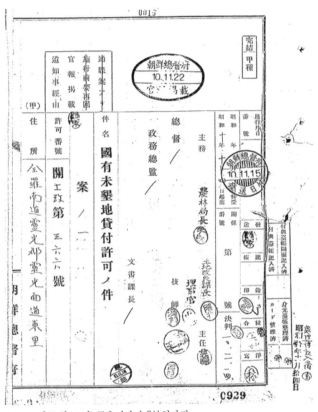

▲ 1935년(소화 10년) 국유미간지대부허가건

그런데 1935년 국유미간지 대부허가 건-전남영광군을 보면, 1927년 및 1929년과는 달리 소관 부서장이 '토지개량부장, 개간과장'에서 '농림국장-토지개량과장'으로 바뀌어 있다.

1910년대 전라남도청 창고 이전 공사배치도와 전라남도 청사 증축공사 설계도다.[21.]

21. 국가기록원 [고적·관사·사법·행형·의료·세관 일제시기 건축도면 콘텐츠] 《각급 기관 및 지방 행정시설》〈기타 도청〉 '전라남도청 창고 이전 공사배치도와 전라남도 청사 증축공사 설계도 1, 2'

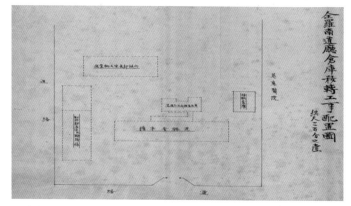

▲ 전라남도청 창고 이전 공사 배치도 (1915년 이전 작성)

이 공사 배치도에서, 맨 왼쪽은 재무부 관련 건물이고 맨 뒤는 내무부 권업계 관련 건물이며 맨 오른쪽은 창고이다. 가운데 앞쪽 기다란 본관 건물에 '토목과'나 '토지개량과'가 있었다.

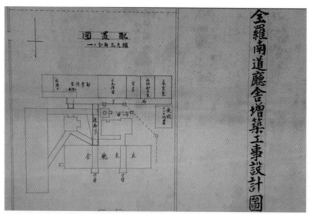

▲ 전남도청 증축공사 설계도 1 (1915년 작성): 가운데 배치도 확대

배치도 맨 앞에 '본관 구성도'가 나와 있는데, 오른쪽부터 차례로 장관실, 내무부장실, 관방, 토목계실, 권업계실 순이다. 정관평 간척공사 허가 대장 취급부서인 토목계실은 도청사 본관 한 가운데에 있었다.

그 내용은 아래의 '전라남도청사증축공사 설계도 2 (1915년 작성)'에도 나타나 있다. 즉, 설계도2의 중앙 왼쪽에 본관의 구성 배치도를 보면 본관 가운데에 토목계실이 위치하고 있다.

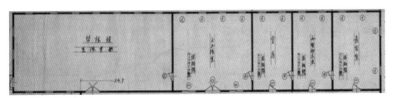

▲ 전라남도청사증축공사설계도 2 (1915년 작성): 본관 확대

《월말통신》 제26호(시창 15년 4월호) '인사동정'란을 보면 "1일에 영광 간부 이재철, 송규 양씨 언언堰에 대한 교섭사交涉事로 전남도청을 경유 향 영차向靈次 출발하다."라는 기록이 보인다.

시창 15년 즉 1930년 4월 1일에 정산 송규와 일산 이재철은 정관평 준 공업무로, 이곳 옛 전남도청 '토목계실'(1915년도 설계도 상)을 내왕한 것이다.

◎ 정관평 대부허가를 발부한 1919년의 옛 전남도청은 1980년 5.18 민 주화운동 당시의 자리이다. 정관평 대부허가를 내준 전남도청의 부서는 본관 건물 한가운데에 위치해 있었다.

1900년 이전에 나주에 있던 관찰부는 1896년에 광주로 옮겨왔는데 전남 관찰부 관아는 처음에 현재의 '전일빌딩' 일대에 있었던 광주목의 동헌 쪽 에 있었다. 차츰 전남도청의 중심이 상무관 일대로 바뀌었다가 1910년에 현

22. 당시의 소관부서는 '내무 부-토지개량부-개관과'에 서 '산업부-농림국-토지개 량과'로 변경되는 기간이었 다. '조선총독부 도 사무분 장 규정의 변경'으로 1929 년까지는 '내무부-토지개량 부'였으나 1930년 이후는 '산업부-농림국'으로 개편 되기 때문이다.

재 아시아문화전당에 남아 있는 1980년 당시 옛 전남도청 자리로 옮겼다.

옛 전남도청은 1919년 정관평 대부 및 1930년 준공 허가가 난 소관기관이자 오랜 세월에 걸쳐 정관평 문서(길룡리 간척답)가 보관돼온 자료보관처이기도 하다. 즉 『국유미간지 허가대장』 2건의 문서가 옛 전남도청 농지과 『공유수면 매립 면허대장』(1014~1937)에 편철되어 보관되어 있었다.[23]

옛 전남도청의 위치 관련 사진과 배치도, 설계도를 보면, 옛 모습이 증축과 개축을 반복하면서 변모해 왔음을 알 수 있다.

23. 신순철, 1918년 길룡리 방언조합의 간척공사 연구, 『한국근대사에서 본 원불교』, 도서출판 원화, 43쪽

24. "유구한 문화의 도시, '광주'", 국립광주박물관 개관 30주년 기념 특별전 도록, 75쪽

▲ 1910년대 전남도청(전남관찰부)[24]

▲ 옛 전남도청으로 이전하기 전 전남관찰부 앞길 모습

사진은 현재의 옛 전남도청 자리로 옮기기 전에 위치했던 전남관찰부 앞길 광경이다. 지금과 비교하면 5·18민주광장에서 옛 광주여고 쪽을 바라보고 촬영한 모습이다.

KWANG-JU(1946. 6) .

▲ 1946년 무덕전(전면모습)과 옛 전남도청(무덕전 뒤 큰길 건너 건물)

　1910년 현재의 위치로 옮긴 옛 전남도청은 시기별로 변해왔다. 제시된 사진은 1946년 6월에 촬영한 것으로, 정면 앞의 무덕전[25] 뒤 큰길 건너 가로로 위치한 건물이 옛 전남도청이다.

25. 무덕전武德殿은 일제강점기 때 각 지역 경찰서 등 관공서에 있던 건물이다. 1924년 조선에 전파되었고, 1924년 이래로 일제는 식민지 조선의 각 지역에 무덕전을 설립했다. 무덕전은 상무관과 관련된다.

2. 구산 송벽조의 투서 의거와 광주형무소

▲ 구산 송벽조와 원명부

▶ 광주 동명동의 옛 광주형무소 터에는 구산 송벽조의 고초가 서려있다. 당시 65세의 장노長老였던 구산이 일왕 불경죄로 투옥되었던 것이다. 구산은 일제의 조선 식민지 정책에 대해 「소화昭和」라는 일왕의 연호를 빗대어 그들의 조선 탄압을 비판했다. 「소화昭和」에서 「원덕元德」이나 「명덕明德」으로 연호를 바꾸어야 한다는 이 주장은 궁극적으로 동아시아의 평화를 위해 조선에서 물러나야 된다는 것이고 이와 같은 덕을 밝히라는 것이다.

구산 송벽조의 필화 사건은 투서 의거로써 상소 항거, 상소 의거, 상소 투쟁으로 명명해야 할 것이다. 옛 광주형무소(동명동 소재)에 그 고초의 자취가 서려 있다. 1940년대 내선일체를 강압했던 일본천왕을 상대로 민족의 자주성과 이 정책의 부당함을 역설했다는 것은 매우 중요한 의미를 지닌다.

송벽조는 1876년에 태어나 1951년에 열반하였다. 법호는 구산久山이며 호적명은 인기寅驥다. 경북 성주군 초전면 고산리에서 태어나 인근인 초전면 소성리로 이사와 2남 1녀를 두었다. 정산 송규와 주산 송도성의 부친으로, 장남 송규의 인도로 소태산 대종사의 제자가 되었다.

이후 1919년(원기 4년) 전남 영광으로 전 가족을 데리고 이사하였다.

1. 전시체제의 삼엄했던 시대상황을 염두에 둘 때 투서 의거는 적지 않은 역사적 의미를 가질 수 있다. 1934년에 실제로 중단된 일제의 이른바 조선 수탈정책의 근간이 된 1, 2차 산미증식 계획의 감행 결과 농촌 경제는 파탄 지경에 빠졌다. 1937년 중일전쟁 도발 후 이듬해 이른바 '국가총동원령'이 내려지고 전시체제로 전환되는 상황이었다. 송벽조의 항거는 일제의 탄압과 수탈 정책을 정면에서 비판하고 이를 규탄한 것이기 때문에 이 거사는 당시 극도로 고단한 한민족의 처지와

송벽조는 원명부 상에서 남No. 18로, 원기 4년(1919년) 음력 6월 25일 송규를 지도인으로 입문한다. 입문 일자로 보아 1919년 음력 6월 25일 즈음에 영광으로 이사온 것이다.

부친 송훈동의 열반한 후 전무출신을 하였는데(원기 9년 4월 29일), 마령교당 교무로 근무할 당시에 일본천왕에게 투서 의거를 해 일제가 말하는 천황불경죄로 체포되었다. 이후 광주경찰서에서 조사받은 뒤에 광주형무소에 투옥됐다.[2]

송벽조의 재판기록인 「형사재판서」에는 1940년 2월 8일에 구속되어 3월 13일에 징역 1년의 형량을 확정 받은 것으로 기록되어 있지만, 원불교의 구술 기록에는 1년 6개월의 옥고를 치렀다고 되어있다. 아마 공식적 재판과 연행된 기간까지를 포함한 기간인 듯하다.

국가기록원 [독립운동 관련 판결문]에 송벽조의 필화사건을 다음과 같이 소개하고 있다.[3]

입장을 그대로 표출한 것이라 할 수 있다. (박민영, 일제강점기 원불교와 독립운동, 『원불교와 독립운동』, 19쪽)

2. 1908년 7월 16일, 광주감옥이 개청되고 1912년 5월에 광주시 동명동 200번지에 신축·이전하였다. 1923년 5월 5일, 광주형무소로 명칭 변경하였고 1961년 12월 23일, 광주교도소로 또 다시 개칭하였다. 즉 광주형무소란 명칭은 1923년에서 1961년까지 통용되었던 것이다.

3. 국가기록원, [독립운동 관련 판결문] › 인명검색 › 인명내용

호적이름/별명	송인기(宋寅驥)	당시나이	65세
본적/주소	전라북도 진안군 마령면 평지리 631번지	판결기관	전주지방법원형사부
죄명	불경	생산년도	1940
주문	징역 1년	관리번호	CJA0001808
판결날짜	1940.03.13	M/F번호	00960917
사건개요	'조선에서 재해가 빈발함은 요탕의 시대에도 없던 일로 천황은 은사를 베풀고 천지신명께 기원하라'는 편지를 발송하였다.		

▲ 송벽조 재판공판기록부
(박용덕, 『천하농판』, 78쪽)

◎ 구산 송벽조의 「형사재판서 원본原本」이 입수되어 ≪원불교신문≫에 발표된 기사이다.

4. 대각여래위에 오른 분의 부모에게 드리는 법훈法勳. 원불교에서 희사위喜捨位는 법강항마위 이상 된 분의 부모에게 드리는 존호로서 법강항마위 된 분의 부모에게 소희사小喜捨, 출가위 된 분의 부모에게 중희사中喜捨, 대각여래위 된 분의 부모에게 대희사大喜捨의 존호를 드리는 예우禮遇이다. (『원불교대사전』)

5. "구산 송벽조 대희사 재판기록 입수", 『원불교신문』937호, 1997년 09월 26일(금)

구산 송벽조 대희사 [4] 재판기록 입수

1940년 진안지부 교무 재직시 일왕日王의 부덕과 연호개원改元 과감히 지적
「불경不敬」죄로 광주형무소서 1년간 옥고, 교단 일제수난사의 증인

久山 宋碧照 대희사 재판기록 입수

1940년 鎭安지부 교무 재직시 日王부덕과 연호改元 과감히 지적
「不敬」죄로 광주형무소서 1년간 옥고, 교단 일제수난사의 증인

▲ 구산 송벽조 대희사의 재판기록 「형사재판서 原本」 입수 보도기사 [5]
　원불교신문 [937호] 1997년 09월 26일(금)

≪원불교신문≫ 제937호에 실린 내용이다.

정산종사의 부친이자 교단 초창기 중요 선진인 구산 송벽조(호적명 寅驥, 1876~1951)의 일제 치하日帝治下 재판기록인 「형사재판서원본刑事裁判書原本」이 입수됐다.

구산 송벽조는 원기 24년(1939) 불법연구회佛法研究會 진안지부鎭安支部(現 마령교당) 교무로 재직할 때에 일본이 패도정치로써 조선을 유린하는 행패에 분격하여 일왕日王에게 진정서를 써 보내 광주형무소에서 1년간 옥고를 치른 바 있다.

서광원 교무(원광대 장학과장)와 박정훈 교무(전북교구장) 등의 백방의 노력과 전주지방법원, 광주고등법원 관계자들의 합력으로 총무처 정부기록보존소 부산지소에서 입수한 형사재판서에 따르면 구산 송벽조는 일본 천황天皇에 대한 「불경죄不敬罪」로 소화昭和15년(1940) 2월 8일에 구속되어 3월 13일에 징역 1년의 형량을 확정 받은 것으로 기록되어 있다.[6.]

원기 4년(1919) 정산종사의 인도로 소태산 대종사의 법하에 입문하기 전, 고향인 경북 성주에서 당시 영남의 거유巨儒였던 사미헌四未軒 장복추張福樞 선생으로부터 유학을 배웠던 구산 송벽조 대희사는 백성의 삶을 으뜸으로 삼는 민본民本 사상가이기도 했다.

일제가 조선을 강점한 이래 나라에 재해가 빈발함을 보고 평소 항일의식이 강했던 구산은 소화 14년(1939) 7월 14일에 중국 고사를 인용한 조선 언문(한글)이 섞인 한자로 65행 1천2백70자로 된 문서를 적어 일왕日王에게 우편으로 우송하였던 것이다.

「형사재판서원본」에 의하면 구산은 조선에 재해가 빈발하는 것은 일왕日王의 덕이 옛날 중국의 제왕에 미치지 못하여 일어나는 일인 만큼 연호를 「소화昭和」에서 「원덕元德」이나 「명덕明德」으로 개원改元하도록 지적

6. 서광원, "久山 대희사 재판기록 입수경로". 『원불교신문』, 제937호, 1997.09.26

함으로써 만방무비萬邦無比요 만세일계萬世一系인 천황폐하의 존엄을 모독한 「불경不敬행위를 한 자」라고 밝히고 있고, 구산 송벽조가 일왕에게 보낸 문건을 「불경문서不敬文書」라고 명시해 놓고 있다.

당시 65세의 장노長老였던 구산 송벽조은 이 사건으로 인해 전북 도경에 체포되어 갖은 고초를 겪었다. 뿐만 아니라 소태산 대종사가 일경에 불려가 하루 동안 심문을 받았고(『대종경』 실시품 10장), 정산종사(구산의 큰 아들) 또한 영광지부장으로 있으면서 광주로 연행되어 20여 일간의 구류생활을 했던 것이다.

제2차 세계대전의 전운이 감돌던 당시 서슬 시퍼런 일제 치하에서 일본 천황의 부덕을 지적하고 감히 연호를 바꾸라고 했던 구산 송벽조. 그는 문행구비文行俱備하고 지덕겸비知德兼備한 인격자로 평소에 무엇이든지 남 주기를 즐겨하고 온순 정직하기만 한 덕인이었지만 불의에 굽힐 줄 모르는 강직한 성품으로 나라와 백성에 대한 사랑을 몸으로 실천한 용기 있는 종교인이었다.

지난 11일 제74회 임시수위단회에서 좌산 종법사는 구산 송벽조 대희사의 「형사재판서원본」 입수 사실을 수위단원들에게 알리고 "교단이 확보해야 할 중요 문건을 입수하게 돼 기쁘다"며 "일제치하 교단수난사를 재정리하는데 필수적인 사료가 될 것"이라고 말했다.

이번 「형사재판서원본」을 찾는 데에는 양현수 교무(원광대 동양종교학과 교수)가 1991년(원기 76년)에 발굴, 원불교신문 제633호(2월 8일자)에 수록한 「조선총독부 고등법원 비밀자료(사상휘보 제22호)」에 힘입은 바 컸다.

구산 송벽조는 1919년(원기 4년) 음력 9월에 차남 주산 송도성을 비롯한 전 가족을 솔거하여 영광으로 이주하였으며, 1924년(원기 9년) 부친(송훈동 선생)이 열반하자 두 아들의 뒤를 이어 전무출신을 단행했다. 그 후 영광지부(현 영산교당) 교무 또는 교무부장으로 10년, 진안지부(현 마령교당) 교무로 5년, 삼례지부(현 수계농원) 교무로 2년, 금산지부(현 원평교당) 교무로 4년 등 만 23년간 새 회상 교화터전을 일구는데 심혈을 기울였다.

또한 구산 송벽조는 문필에도 능하여 초기 교단의 출판물인《월말통신》,《회보》등에 많은 시문을 남기기도 했다.

특히 큰아들인 정산종사의 성장 및 구도 역정을 소상히 밝힌 「정산종사의 구도역정기」(일명 久山手記,『원광』49호 수록)를 전해 정산종사 전기의 기초를 삼게 하는 등 역사의식이 남다른 선진이었다.

7. 구산 송벽조 대회사 재판기록 입수, 원불교신문 [937호] 1997년 09월 26일(금)

8. 박용덕, "원불교초기교단사 5",『천하농판』, 78쪽

▲ 구산 송벽조 대희사의 재판기록 「형사재판서 原本」 가운데 제일 앞쪽

◎ 구산 송벽조의 투서 의거와 관련된 기록들이다.

〈 마령지부 송벽조 교무 필화 사건 - 징역을 가도 도장은 못 찍어 〉

1939년(원기 24년) 초여름 기묘년 가뭄은 대단했다. 못자리 때부터 물이 바짝 말라 모내기는커녕 1년 농사가 완전히 폐농할 지경에 이르렀다. 송 교무는 일본천황 앞으로 준열히 꾸짖는 글을 썼다. 천황이 박덕하여 재난이 빈발하는 것

이므로 연호가 잘못되어(昭和=燒火) 그런 것이니 당장 바꿀 것과 조선총독은 물러날 것을 건의하고 무기명으로 글을 부쳤다.

총독부 경무국에서 이 투서 사실을 알고 불온분자 색출 지시를 내렸다. 글씨에 능하고 문장이 잘 된 데다 진안에서 보낸 소인임을 확인하고 필시 진안 사는 유학자라 단정, 전북도경에 진상을 밝힐 것을 지시하였다.

일경은 꾀를 내어 진안군수 명의로 백일장을 열었다. 그러자 진안군내 내로라는 선비들이 다 모여들었다. 여기서 필적 감정에 의해 송벽조 교무의 필체로 확인되었고, 인적 사항을 들춘바 불법연구회(원불교 전신) 창립주의 사돈인데다 그의 큰아들은 영광지부장, 작은아들은 교정원장이고 본인은 마령지부 현직 교무라는 사실이 드러났다. 경찰은 불법연구회의 교리 자체에 불온한 내용이 있다는 혐의를 두고 그 조직 내부를 수사하기 시작하였다. 이 사건은 마령지부 뿐만 아니라 불법연구회 익산본부 종법사를 비롯하여 영광지부장 송규, 신흥지부, 개성지부 등지의 교무를 소환하기에 이르며 〈회가〉 가사를 두고 끈질기게 괴롭혔다.

조선총독부 자료에 보면 이 사건에 대해 다음과 같이 기록하고 있다.

"전북 진안지부 교무의 중임에 있는 송인기(본명)가 감히 불경사건을 야기시켜 이 단체에 커다란 소요를 주게 되었다. …(중략)… 본 건은 송인기 개인의 의사 발동에 의한 것이 아니라, 불법연구회 교리 자체에 불경불령不敬不逞 사상이 내장되어 있기 때문이 아닌가라는 혐의를 품기에 이르러 목하 전북경찰부에서 극력 내사중이다. 본 건은 약진 도상의 불법연구회에 있어서는 실로 유감된 불상사건이며, 교세 신장에 대하여 현저한 장애를 주는 것으로 관측된다."

(조선총독부 고등법원 검사국 사상부, 『사상휘보』 22호)

일경의 다각도의 수사에도 불구하고 불경 투서사건은 단지 유교사상에 찌들은 송벽조 개인의 사상으로 귀착되었고, 교주에게 제자들을 잘 지도하겠다는 각서를 받는 방향으로 일이 매듭지어졌다. 이리경찰서에서 불연(불법연구회) 창립주에게 출두하라는 연락이 왔다. 관계 내용이 『대종경』 실시품 10장에 수록되어 있다.

"한 제자의 사상이 불온하다 하여 일경이 하루 동안 대종사를 심문하다가 '앞으로는 그런 제자가 다시없도록 하겠다고 서약하라' 하는지라, 대종사 말씀하시기를 '부모가 자녀들을 다 좋게 인도하려 하나 제 성행性行이 각각이라 부모의 마음대로 다 못하는 것이요, 나라에서 만백성을 다 좋게 인도하려 하나 민심이 각각이라 나라에서도 또한 다 그렇게 해 주지를 못하나니, 나의 일도 그와 같아서 모든 사람을 다 좋게 만들고자 정성은 들이지마는 그 많은 사람들을 어찌 일조일석에 다 좋게 만들 수 있겠는가. 그러므로 앞으로도 노력은 계속 하려니와 다시는 없게 하겠다고 서약하기는 어렵노라' 하시고, 돌아오시어 대중에게 말씀하시기를 '오랫동안 강약이 대립하고 차별이 혹심하여 억울하게 묻어둔 원한들이 많은지라, 앞으로 큰 전쟁이 한 번 터질 것이요, 그 뒤에는 세상 인지가 차차 밝아져서 개인들이나 나라들이 서로 돕고 우호 상통할지언정 남의 주권을 함부로 침해하는 일은 없으리라.'"

(『대종경』 실시품 10장)

출두 내용인즉 사건의 시말서를 쓰고 제자가 다시 천황(일왕)을 불경하는 일이 없도록 하겠다는 도장만 찍으면 되는 서류상의 형식적인 절차에 불과하였지만 소태산은 이에 끝내 불응하였다. 평소에 일경에 대해 매우 유화적인 태도로 순응해오던 소태산의 다른 일면에 당황하여 서장은 얼굴이 붉으락푸르락 하면서 왜 안 찍느냐 채근을 하며 한나절을 실갱이를 벌였다. 그러나 소태산은 태연부동 도무지 응하지 않았다.

(박용덕, 『천하농판』, 76~80쪽)

〈 송벽조의 일왕불경죄 사건 〉

···중략···

송벽조도 백일장에 참석하였었다. 여기서 필적 감정에 의해 송벽조는 붙잡혔고 그 인적 사항을 들추다 보니 불법연구회 창립주인 대종사의 사돈인데다 그의 큰아들(정산종사)은 영광지부장, 작은아들(주산종사)은 교정원장이고, 본인은 마령지부 현직 교무니 불법연구회(원불교 전신) 전체를 장악한 집안이라 생각했다. 그래서 이리경찰서에서 불법연구회 창립주 대종사님더러 출두하라는 연락이 왔다.

출두 내용인즉 당신 제자가 '다시는 천황을 불경하는 일이 없도록 하겠다.'는 시말서를 쓰라는 것이었다. 서류상의 형식적인 절차라 도장만 찍으면 되는 일이었다. 그런데 대종사는 이를 거부하였다. 서장은 얼굴이 불그락푸르락 하면서 왜 안 찍느냐 채근을 하며 한나절을 실갱이를 벌렸다. 그러나 대종사님께서는 태연부동 도무지 응하질 않으셨다. 이 모든 일을 뒤에서 잘 되도록 주선한 가봉(황이천) 순사는 안달이 났다.

황이천의 회고이다.

대종사님이 안 나오시니 나는 걱정이 됩디다. 그동안 제가 나쁜 일이 없다고 모두 보고를 했는데 무슨 일이 있어 안 나오시나 하고 걱정이 되어 나도 안절부절 못했습니다. 만약 허위 보고한 사실이 드러나면 나는 죽게 되어 있었습니다. 발을 동동 구르다가 경찰서 아는 사람한테 전화를 했어요. 거기 불법연구회에서 온 선생 왜 안 나오느냐고 물어 봤더니 그가 말했습니다.

"그 영감 농판이여. 아, 아무 것도 아닌데 도장 찍으면 그냥 나가는데 안 찍는다고 버티는 것이어."

대종사님은 기어이 안 찍고 해가 거의 져서 나왔다. 황이천은 대종사님을 보자화가 났다. 그래서 한 마디 하는 것을 잊지 않았다.

"아, 종사님 왜 이제 오시오."

"글쎄, 그렇게 되었구먼."

"아, 그렇게 되다니요, 도장 찍으라니까 안 찍었지요?"

"그랬어."

"아, 그렇게 미련하고 갑갑해 가지고 어떻게 대중을 지도한다고 하시오. 도장 찍어도 아무 상관도 없는 것인데 얼른 찍고 오시제 그렇게 고생했습니까?"

"아먼, 그렇제. 내가 미련하고 갑갑하제."

나는 대종사님이 미련하고 갑갑한 사람이라 자인을 하시었으니 속으로 승승장 군이 되었습니다. 그래서 조실로 따라가면서 불평을 하였습니다.

"이천, 내가 무엇이 그리 미련하고 갑갑할까?"

"생각해 보시면 알지요. 도장 그것 백 번 찍어도 소용없는 것입니다. 그것을 안 찍고 하루를 고생하시니 갑갑하지 않습니까?"

"그럼, 거기에 도장을 찍으면 그렇게 되는 것인가. 다시는 그런 제자가 없게 하 겠다고 도장 찍으면 그렇게 되겠는가 생각해 봐."

"안 되지요. 안 되어도 상관없는 일 아닙니까? 법적 책임이 없으니 말입니다."

"안 되는 일을 된다고 도장 찍는 것은 양심을 속이는 것이야. 수양하는 사람이 다른 사람한테 뺨을 맞거나 행패를 당하는 것은 금시 고칠 수 있으나 남 몰래 자기 마음을 살짝 돌려먹기 시작하면 그 사람은 수양은 절대 할 수 없는 사람이 야. 그래서 나는 징역을 가도 그것은 안 찍어."

그러니까 범부가 그때 대종사님 심경을 어찌 알았겠습니까? 이것이 대종사님 께 배워야 할 정신입니다.

송벽조는 결국 천황불경죄로 1년 6개월의 옥고를 치렀다. 당시의 상황이 『대 종경』 실시품 10장으로 요약 정리되었다.

(내가 내사한 불법연구.《원불교신보》112호)

구산 송벽조의 투서 의거에 따라 송벽조 뿐만 아니라 불법연구회(원불교 전신)와 소태산 대종사도 고초를 받게 된다. 일경日警은 종법사인 소태산에게 각서를 요구한다. 다시는 이런 일이 생기지 않도록 하겠다는 시말서始末書를 쓰라는 것이다. 하지만 소태산은 끝내 거부한다. 부모가 자식이 잘 되도록 최선을 다하지만 자식이 다 부모 뜻대로 안 되듯이, 이 일도 마찬가지라는 이유에서다. 하지만 소태산이 서약하지 않는 속뜻은 일제의 탄압에 동의할 수 없었기 때문이리라.

소태산 대종사는 이 일이 있은 후 의미심장한 말씀을 한다.

"오랫동안 강약이 대립하고 차별이 혹심하여 억울하게 묻어 둔 원한들이 많은지라, 앞으로 큰 전쟁이 한 번 터질 것이요, 그 뒤에는 세상 인지가 차차 밝아져서 개인들이나 나라들이 서로 돕고 우호 상통할지언정 남의 주권을 함부로 침해하는 일은 없으리라."

광복 후 한국전쟁 이후 조선의 앞날을 전망한 말씀이었다.

또한 구산 송벽조는 고향인 경북 성주의 야성 송씨들의 독립운동과 맥을 함께 한다할 것이다. 야성 송씨는 항일운동에 적극 참여한다. 구산의 큰아들인 정산 송규의 어릴 적 스승인 공산 송준필은 유학자로서 독립운동에 앞장설 것을 결의하며, 1919년 '파리'에서 열리는 만국평화회의에 조선독립을 호소했던 〈유림단진정서儒林團陳情書〉 일명 파리장서 작성에 앞장선다. 이처럼 구산 송벽조의 투서 의거도 고향 성주, 야성 송씨의 독립운동에 맥을 같이 한다.[9]

일제가 패도정치로써 약소국을 유린하는 행패에 분격하여 일왕에게 상소한 구산 송벽조의 투서 의거는 소태산 대종사의 '강자·약자 진화상의 요법[10]'의 가르침과 고향, 야성 송씨들의 애국정신과 통해 있는 것이다.

9. 송인걸, 『대종경 속의 사람들』, 성주 야성송씨 일가, 115~116쪽 발췌

10. 강자가 영원한 강자가 되기 위해서는 나도 이롭고 타인도 이롭게 하는 자리이타법自利利他법을 써서 약자를 강자가 진화시키는 것이며, 이러한 때 강자가 영원한 강자가 된다는 것이다. '강자·약자 진화상의 요법'은 소태산의 대각 후 최초 설법인 「최초법어」(『정전』 제3편 제13장) 중 한 조목이다.

◎ 구산 송벽조가 징역 1년의 형을 살았던 일제강점기 광주형무소는 동명동 200번지에 자리하고 있었다. 1930년대 '광주시가도'를 보면 광주형무소가 동계천을 남쪽 경계로 해서 동북쪽으로 위치해 있었으며 동계천 남쪽에는 시가지가 형성되어 있었음을 보여준다.

▲ 1930년대 광주면 광주시가도

광주시가도에서 중앙 오른쪽에 '형무소'로 표기된 곳이 '광주형무소'이다. 광주형무소의 남쪽 경계는 동계천이었는데 형무소 왼쪽에 표기된 '여고보'(현재 전남여고) 글자 바로 오른쪽 도로 방향으로 동계천이 흘렀다.

▲ 1951년 동계천

▲ 1970년 동계천

1951년 동계천은 현재의 대인시장 입구 쪽이다. 이 동계천이 광주형무소의 남쪽 경계였다. 1970년 동계천의 모습은 1951년 동계천과 가깝고 복개된 현재의 동계천과는 많이 다르다.

11. 일제강점기에 세워진 동명동 광주형무소는 각화동을 거쳐서 현재는 일곡지구로 이전해 있다.

일제강점기 광주형무소는 복개된 동계천(동계천로)와 동계천로 95번길과 동명사랑채(동계로9번길 2)를 경계로 한 이 일대(동명동 200번지)로 여겨진다.[11.]

▲ 동계천변95번길

▲ 옛 광주감옥터와 표지석

대체로 광주형무소 남쪽 경계는 동계천로(복개로), 서쪽 경계는 명동고시원 방향의 동계천로 95번길, 북쪽 경계는 동명사랑채로 이어지는 동계로 9번길, 동쪽 경계는 큰 도로가인 동명로로 이어지는 권역으로 추정된다. 복개로인 동계천로는 전남여고와 접해 있다.

일제강점기 광주형무소 정문의 모습이다. 오른쪽 한옥 건물은 원래 광주객사 정문에 있었던 2층 누각 황화루이다. 일제는 어처구니없게도 황화루를 형무소 정문 옆으로 옮겨 간수 양성소로 사용했다.[12] 이곳 동명동 광주형무소는 구산 송벽조가 투서 의거로 1년 여의 옥고를 치렀던 곳이다.

12. 정대하, "44년 만에 광주교도소 이사 가던 날". 『한겨레신문』, 2015.10.19

▲ 일제강점기 광주형무소 정문과 황화루

3. 정산 송규와 광주 경찰서

1. 1908년부터 1945년까지 일제강점기 시대의 기록자료를 보면, 광주감옥과 광주경찰서라는 별도의 기관이었음을 알 수 있다. 1934년의 '대구감옥 부산감옥 광주감옥'이라는 기록자료가 나오며 거기에서 '광주감옥'이라는 명칭을 쓰고 있다. 그런데 1937년의 '광주경찰서부지로서토지기부채납의건'이라는 기록자료가 나오며 거기서는 '광주경찰서'라는 명칭을 사용하고 있다.

2. 전남 영광군 영광읍 중앙로 211(무령리 203번지)에 설치된 경찰서로, 한국전쟁 시 소실되어 그 자리에 다시 세웠다. 1919년(원기 4년) 5월경 일경日警은 소태산과 제자들이 방언공사를 진행할 때 공사자금의 출처를 조사한다며 위조화폐 제작 유무 또는 독립지사와 유대가 있는지의 혐의로 소태산을 영광경찰서에 연행하여 1주일 동안 심문한다. 소태산은 이러한 고초를 겪을 때마다 싫어하고 미워하는 바가 없이 늘 흔연히 상대하면서 제자들에게 "그들은 그들의 일을 할 따름이요, 우리는 우리의 일을 할 따름이라, 우리의 하는 일이 옳은 일이라면 누구인들 끝내 해하고 막지는 못할 것"

▲ 정산 송규

▶ 소태산 대종사의 법통을 계승하는 정산 송규는 1940년(원기 25년)에 광주 경찰서에 구치된다. '불법연구회(원불교 전신) 회가'의 '천양무궁天壤無窮'이란 용어를 사용했다는 이유로 광주 경찰서로 송치된다.

'천양무궁'이란 표현은 일반용어로 사용해선 안 되는, 소위 일본제국주의자들이 받드는 일본천왕의 고유용어라는 강제였다. 정산 송규는 국사범으로 영광 경찰서에 체포되어 광주로 이송돼 광주 경찰서¹에서 21일간 구치되는 곤욕을 치른다.

이 사건의 실지는 정산 송규의 부친인 송벽조의 투서 의거에 따라 가족을 연좌緣坐로 탄압한 것이다. 부자가 함께 일제에 수난을 당한 것이다.

소태산 대종사는 영광서署² 김제서署³에 갇힌 적이 있다. 정산 송규는 이러한 고난을 통해 스승 소태산의 수난受難을 체험할 수 있었다고 여긴다.

"나는 거기(광주 경찰서) 있을 때 대종사님께서 김제 서에서 고생하신 일을 생각하고 있었다. 나는 대종사님이 당하신 수모에 비하면 아무것도 아니라 생각하니 편안했다."

스승에 대한 제자의 간절한 신성을 엿볼 수 있는 대목이다.

송규(宋奎, 1900~1962)의 호적명은 도군道君, 법명은 규奎, 법호는 정산鼎山이다. 소태산 대종사의 상수제자上首弟子로, 소태산 열반 후 법통을 이은 원불교 후계 종법사로, 제자들은 개벽계성開闢繼聖으로 받든다.

정산 송규는 1900년 8월 4일 경북 성주군 초전면 소성동에서 부친 송벽조와 모친 이운외의 2남 1녀 중 장남으로 태어났다. 1917년(원기 2년) 스승을 찾아 전라도를 탐방하고 있을 때, 대각大覺을 이루고 제도濟度 사업에 나선 소태산은 전북 정읍 화해리로 그를 찾아가 만나 직접 제자로 맞아들여 구인九人 단원의 중앙에 임명한다.

정산은 법인성사法認聖事를 이루고 소태산의 봉래산 주석기에 교법제정에 보필하며, 새 회상의 초창역사인 『불법연구회창건사佛法研究會創建史』를 집필했다. 또한 소태산의 말씀을 받들어 『정전』 편수에 주력하며, 1943년(원기 28년) 6월 1일 소태산이 열반에 들자 법통을 계승했다.

이처럼 정산 송규는 일제의 핍박을 받으면서도 교단을 지키었고, 해방 후 〈교헌教憲〉을 제정하며, 정식교명인 '원불교圓佛教'를 선포했다. 〈대종사성비명大宗師聖碑銘〉을 지어 소태산을 주세성자主世聖者로 보는 대종사관을 확립했다. 1961년(원기 46년) 1월 "한 울안 한 이치에, 한 집안 한 권속이, 한 일터 한 일꾼으로 일원세계 건설하자"는 삼동윤리三同倫理를 설하고, 이듬해인 1962년(원기 47년) 1월 24일 열반에 들었다.

(『원불교대사전』)

(『대종경』 실시품 8장)이라 했다.

3. 김제경찰서는 현재 전북 김제시 중앙로 213에 위치한다. 1919년(원기 4년) 10월경 소태산 대종사, 휴양차 금산사에 머물다가 하루는 금산사 스님이 느닷없이 사찰 마당 한가운데서 졸도하게 되었는데 소태산 대종사가 이마를 어루만지니 도로 살아나게 된다. 이 사건으로 대중의 이목이 소태산에게 쏠리며 미륵불이 출현했다는 소문이 돌자 소태산은 미륵불출현 혐의로 김제경찰서에 연행되어 1주일간 심문조사를 받는다.

▲ 정산 송규 법명증

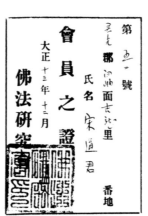

▲ 정산 송규 회원증

4. 이운권(李雲捲, 1914~1990)
의 본명은 운행雲行. 법호는
고산高山이다. 1914년 5월 3
일 전남 영광군 묘량면 신천
리에서 부친 형기와 모친 신
이경의 4남 2녀 중 3남으로
출생했다. 이운권이 소태산
을 뵙고 제자 되기를 원하자
"네가 이곳에 올 줄 알고 기
다리고 있었다."며 허락한다.
1933년(원기 18년) 1월에 동
선冬禪에 참가하고, 4월 1일
에 전무출신으로 출가했다.
어느 날 좌선이 끝나고 소태
산은 '운권이가 맑은 기운이
많이 솟았다', '육신의 키보다
는 정신의 키가 커야 한다.'라
했고, 그는 평생 이 말을 잊어
본 일이 없다고 한다. 이후 이
운권은 영산에서 정산종사를
7년, 송도성을 3년 모시고 산
다.(『원불교대사전』)

5. 홍농면은 영광읍 법성면法聖
面과 고창군 공음면孔音面 및
상하면上下面에 접하고 있으
며 서쪽은 황해를 연하고 있
는 면이다. 영산원이 있는 백
수읍 길룡리와는 인근이다.

6. 원불교 교단초기인 1924년
(원기 9년)에 설립한 금융기
관. 그 시초는 1917년(원기 2
년)에 설치한 '방언조합'으로
부터 비롯한다. 1919년(원기
4년)에 '기성조합'으로 개편
하고 1924년(원기 9년)에 불
법연구회(원불교 전신)를 창
립하면서 상조조합부를 신설
하여 종래의 기성조합 업무

◎ 이운권[4]이 회고한 정산 송규가 광주 경찰서에 구금되는 과정이다.

특히 정산종사님을 모신 7년 동안 나는 가슴 아픈 일도 당하면서 그 때 그 때를 극복하였다. 내가 지금 생각해도 잊을 수 없는 가슴 아픈 것은 정산종사께서 아무런 허물없이 일인日人들에게 붙잡혀 가서서 옥고를 치르신 일이다. 죄목은 국사범이란 엄청난 죄목을 둘러 씌워 그렇게 잠시나마 고생을 시켜드린 일이 있었다.

정산종사께서 옥고를 치르시게 된 것은 '물욕충만 이 세상에'로 시작하는 「불법연구회」 회가會歌 가사 때문이었다. 그 가사를 보면 '전무후무 유일하시 우리 대종사 / 만유관통 이 도덕을 끊임없도록 / 삼라만상 갖은 문명 기계 삼아서 / 천양무궁 만만겁을 즐겨봅시다.'로 되어 있다. 마지막 천양무궁이란 단어가 죄목이었는데 그 천양무궁은 일본천왕만이 고유로 쓰는 문구인데 어째서 불법연구회(원불교 전신) 회가 가사에 삽입했느냐는 것이다.

그때 영산에서는 영광군 홍농면[5]에 논을 사려고 계획하여 정산종사와 사산님(오창건) 유허일 선생과 나(이운권) 이렇게 넷이서 답사하러 가게 되었다. 이 논은 상조조합[6]에서 사는 것이었다. 우리 일행은 그 논을 둘러보고 법성면으로 나오고 있었다. 이 때 오형사라는 사람이 나타났다.

"송 선생님 잠간 사뢸 말씀이 있습니다. 영광경찰서[7]까지 좀 가셔야겠습니다."
갑자기 당하는 일이라 영문을 몰랐고 정산종사님은 그 오형사와 함께 영광경찰서에 가시고 남은 우리들은 영산으로 돌아와 공사를 하게 되었다. 유산 유허일 선생님은 외교를 많이 하셨다. 그래서 유산님과 내가 다음날 새벽 영광경찰서로 달려갔다. 무슨 곡절이 있음이 분명한데 그것을 몰라 애를 태우고 있는데 정산종사께서 손에 수갑을 채우신 채로 나오시는 것이 아닌가? 나는 하도 어이가 없고 분하였지만 어쩔 도리가 없었다. 광주로 송치하려는 것이었다.

우리는 사정사정하여 유산님만이 따라 가시게 되었다. 처음 정산종사가 경찰서로 불러 가실 때 그들은 엉뚱한 말을 하였다. 그것은 불갑산 용문암[8]근처에 산(밭과 논이 딸린 산)을 샀는데 그 일을 가지고 시비를 하였다. 그 산은 가을에 언답(정관평)의 논에서 수확이 끝나고 남은 싸래기를 모으고 모은 돈으로 산을 사게 되었다. 그런데 일인日人들은 이 일을 알고 "송도군씨가 산을 샀는데 산 임자가 일이 있으니 가자"라고 하여 경찰서에 가시게 하였다.

▲ 정산 송규가 영산지부장으로 책임 맡고 있는 영산성지.
영산원과 영산대각전 앞의 정관평 작은 언답이 보인다.

그러나 이것은 정말 터무니없는 수작이었다. 아무런 일이 없는 것을 구실을 붙였던 것이었고, 내용을 몰라 애태우다 백수주재소[9]에 문의하였더니 「국사범」이라면서 천양무궁 대목을 지적하는 것이다.

이 일로 정산종사는 21일 동안 옥고를 치르셨던 것이니, 나라 잃은 슬픈 민족의 통분이 아닐 수 없었다. 사실은 협잡하려 해야 잡을 수 없는 시비를 걸어 없애려는 모사였던 것이다. 정산종사께서 이런 수난을 당하실 때 부친이신 구산 송벽조 선생께서도 옥고를 치르고 계셨다.[10] …중략….

정산종사도 이때 구금이 되신 것이다. 스물 하루(21일)만에 출감하여 영산에 돌아오신 정산종사님은 차마 뵈올 수가 없었다. 수염은 길대로 다 길었고 초췌한 성안은 죄송스러워 바로 뵙지를 못했다.

를 이어받게 하고 각종 자금의 저축 제도를 마련했다. 처음에는 조합 본점을 익산에 본부를 두었으나, 그 업무량이 영광지방에 더 많으므로 1927년(원기 12년)에 본점을 길룡리에 두고 익산본관은 지점 형식으로 업무를 분담 운영했다. 상조조합부는 초창기 교단 경제기반 조성에 큰 역할을 했고 오늘날 교단의 신용협동조합과 마을금고의 연원이 되었다. (『원불교대사전』)

7. 전라남도 영광군 영광읍 중앙로 211(무령리 203번지)에 위치하고 있다.

8. 용문암은 해불암 건너편의 암자이다. 대종사 "용문암에 쉬러 가세"라는 구전이 전해온다. 해불암은 영광군 불갑면이라면 용문암은 함평군 해보면에 속한다.

9. 영광경찰서 산하의 기관. 현재의 파출소 역할이다.

10. 구산 송벽조 투서 의거 참고. 정산 종사의 구금은 부친인 구산 송벽조의 투서 의거에 따른 가족의 탄압으로 봐야 할 것이다. 또한 소태산 대종사도 다시는 이런 일이 없도록 서약서를 작성토록 종용받으나 끝내 서명하지 않는다.

"나는 거기(광주감옥; 광주경찰서의 유치장) 있을 때 대종사님께서 김제 서뿔에서 고생하신 일을 생각하고 있었다. 나는 대종사님이 당하신 수모에 비하면 아무것도 아니라 생각하니 편안했다." 위기일발의 고비였다. 만일 무슨 일이라도 있었으면 어떻게 할 뻔했는가? 소름 끼치는 역경이었다. 그러나 성현의 마음에는 조금도 원망이 없었고 의연한 자태에 한 치의 흔들림도 찾아볼 수 없었다.

(『구도역정기』 이운권 편, 196~198쪽)

◎ 영광지부장이었던 정산 송규가 구속되는 과정과 이유를 일목요연하게 밝힌 기록이다. 그 당시 정산 송규는 영광 길룡리의 불법연구회(원불교 전신)의 지부장[11] 이면서 또한 교무였다.

11. 초기교단 교당의 교도회장. 교화의 도량인 지방교당을 지부라 하며 교도대표로 지부장을 두었다. 1976년(원기 61년) 11월 이후로 지부는 교당으로 통일되고 교도회장이라 부른다.(『원불교대사전』)

영광지부장 송규의 구속

진안교무 송벽조의 필화 사건은 1년 6개월이라는 개인적인 옥고 생활만으로 끝나지 않고 각 지부에까지 파급되었다. 구산의 아들 영광지부장 송규가 조합금으로 홍농에 논을 사기 위해 오창건, 유허일, 상조부 서기 이운권과 같이 답사하고 돌아오는 길이었다. 법성면을 나오는데 오 형사가 나타나 송 지부장의 소매를 붙들었다. "송 선생, 잠깐 알아 볼 일이 있소. 서에 좀 갑시다."
졸지에 당하는 일이라, 다음날 새벽 외교에 능한 유허일과 같이 이운권은 영광경찰서에 달려갔다. 송 지부장은 수갑을 차고 나왔는데 광주로 송치된다는 것이다. 광주감옥소(광주경찰서의 유치장)에서 21일간 옥고를 치렀다. 풀어주면서 그들이 꼬투리를 잡은 것은 회가 끝구절의 '천양무궁 만만토록 즐겨봅시다'를 잡고 저희들의 천황 폐하에게만 쓰는 어귀를 남용하여 황실을 모독했다고 심문을 하였다. 출옥할 때 그들은 불갑산 임야 매입건을 들추어 산주가 2중 매매를 하여 고소가 되어 공범을 잡기 위해 구속되었다는 말로 꾸며대었다.

(박용덕, 『천하농판』, 84쪽)

결국, 정산 송규가 겪은 경찰 심문 및 구치는 정산의 부친인 구산 송벽조의 투서 의거에 따른 가족 연대의 조사였던 것이다. 〈회가〉 가사나 불갑산 인근의 임야 매입건의 조사는 정산을 경찰서에 잡아두고 고초를 주려고 한 트집이었던 것이다. 아마도 송규는 심한 심문을 받았을 것이며 이를 통해 소태산이 겪으신 일경의 심문 상황도 체험했던 것이다.

◎ 정산 송규가 송치당한 곳은 당시의 광주경찰서 내의 유치장이었다. 광주경찰서는 현재의 충장서림 인근에 있었다. 일제강점기 광주경찰서의 주소는 '전라남도 광주군 성내면 성안(1914년 이후) / 전라남도 광주군 본정 2정목 (1927년 이후)'이다. 현재의 도로명 주소는 광주광역시 동구 충장로 93-5이다.[12]

광주경찰서의 최초 위치에 대해서, 1917년에 발간된 『광주지방사정』에서는 대한제국시기 훈련청이 있던 동문통에 1896년 5월 전라남도 경찰서가 설치되었다가 1908년 광주경찰서로 개칭되었고, 1909년 청사를 신축하였다고 밝히고 있다. 『광주시사』(1966년 간행본)에서는 동문가(현 도청 앞 수협 있는 건물)라 하였고, 『광주시사』 2권(1993년 간행본)에서는 "현 충장로 2가 무등백화점 근방"이라 하였으며, 조광철(광주시립민속박물관 학예사)은 충장서림이 있는 곳이라 하였는데 같은 곳을 각각 다르게 표현하고 있다.[13]

정산 송규가 구류당한 옛 광주경찰서의 모습은 일제강점기 광주에 들어선 건물로서는 위압적일 만큼 큰 규모였다. 일제강점기 당시 광주경찰서에서 바라본 서문동 거리의 모습은 지금과는 사뭇 다르다.

12. 광주직할시사편찬위원회, 『광주시사』 2, 광주직할시사편찬위원회, 1993, 112쪽

13. 독립기념관, [사적지 찾아보기/지역별/옛광주경찰서터], http://sajeok.i815.or.kr

14. 독립기념관, [국내독립운동·국가수호사적/사적지찾아보기/지역별/옛광주경찰서터], http://sajeok.

일제강점기 1937년 당시 광주경찰서 모습[14] ▶

51

광주경찰서는 1945년 8월 일제 패망 이후 11월에 '대의동 20번지' 현재의 광주동부경찰서 자리로 이전했으며 명칭도 동부경찰서로 또 다시 광주동부경찰서로 변경하였다.[15]

15. 광주동부경찰서/연혁,
   http://www.gjpolice.go.kr

1945년 일제 패망 이후 광주경찰서가 '대의동 20번지'로 이전한 뒤에 옛 광주경찰서 터에는 현재 충장서림 등이 있는 상가 건물이 있고 이 건물 뒤에는 무등맨션이 위치하고 있다.

▲ 일제강점기 광주경찰서에서 바라본 서문동 거리 모습

▲ 옛 광주경찰서 자리인 충장서림 입구

〈참고〉 광주 경찰서와 황이천[16.]

불법연구회(원불교 전신)를 사찰한 황이천(黃二天, 본명: 가봉, 1910~1990)의 '내가 내사한 불법연구회'에 등장하는 광주경찰서와 관련된 회고담이다.

"1939년경에는 종사님(소태산 대종사)께서 이제 머리를 너무 써서 머리가 아프니 먼 곳으로 수도의 길을 떠나야겠다는 말씀을 가끔가끔 하시고 중요 간부들에게도 내가 수도 길을 멀리 떠나 좀 조용하게 있고자하니 나만 믿고 있지 말고 부지런히들 정진하라는 말씀을 자주 하셨다. 이는 열반 2·3년 전부터였다.

이 무렵 '처처불상處處佛像 사사불공事事佛供'[17] 이란 표어가 제시었다. 그 내용은 참으로 적절한 법어였다. 그리하여 내가 세상 이치를 다 깨친 듯한 심정이어서 예회날(법회날) 대각전[18.]에서 자청 강연을 했다. 그런데 그때 광주에서 한 교도가 총부에 왔다가 그 광경을 보고는 광주에 돌아가서 총부에서는 순사 하나가 종사님 법설을 듣고 바로 도통했다고 선전을 했던 모양이라, 그게 사실이냐고 광주경찰서에서 조사가 나오고 본서(이리경찰서)에서는 나를 제2대 종법사[19.]가 되었다고 야유하는 것이 아닌가.

그래서 어느 날,

이천: 종사님, 저를 경찰서에서 2대 종법사라고 부릅니다.

소태산: 그 사람들이 어떻게 알고 그런 말을 할까. (깜짝 놀라는 모습이었다.)

이천: 알긴 뭘 알아요. 그저 비웃는 말이죠.

소태산: 아냐, 왜 이천이 2대 종법사 될 자격이 없나. 꼭 있지, 있고말고. 2대 종법사 될 자격이 있는 사람이야. 지금도 내게 한 3년만 꼭 맡겨주면 그런 자격자를 만들 수 있는데. 도가에서 보화성이 으뜸인데 이천은 그 점이 뛰어나. 많은 사람들이 다 좋다고 하더군."

(황이천, '내가 내사한 불법연구회', 《원불교신보》 112호)

16. 본명 가봉假鳳. 일제강점기에 원불교를 전담하여 수사하던 순사. 소태산 대종사의 인품과 가르침에 감복하여 제자가 되어 불법연구회(원불교 전신)를 도왔다. 20세(1931년)되던 봄에 순사 시험에 합격했다. 1931년 5월 1일 경찰 교습소에 입소 훈련을 받고 10월 1일에 이리 경찰서에 부임했다.

17. '곳곳이 부처님, 일마다 불공'이라는 의미로, 원불교 교리표어. 원불교적 삶의 태도를 적실하게 표현하고 있는 대표적 교의의 하나이다. (『원불교대사전』)

18. 원불교 신앙의 대상인 법신불 일원상을 봉안하는 법당. 교당의 중심이 되는 건물이다. 원불교 최초의 대각전은 원불교중앙총부에 1935년(원기 20년) 1월에 착공하여 동년 4월 27일에 준공한 84평의 건물이다. 이 대각전은 그 후 증축·중수하여 오늘에 이르고 있다. (『원불교대사전』)

19. 원불교 교단의 최고 지도자에 대한 호칭. 가장 으뜸 되는 스승이라는 뜻을 포함한 용어. 원불교 종법사는 교조 소태산 대종사의 법통을 이어, 안으로 교단을 주재하며 밖으로 교단을 대표한다. 천주교의 교황이나 불교 종정宗正, 천도교의 교령 등에 해당하는 지위와 유사하다. (『원불교대사전』)

4. 경산 조송광과 무등산 전망지

▲ 경산 조송광과 원명부

▶ 경산 조송광(1876~1957)은 호남선을 타고 광주에 도착하여 무등산이 전망되는 곳을 찾아 풍류를 즐겼다. 무등산이 전망되는 곳은 지금은 사라진 경양호였다.

조송광(曺頌廣, 호적명: 옥정沃政, 법호: 경산慶山)은 전북 정읍군 정주읍 연지리에서 태어났다. 18세에 동학농민혁명에 참여했고, 이후 의술을 익혀 약방을 경영하며 이름을 사방에 떨쳤다. 27세부터 기독교에 입문해 신앙생활 5년 만에 김제 원평에 구봉교회를 설립했고 43세에는 장로가 되었으며 사설 학교도 세운다.

또한 3·1만세운동에도 참여했고, 은밀히 동지들을 규합해 독립운동가들을 재정적으로 후원하기도 했다. 이처럼 경산 조송광은 김제 원평에서 교회와 학교를 세워 민족의 새로운 길을 열고자 했던 기독교 장로였다.

그러던 중 옆집에서 엿방을 운영하는 송적벽(본명: 찬오)으로부터 소태산 대종사를 한번 만나 보라는 제의를 여러 차례 받고 전주 한벽루寒碧樓에서 첫 만남을 갖게 되니, 1924년(원기 9년) 봄이었다.

조송광과 소태산은 서로 도덕 문답을 가졌다. 조송광은 말문이 막히는 사람이 제자가 되기로 제의했고 2시간이 채 못 되어 그는 승복하고 만다. 대화 중 특히 '예수의 심통제자'가 되어야 한다는 소태산의 말에 크게 감복되어 제자 되기를 청한다. 이때의 심정으로 종교 간의 벽이 허물어지어 회통되었던 것이다.

(『원불교대사전』)

원명부를 보면 남No. 45로, 입문 날짜가 원기 9년(1924년) 음력 3월 16일로 되어 있다. 이날 조송광은 한벽루(한벽당)에서 소태산을 만난 것이다. 이후 원기 10년 4월 12일에 정식 입회한 다. 직업란에 의생醫生으로 표기되어 그가 한방 의술로 업을 삼는 사람임을 알 수 있다.

◎『대종경』 전망품 14장은 조송광이 소태산 대종사를 한벽루에서 만나 주고받았던 대화이다.
'예수의 심통제자'가 되라는 말이 등장한다. 이 말씀이 조송광 인생에 표준이 된다.

"조송광이 처음 와 뵈오니, 대종사 말씀하시기를 「그대가 보통 사람보다 다른 점이 있어 보이니 어떠한 믿음이 있는가.」 송광이 사뢰기를 「여러 십년 동안 하나님을 신앙하온 예수교 장로이옵니다.」 대종사 말씀하시기를 「그대가 여러 해 동안 하나님을 믿었다 하니 하나님이 어디 계시던가」 송광이 사뢰기를 「하나님은 전지전능하시고 무소부재하사 계시지 아니하는 곳이 없다 하나이다.」 대종사 말씀하시기를 「그러면 그대가 늘 하나님을 뵈옵고 말씀도 듣고 가르침도 받았는가.」 송광이 사뢰기를 「아직까지는 뵈온 일도 없사옵고 말하여 본 적도 없나이다」 대종사 말씀하시기를 「그러면 그대가 아직 예수의 심통心通 제자는 못 되지 아니하였는가」 송광이 여쭙기를 「어떻게 하오면 하나님을 뵈올 수도 있고 가르침을 받을 수도 있겠나이까」 대종사 말씀하시기를 「그대가 공부를 잘하여 예수의 심통 제자만 되면 그리할 수 있나니라」 송광이 다시 여쭙기를 「성경에 예수께서 말세에 다시 오시되 도둑 같이 왔다 가리라 하였고 그때에는 여러 가지 증거도 나타날 것이라 하였사오니 참으로 오시는 날이 있사오리까」 대종사 말씀하시기를 「성현은 거짓이 없나니 그대가 공부를 잘하여 심령心靈이 열리고 보면 예수의 다녀가는 것도 또한 알리라」 송광이 사뢰기를

「제가 오랫동안 저를 직접 지도하여 주실 큰 스승님을 기다렸삽더니, 오늘 대종사를 뵈오니 마음이 흡연洽然하여 곧 제자가 되고 싶나이다. 그러하오나, 한편으로는 변절 같사와 양심에 자극이 되나이다」 대종사 말씀하시기를 「예수교에서도 예수의 심통 제자만 되면 나의 하는 일을 알게 될 것이요, 내게서도 나의 심통 제자만 되면 예수의 한 일을 알게 되리라. 그러므로 모르는 사람은 저 교 이 교의 간격을 두어 마음에 변절한 것 같이 생각하고 교회 사이에 서로 적대시하는 일도 있지마는, 참으로 아는 사람은 때와 곳을 따라서 이름만 다를 뿐이요 다 한 집안으로 알게 되나니, 그대의 가고 오는 것은 오직 그대 자신이 알아서 하라」 송광이 일어나 절하고 제자 되기를 다시 발원하거늘, 대종사 허락하시며 말씀하시기를 「나의 제자된 후라도 하나님을 신봉하는 마음이 더 두터워져야 나의 참된 제자니라.」

(『대종경』 전망품 14장)

▲ 조송광과 소태산이 만나 대화를 나누었던 한벽루(한벽당)

◎ 조송광은 젊은 시절엔 동학농민운동에 참여하고 청년시절 기독교에 입문하여 교회와 학교를 세워 새로운 사회를 꿈꾸었으며, 3·1운동에 참여하고 독립운동가를 후원하는 사람이었다.

이뿐만 아니라 조송광은 김제 원평 일대에서 이름난 의원이요, 평소 가야금과 시를 즐기는 풍류객이었다. 의료봉사와 더불어 벗들과 시를 지으면 풍류를 즐겼던 인물이다. 경산 조송광이 자신의 일대기를 연대별로 쓴

『조옥정백년사曹沃政百年史』를 보면, 1929년(원기 14년) 불법연구회(원불교 전신) 총회(음력 3월 26일~28일)를 마치고 광주·목포·완도로 풍류 여행을 떠난다.

1914년에 호남선이 개통되고 1922년에 광주~송정 간 선로가 개통된다.[1] 호남선 열차를 타고 광주에 도착해 무등산이 보이는 경양호에 이르러 풍경을 즐기고, 오후에는 목포에 도착하여 기선으로 완도를 내왕하는 여정이었다. 조송광은 1929년 광주역에 내려 인근의 경양호를 찾아 경양호수와 무등산의 풍경을 즐겼던 것이다.

1. "유구한 문화의 도시, '광주'", 국립광주박물관, 77쪽

2. 광주광역시청 시청각 자료실 사료 컨텐츠 전시회 부분 자료; http://gjarchive.kr

3. "유구한 문화의 도시, '광주'"

▲ 1922년 옛 광주역 모습[2]

▲ 1930년대 광주역[3]

▶『조옥정백년사曺沃政百年史』

불법연구회 2~3대 회장을 역임한 경산慶山 조송광曺頌廣(1876 ~ 1957)의 연대기이다. 옥정은 그가 꿈에서 얻은 도호道號이며 만 55세 되던 해에 자필 묵사본, 10절 미농지 45장, 200자 원고지 약 130장 분량, 비단표지 한 장본으로 자신의 생애를 직접 기술한 것이다.

특히 동학농민운동, 독립만세운동에 참여했고 개신교 신앙을 하던 그가 1924년(원기 9년)에 15세 연하의 소태산 대종사를 만난 이후 개종하여 스승으로 모시게 된 구체적 과정을 그렸다.(『대종경』 전망품 14장)

또한 1931년(원기 16년) 10월 초순에 소태산과 함께 부산(동래온천)·양산(통도사)·경주(불국사, 석굴암)·월성(용담정, 최제우 묘) 등지를 여행한 내용, 일본에서 전개한 교화 활동 등이 수록되어 있어서 원불교 초기교단사 연구에 중요한 자료라고 할 수 있다.

(『원불교대사전』)

▲『조옥정백년사曺沃政百年史』 앞표지 및 뒷표지

◎『조옥정백년사曺沃政百年史』 중에서 광주 여행과 관련된 내용이다.

"불시창佛始創 14년[원기 14년, 1929년] 54세 기사己巳 3월 26일 총회가 개최되기 전기前期하여[앞에] 예비과豫備科[미리 준비하는 과]로 모여 총재總裁[소태산] 선생님의 명령을 받아 각부 부장 기타 임원으로 난상공의爛商公議[충분히 여럿이 의논함]하여 각 지방 정형情形[정서와 형편]과 회원의 의무 책임이며 발전상 필요한 방법까지라도 일일이 유루遺漏[빠짐]없이 가결하여 정식 총회를 잘 필요畢了하다[마치다].

제 3일 만에[총회 기간 3일. 총회를 마치고서] 강호江湖 풍경을 탐견차探見次

로 병자도 치료하기 위하여 광주·완도를 내려가는데[4] 시유삼월時唯三月이요 서속삼춘序屬三春이라[때는 3월이요 계절순서 상 3월 봄에 속하는] 호남 열차로 광주부光州府에 도착하니 산천은 구용舊容이요[산천은 옛 모습 그대로인데] 인물은 신장新粧이라[사람은 죽고 나는 등 새롭다] 화협花頰은 춘풍 따라 반소半笑하고[꽃잎은 반쯤 피어있고] 간모澗毛는 세우細雨 속에 자라는데[벼는 가는 비에 자라고] '반공흘립半空屹立무등산無等山은 계산파파무울산차아稽山罷破霧鬱山且峨요 단원개착지양강團圓開鑿池陽江은 경수무풍야자파鏡水無風也自波라 이이而已오' 수 삼보數三步[몇 걸음] 들어가니 마침 예수교인 7, 8명 작반作伴하여[짝지어, 무리지어] 일우一隅[한 모퉁이] 정사精舍[5] 모여 앉아 도덕 토의吐意[자기 뜻을 내뱉는]가 되었는데, 피왈彼曰 "야소교인耶蘇教人으로 불법佛法에 종사從事는 하야何也오[어떠하냐]. 초심불개初心不改하고[초심을 바꾸지 말고] 일방一方[한 방향]에 처하여 평생 안과安過타가[편안하게 지내다가] 여년餘年[남은 생]을 마침이 가可타[좋다, 옳다]"고 무수 간청하거늘, 답왈答曰 "불연不然하다[그렇지 않다]. 초심불개初心不改하여 일방一方에 처함보다 백천만사를 양방兩方으로 지어감이 적합할 줄 아노라." 피왈彼曰 "일신一身으로 양방兩方을 섬기는 것이 부정지행위不正之行爲[옳지 못한 행위]라" 강경히 대항커늘, 답왈答曰 "불필다언不畢多言하고[여러 말 할 것 없고] 직접 우리 눈이 하나보단 양안兩眼[두 눈]이 승勝하고 우리 손이 하나보단 양수兩手[양 손]가 승勝하고 우리 다리 하나보단 양각兩脚[두 다리]이 어떠하오" 좌중座中이 묵묵부답 不答거늘 너무나 미안하여 그 경계를 따라 임시 시가지의 어떤 1전짜리 떡장수[6]와 만전짜리 비단장수[7]와 두 사람이 본지本志·거동·행위·품격 4종으로 시속 인심 어떻다는 비유 논설이 많이 있었다.
장구한 시간이 경과 후에 다시 목포로 향한즉 오후 2시 반이라 ……"

(『조옥정백년사曹沃政百年史』 중에서)

『조옥정백년사曺沃政百年史』의 '반공흘립무등산半空屹立無等山은 계산파파무울산차아稽山罷破霧鬱山且峨요, 단원개착지양강團圓開鑿池陽江은 경수무풍야자파이이鏡水無風也自波而已오 수삼보數三步 들어가니 ~일우一隅 정사精舍 모여 앉아~'란 표현을 보면 조송광은 무등산이 보이는 호수의 정자에 간 것이다.[8]

반공흘립무등산半空屹立無等山 계산파파무울산차아稽山罷破霧鬱山且峨
허공에 반쯤 우뚝 솟은 무등산은 계산과 같이 안개가 다 걷히어 울창한 산으로
높이 솟아있고, 단원개착지양강團圓開鑿池陽江 경수무풍야자파이이鏡水無風
也自波而已 둥글게 판 호수의 햇빛 찬란한 지양강은 거울처럼 맑은 물에 바람
없으나 절로 물결 일도다.

'반공흘립半空屹立 무등산' 즉, 시야의 윗부분은 하늘이고 아랫부분은 타원형으로 우뚝 솟은 능선의 무등산이 전망되는 곳이며, '지양강池陽江'이란 표현에서 이곳은 저수지이며 양陽 자가 들어가니 햇살 찬란한 호수로, 경양지景陽池이다.

'단원개착지양강團圓開鑿池陽江'은 땅 밑을 파서 만든 둥그런 타원형 모습의 저수지를 의미한다. 지양강에 대해 땅 밑을 파서 인위적으로 만든 호수라고 묘사했을 뿐 아니라 무등산과 함께 한시의 대구로 언급하여 이 지역에 있는 호수임을 드러내고 있다. 더욱이 이 호수는 '경수무풍야자파鏡水無風也自波' 즉, 바람이 불지 않아도 물결이 절로 이는 넓고 큰 호수였다.

이런 여러 가지 묘사에 해당하는 호수가 바로 무등산 가까이에 있고 광주역에는 더욱 가까이 있었던 경양호이다. 조선시대 수많은 선비들이 경양호에서 무등산에 대한 시를 읊었던 것처럼 조송광도 경양호에서 무등산을 '반공흘립半空屹立'이라고 묘사했던 것이다. 요컨대 경양호와 경양호

8. 반공半空=반공중半空中; 하늘과 땅 사이의 그리 높지 않은 허공. 흘립屹立; 산이 깎아 세운 듯이 높이 솟아 있음. 단원團圓: 둥그런 타원형의 모습. 개착開鑿: 땅 밑을 파서 길이나 운하 등을 냈다는 뜻. 지양강池陽江: 땅 밑을 파서 만든 저수지라는 의미

로 흘러 오가는 물길의 형상을 '지양강池陽江'이라는 말로 압축해 표현한 듯하다.[9]

'지양강'이라는 표현은 조송광 그만의 풍류가 잘 드러나는 명칭이라고 하겠다. 경양호에 도착해 수삼보數三步 들어가서 일우一隅 정사精舍에 모여 앉아 장시간 토론을 즐기고 오후 2시 반에 목포로 출발했다는 표현이 나오는데, 그만큼 경양호는 광주역에 가까운 곳이었다. 남도여행의 첫 코스가 당시 광주시 휴양지이자 무등산 전망지인 경양호였던 것이다. 당시에 이런 정사精舍를 경호정景湖亭, 경호대景湖臺, 경호루景湖樓, 응향정凝香亭, 경양정景陽亭 등과 같은 여러 가지의 이름으로 불렀다.[10]

한말의 『황성신문』에 따르면 경양호는 견훤이 신축한 저수지로서 세종 22년 중농정책을 따라 김방이 3년여간 크게 개축한 방죽[11]으로, 1934년 일제에 의해 1/3로 축소되었고 1968년에 태봉산을 파낸 흙으로 그나마 남아 있던 1/3마저도 메워 태봉산과 함께 지도상에서 사라졌다.

경양호는 '옛 광주시청-現 동성고' 사이의 일대로, 5백여 년 동안 4만 6천여 평, 수심 10m에 이르렀던 광주 고을의 생명수였으며, 당시 선비들이 무등산이 바라보이는 이곳에서 시를 짓고 배를 타고 놀던 곳이기도 했다. 광주 사람들의 대표적인 휴양지였다.

조송광은 무등산이 전망되는 경양방죽에서 예수교 장로들을 만나 소태산의 가르침에 바탕한 '제불제성諸佛諸聖 마음'과 '제불제성의 본의'로 회통하라 외치며 모든 성자의 근본 마음으로 회통하라는 것이다. 소태산의 종교관이 조송광을 통해 무등산과 경양호를 통해 빛고을에 울리었다.

◎『조옥정백년사曹沃政百年史』에서 광주 방문 중 조송광과 예수교인과 대화를 의역한 내용이다. 조송광이 소태산 대종사와 첫 만남에서 크게 감명 받은 '예수의 심통제자가 되라'는 문답의 연관선상에 있는 대화이다.

9. '양강陽江'이라는 동일 표현이 들어가는 강으로는 장흥 예양강汭陽江, 강원에서 발원하는 소양강昭陽江이 있다. 예양강에서 '汭'는 물굽이 예라는 뜻으로 '汭陽'은 동쪽(陽)에서 떠오르는 햇빛에 강물이 반짝거리는 모습이다. '예양'은 글자 그대로 강의 위치와 형상을 알려주는 표현이다. 소양강의 '昭'는 '환히 빛나다(於昭于天, 昭德)'는 뜻으로 '昭陽'은 동쪽(陽)에서 떠오르는 햇빛에 밝게 빛나는 모습이다. 이런 예로 본다면, '池陽'의 '池'는 연못, 저수지라는 뜻이기에 '池陽'은 동쪽(陽)에서 떠오르는 햇빛에 비춰지고 있는 저수지 모습을 일컫고 있다. '지양강池陽江'은 저수지와 천을 아우르는 표현으로, 저수지로서 경양호와 경양호를 거쳐 흐르는 천을 모두 일컫는 말이다.

10. 경양호에 관련된 읍지, 신문, 회고록 등을 보면 이렇게 다양하게 칭하고 표현하고 있다.

11. 경양방죽을 신축한 사람이 견훤임을 보여주는 전설이 이어져 내려왔는데, 한말 황성신문에서는 고대의 시기에 만든 오래된 저수지들을 소개하면서 그 하나로 경양방죽을 언급하고 있다.

12. 불법연구회 제1회 기념총회
는 1928년(원기 13년)에 신
축강당인 익산총부 영춘헌
에서 열렸다.

13. 소태산 대종사 당대에는 여
름과 겨울 3개월씩 정기훈
련(동·하선)을 실시했다. 하
선은 음력 5월 6일 결제하
여 8월 6일 해제하고, 동선
은 11월 6일 결제하여 이듬
해 2월 6일 해제하였으며
과정은 염불, 좌선, 경전, 강
연, 회화, 의두, 성리, 정기
일기, 상시일기, 주의, 조행
의 11과목이다.

14. 광주 여행은 알고 지내던 예
수교 지기知己를 만나는 여
정일 수 있다.

경산 조송광은 원기 13년(1928년) 제1대 제1회 기념총회에서 추산 서중안의 뒤를 이어 불법연구회[원불교 전신] 제2대 회장에 피선되었다.[12] 이해 겨울 동선[13] 3개월에 조송광도 참석하였다.

동선 중에 '만법귀일 일귀하처'란 화두를 내걸었다. 조송광은 자신이 세상 학문에 대해서는 상당히 유식한 편이라고 자부심을 갖고 있었지만, 화두에 대해서는 연구하면 연구할수록 더욱 알 수 없었다. 화두는 사량계교나 학문적 잣대로써는 깨칠 수 없다는 사실을 조송광은 몰랐던 것이다.

동선이 끝나고 조송광은 자신의 지식이 얼마나 보잘 것 없는 것이며, 화두의 세계가 얼마나 깊고 큰 것인가를 깨닫고는 자신이 얼마나 어리석고 아둔한가를 반성하게 되었다.

동선이 끝나고 이어 원기 14년도(1929) 총회를 마치고 조송광은 화두를 깨치지 못한 답답한 마음도 달래고, 평소 좋아하던 풍류도 즐길 겸 광주·목포·완도 등지를 여행하였다.

광주 무등산에 올라갔을 때 마침 잘 알던 기독교인[14]을 만나서 그들로부터 비난을 받게 되었다.

"조 장로께서는 수십 년간 기독교를 독실이 믿어왔고, 지역사회에서 지도자격인 인물입니다. 그런데도 어찌하여 불법을 믿게 되고 심지어 중요 간부의 책임까지 맡게 되었습니까? 지금부터라도 기독교인으로 되돌아와서 하느님에 대한 믿음을 두터이 하여 한평생 하느님의 은총 속에 편안하게 살아가는 것이 옳지 않겠소?"

"옳은 말씀입니다. 하지만 한 분 성인의 가르침만 받는 것보다는 여러 성인의 가르침을 동시에 받으면 더 좋을 것입니다. 내가 불법을 믿게 되었다고 해서 마음이 변한 것이 아니라 하느님에 대한 신앙도 더 잘하게 되었습니다."

"사람이 어찌 한 몸으로 두 가지 신앙을 동시에 가질 수 있단 말이요. 그것은 잘못된 생각입니다."

그에 대해 조송광은 답하였다.

"눈 하나 가진 사람보다는 눈 둘을 가진 사람이 사물을 더 밝게 볼 수 있고, 다리 하나뿐인 사람보다는 두 다리 가진 사람이 더 잘 걸을 수 있습니다. 내가 수십 년간 기독교를 믿어왔지만 하느님의 참 뜻을 잘 몰랐습니다. 그러나 이제 불법을 믿으면서 하느님의 참 뜻도 더 잘 알게 되었습니다."

조송광은 이때부터 불교·유교·도교의 진리를 같이 연마하고, 동양사상과 서양사상도 아울러 연구하게 되었다. 마음의 눈이 더욱 넓게 열려가기 시작한 것이다.

조송광은 이 여행에서 풍월을 마음껏 즐겼고, 한의술도 마음껏 펴고 돌아왔다. 그러나 대종사님으로부터 꾸지람을 받았다.

"송광은 장차 만고대의를 경륜할 큰 인물인데 '풍월風月' 두 글자에 마음을 빼앗기고 있어서야 되겠는가? 이처럼 혼란하고 어려운 시대에 도덕세계 건설에 더욱 노력해야 하지 않겠는가?"

이때부터 조송광은 그렇게도 좋아하던 풍류행각을 중지하였다.

(서문성, 『원불교 예화집』 9권, 81~82쪽)

◎ 아래의 왼쪽 사진은 1940년대 중반 촬영된, 경양호가 만수위에 이르렀을 때의 모습이다. 이때의 경양호 넓이는 진한 파란색 표시의 최대 넓이가 아니라 그 넓이에서 2/3가 없어지고 1/3만 남은 옅은 파란색의 넓이에 불과했다.[15]

15. 광주투자원론(1)-100년 전 광주 신도시론으로 보는 역사 반복의 광주송정역 대세론.
https://blog.naver.com

◀ (왼) 경양호의 모습
◀ (오)경양호의 호수경계 표시

63

▲ 경양호(1940. 7.)

▲ 경양호 옛모습

▲ 경양방죽 사료관

옛 경양호는 광주와 담양 간의 도로 역할도 했는데 '경양방죽 사료관'[16]은 그 도로 위에 세운 것이다. 1937년 경양호가 3분의 1로 축소되기 전에 4·19혁명기념관은 경양호 가운데였으며 계림초등학교와 광주고등학교도 경양호에 속해 있었다.

16. 경양방죽 사료관의 주소 : 동구 계림동 561-10(중흥로29번길)

◎『조옥정백년사曹沃政百年史』중 광주 방문기 원문이다.

65

5. 광주 제사공장과 여학원생들

◎ 광주 양동지역(옛 전남도시제사공장 일대)은 정양선 등 불법연구회(원불교 전신) 여학원생들이 학비를 마련하기 위해 다녔던 제사공장이 있었던 곳으로 여겨진다.

소태산 대종사 재세 시 익산총부의 학원생들은 스스로 학비를 벌어 학업을 충당하였다. 당시 학원생들은 학비를 마련하기 위해 전주, 이리, 광주 지역의 제사공장[1] 또는 고무공장에 다녔다. 정양선[2] 이정만, 김용주 등은 광주제사공장에 1년여 동안 다녔으며, 숙련공이라 공장에서 붙들었고 벌이가 훨씬 낮다는 일본에도 갈 생각이었다. 이런 와중 소태산 대종사는 어린 학원생들을 익산총부로 돌아오도록 한다. 아무리 학비를 스스로 벌도록 했지만 여제자들이 공장노동자로 일본에 가는 것은 원치 않았던 것이다.

1920년대 전남 산업의 특징은 3백白 2흑黑 1청靑이라고 했다. 3백白은 면화 누에고치 쌀이었고 2흑黑은 김과 무연탄이었으며 1청은 죽제품이었다. 일제日帝는 이를 알고 면화와 잠사의 고장에 1926년에는 전남제사회사(주)를 세우고 1935년에는 가네보(鐘淵) 방직주식회사를 세운 것이다. 가네보는 일신日新방직과 전남방직全紡으로 이어지고 있다.

일제강점기 광주에는 1920년대 후반에 제사 여공이, 1930년대 중반기에는 방직 여공이 각각 창출된다.[3] 아마 정양선 등 여학원생들은 1930년대 만든 임동 인근의 방적공장이 아닌 1920년대 중반에 세운 양동 인근의 제사공장에 다녔을 것이며 숙련공이었던 것이다.[4] 소태산은 당시 숙련공으로 인정받으면서 또한 노동착취의 현장에 있는 여학원생 제자들을 안타깝게 여기고 1년여 만에 이들을 철수시킨다.

당시의 공양원 제도가 시행되었다. 이는 전무출신으로 출가하기 위한 선비禪費 마련의 예비과정이었으며, 여학원생들이 학비 조달을 위해 공장

1. 고치로부터 생사生絲를 뽑는 것을 제사製絲라고 한다. 한 개의 누에고치에서 나오는 섬유는 대략 600~1,100m 정도의 길고 섬세한 필라멘트 섬유이다. (패션전문자료사전)

2. 정양선 (1914.7.4.~1986.3.29.)은 본명은 연홍連弘, 법호는 덕타원德陀圓으로, 1914년 7월 4일 전남 영광군 백수면 천정리에서 부친 일지一持와 모친 김동수金東壽의 2남 3녀 중 차녀로 출생했다. 10세 때에 백수공립보통학교에 입학하여 14세 되던 봄에 4학년을 수료하고 학비를 장만하여 공부를 더 해볼 생각으로 광주 제사공장製絲工場에서 2년 동안 노력한 뒤 1932년(원기 17년) 19세에 익산총부를 찾아 소태산 대종사를 알현하고 전무출신을 서원했다. 입선훈련에 필요한 경비를 마련하기 위해 이리 고무공장에 다니며 주경야독晝耕夜讀으로 공부했다. 1934년(원기 19년) 21세에 총부 공양원으로, 1936년(원기 21년)에는 서울교당 공양원으로 3년간 세탁이며 식당 잡무의 고역을 담당했다. 이때의 법문이 『대종경』 교단품 8장이다.

노동자로 임했던 현실 문제를 해소하기 위한 대처 방안 중 하나였다.

◎ 소태산 대종사 재세 시 여학원생들이 학비마련을 위해 광주 제사공장 등에 다녔던 일화이다.

〈 여학원생들의 자력생활 〉

이리 천일고무공장은 평양 사람이 운영하였다. 이곳이 벌이가 신통찮아 이정만, 김용주와 다른 한 사람은 정양선이 먼저 가 있는 광주 제사공장으로 옮겼다. 광주공장 1년 만에 일본에서의 벌이가 훨씬 낫다 하여 도일渡日할 작정으로 있는데 종사주(소태산 대종사)로부터 총부로 돌아오라는 편지가 왔다. 공장에서는 숙련공이라 붙들었지만 종사주의 명이라 두 생각 없이 총부로 돌아왔다. 익산총부로 돌아왔지만 여학원생들은 당장 먹고 잘 데가 없었다. 그래서 다시 서아실(본원실 서쪽방)에서 자취하면서 (이리) 택전 제사공장에 나갔다. 이러한 딱한 처지 속에서도 여학원생들의 자주력은 실로 대단하였다.

(박용덕, 『정녀』上, 186~187)

▲ 불법연구회 여학원생들이 다녔던 이리천일 고무공장 터(선화로33길 7)

3. 방직(spinning and weaving, 紡織)은 방적紡績이라는 용어와 직조織造 또는 제직製織이라는 용어가 합성된 복합어. (두산백과)

4. 일제강점기 공장은 매뉴팩처(협업) 단계로 숙련공 부류와 미숙련공 부류를 양산한다. 매뉴팩처의 집단적 노동에서는 작업의 세분화로 인해서 단순한 작업과 복잡한 작업, 저급의 작업과 고급의 작업이 구분된다. 전자는 교육이나 훈련을 적게 필요로 하는 미숙련공의 저급 작업이 되고, 후자는 교육이나 훈련을 많이 필요로 하는 숙련공의 고급 작업이 된다. [네이버 지식백과] 매뉴팩처에서 숙련공과 미숙련공의 분리 (마르크스『자본론』해제, 2004. 손철성)

5. 덕타원 정양선은 19세시 전무출신 출가 전에 광주 제사공장에 다닌 적이 있고 출가 후에도 학비와 선비 마련을 위해 동지들과 일정기간 광주 제사공장에 다닌 것으로 보인다.

〈 공장 다니는 여학원생 〉

전주, 광주에서 제사공장에 다니며 손발이 다 부르트고 갖은 고생을 겪다가 설쇠러 익산총부에 오는 여학원생들을 보고 주산 송도성 학원 교감이 격려하였다.

"너희들 마침 공부할 때에 고생하는구나. 너희들을 가르쳐야 할텐데 내가 어디다 돈구멍을 파야겠다."

공장에 다니는 이들 여학원생들에 대해 회중 간부들이 대책 회의를 하였다. 대산 김대거가 영산 간척답(정관평)에서 1년에 천 석 정도 수확하는 것을 예산 잡아서 학원學員들을 교육시키자고 발의하여 회의로써 결정하고 조실[6]에 보고하였다.

이 보고에 소태산은 매우 꾸중하여 간부들은 1주일간을 밥을 먹지 못하고 지냈다. 그 후 제자들의 마음을 풀어주시며 대종사께서 말씀하였다.

"너희들 나중에 보아라. 저 사람들이 공장에 다니며 고생을 감내하여 그것이 큰 힘이 되어 앞으로 우리회상이 큰일을 할 것이다. 저 사람들은 우리회상의 기초가 되고 근간이 되나 유학한 사람들은 별 자랑이 되지 못할 것이다."

소태산의 이 예언은 땅에 떨어지지 않았다. 후일 원불교 교단은 이들 정녀貞女를 중심으로 판이 짜였으며, 시세를 따라 유학을 하거나 외학外學을 하였던 불교나 천도교의 인재들은 대부분 개개인의 세간생활에 치중하였다.

대종사는 공장에 다니는 여학원생들을 격려하셨다.

"너희들 지금은 이래 고생하지만, 앞으로 너희들 호강하는 꼴을 어떻게 볼거나. 우리가 지금 이렇게 고생하는 것이 너희들의 장래를 위해서 하는 일이다."

(박용덕, 『정녀』上, 188~189쪽)

〈 쇠를 풀무 화로에 〉

정양선은 광주 제사공장에 다니다가 경성(서울) 지부에서 근무하던 서대인이 성신여학교로 진학함에 따라 1936년(원기 21년) 23세시 경성지부(돈암동 회

6. 종법사가 집무를 보는 곳으로, 소태산 당대는 소태산의 집무실이요 처소를 말한다.

관) 공양원으로 갔다. 경성지부 식당 일도 공장 생활 못지않게 고단하여 정양선은 몸이 수척하였다.

대종사께서 경성지부에 와서 보고 이를 측은히 여겨 말씀하셨다.

"네가 일이 고되어 얼굴이 빠졌구나. 너희들이 이 공부 이 사업을 하기 위하여 혹은 공장, 혹은 식당, 혹은 산업부 등에서 모든 괴로움을 참아가며 힘에 과한 일을 하는 것은, 비하건대 모든 쇠를 풀무 화로에 집어넣고 달구고 또 달구며 때리고 또 때려서 잡철은 다 떨어버리고 좋은 쇠를 만들어 세상에 필요한 기구를 제조함과 같다. 네가 그러한 괴로운 경계 속에서 진리를 탐구하며 삼대력을 얻어 나가야 범부의 잡철이 떨어지고 정금 같은 불보살이 된다. 그러므로 저 풀무 화로가 아니면 능히 좋은 쇠를 이뤄내지 못할 것이요, 모든 괴로운 경계의 단련이 아니면 능히 뛰어난 인격을 이루지 못할 것이니, 너는 이 뜻을 알아서 항상 안심과 즐거움으로 생활해 나가거라."

위의 내용은 『대종경』 교단품 8장의 법문이 되었다.

(『구도역정기』 정양선 편, 416~417쪽)

▲ 덕타원 정양선

〈 여자 청년들의 공장 생활 〉

선비(전무출신을 하기 위한 정기훈련 할 비용) 마련을 위해 공장에 나가는 불법연구회(원불교 전신) 처녀들은 열다섯 살부터 스무살 안팎의 나이로 20명 남짓 되었다. 전무출신 하기 위해 총부에 온 여자 청년들은 정기훈련에서 공부할 선비 마련을 위해 공장에 다녔다. 그들의 나이는 열다섯 살부터 스무 살 안팎의 나이로 20명 남짓 되었다.

이춘풍의 딸 이경순-이정화 자매, 영광 신흥에서 온 이태연-이정만 사촌자매, 서대원의 사촌누이 서대인, 원평의 조일관, 길룡리 정일지의 딸 정라선-정양선 자매, 진안 마령의 오종태-오종순 쌍둥이 자매, 박동국의 장녀 박일춘, 길룡리 큰 애기 박보은, 김기천의 맏딸 김정도와 질녀 김태신, 오창건의 친척 오귀열,

김광선의 딸 김용주 등이다.

이들은 도치원(현 본원실) 서아실(서쪽방) 방에서 자취하였다. 이들의 숫자가 불어나 도치원에 다 수용할 수가 없게 되자 오타원 이청춘이 총부 자기의 집(곡두마리집 아래)을 내놓게 된다.

▲ 익산총부 본원실

▲ 본원실 아래 이청춘의 집 터(옛 불법연구회 식당채)

"비루스럽게 누구에게 신세지며 살 생각 말자. 죽을 끓여 먹더라도 우리끼리 살자."

이들은 부모든 재력 있는 재가회원이든 간에 누구에게도 의지 않고 제 힘으로 돈 벌어 공부할 각오를 야무지게 다졌다.

이들은 조밥에 새우젓 반찬을 먹어도 밥맛이 꿀맛 같았고, 좁쌀을 팔아 다가 막소금 뜨물에 쪄서 주먹밥을 뭉쳐 도시락을 싸 다녀도 재미가 났다. 공장 생활은 고달팠지만 저녁에 돌아오면 총부는 자글자글 큰 애기들의 웃음이 들끓었다.

"언니들은 뭣 땜세 저렇게 웃음이 자지러지는지 모르겠다."

......

"너희들 이 고생해서 나중에 원망이 많을 것이다. 어서 집으로 돌아가 시집 가거라."

한 번씩 조실[7]에서 대종사께서 야단칠 때마다 한 사람씩 떨어져 나가고 끝까지 남은 사람은 이경순, 이태연, 조일관, 오종태, 오종순, 서대인, 정양선, 김태신, 이정만, 이정화 등이다. 그들은 대종사에 대한 신뢰와 존경이 하늘만큼 넓

7. 소태산 대종사의 처소로, 종법사가 집무를 보고 거처하는 곳이다. 공식적으론 '종법실'이라 한다.

었고 바다처럼 깊었다.

(박용덕, 『정녀』上, 179~180쪽)

◎ 소태산 대종사는 여학원생들에게 선비禪費와 학비學費를 스스로 마련토록 하였다. 이러한 소태산의 처사는 후일 덕타원 정양선을 비롯한 여학원생들이 원불교의 중추인물들이 되고 언제 어디서나 자력 생활하는 기반을 이룬다.

덕타원 정양선 등 여학원생들이 다니었던 광주 제사공장은 양동 인근으로 여겨진다. 1930년대 임동 인근에 조성된 방직공장이 아닌 1920년대 중반에부터 양동 인근에 있었던 제사공장에 다녔을 것으로 보인다.

'風光明媚な場所に立っ全南道是製絲工場'이라는 사진 제명을 보더라도, 전남도시제사공장은 풍광이 맑고 아름다운 곳에 설립된 것이다. 일제강점기 전남도시제사공장은 1926년 광주천변의 널따란 벌판에 세워진다. 이 자리는 양동 61번지로 지금은 아파트 단지이다. 양동 삼익, 우진, 금호1차·2차란 이름이 번지를 대신한다.

▲1930년대 전남도시제사공장 전경[8]

1970년대 초까지도 누에고치에서 실을 뽑는 전남제사全南製絲가 있었다. 전남제사는 일제강점기에 설립된 전남도시제사공장에서 비롯됐다. 1920~30년대에 도시제사공장 종업원들은 하루 15~16시간씩 일했다. 도저히 믿겨지지 않는 근로시간이다.[9]

8. "유구한 문화의 도시, '광주'", 국립광주박물관, 77쪽

9. '양동61번지'는 누에실 뽑는 제사공장 있었던 곳, http://www.gjdream.com

71

▲ 중앙여고, 삼익맨션(광주천 왼쪽) 중심의 1984년 이전
　도시화 모습 본원실 아래 이청춘의 집 터(옛 불법연구회 식당채)

▲ 금호2차아파트, 우진아파트, KDB생명보험빌딩 중심의
　2020년 현재 도시화 모습

　　1984년 광주중앙여고가 운암동으로 이전하기 전 광주천을 경계로 전남
도시제사공장 자리(양동 61번지 일대)에 조성된 삼익맨션 아파트 단지와
광주중앙여자고등학교가 있었다. 그리고 삼익맨션과 광주중앙여고 맞은
편에 광주제일고등학교가 있으며, 광주천 중간쯤에 1974년 만들어진 양
동 복개상가가 자리 잡고 있다. 양동 복개상가와 광주중앙여고에 이웃한
오래된 양동시장이 있다. 현재 양동 61번지 일대에는 금호2차아파트를 중
심으로 우진아파트(오른쪽 옆), KDB생명보험빌딩(오른쪽 위)이 있다.

　　이 일대(양동 61번지 일대)에 광주도시제사공장이 있었으며 아마도 정
양선 등 여학원생들은 이곳을 다녔을 것이다.

6. 도산 안창호의 광주 강연과 소태산 이야기

▶ 도산 안창호는 광주 강연에서 소태산를 만나서 보고 느낀 감상을 전한다. 실력양성과 인격혁명'을 주장하는 도산과 자력양성과 정신개벽을 외쳤던 소태산은 사상적 공감을 가졌을 것이다.

그 시기는 1935년 6월경 1박2일로 강연회를 개최한 북문밖교회와 수피아여학교, 만찬을 한 신광원 음식점에서 도산은 익산총부를 방문하여 소태산을 만나서 대화하고 도량을 직접 보고 느낀 감상을 광주의 지인들에게 소개했을 것이다.

1. 주요한, 『안도산 전서』 상(전기편), 범양사, 436~437쪽

도산 안창호는 실력양성과 함께 일제와 직접 부딪히는 독립투쟁도 지원했다. 이러한 독립운동가 도산은 1932년 일제에 의해 체포되어 투옥되었다가 1935년 2월 10일 2년 반 만에 대전형무소에서 가출옥된다. 그 후, 전국을 돌며 사람들을 만나는 과정에서 소태산 대종사를 만나게 된다. 고향 평양을 찾아 성묘한 후 다시 서울을 거쳐 지방 순회 후 평남 대보산 송태산장에 은거하게 된다.

> "서울로 올라온 도산은 호남·영남 지방을 시찰하고자 광주·순천을 거쳐 부산
> 으로 가서 대구를 둘러왔다. …… 도산을 찾은 사람들은 경찰에 호출되어 시달
> 림을 받지 않을 수 없었다. 그러므로 도산은 최후로 평안북도를 다녀온 후로는
> 민간인들에게 괴로움을 주는 것을 피하여 송태 산장으로 들어가고 만 것이다."
> (주요한, 『안도산 전서』 상(전기편), 범양사, 435쪽)

도산과 소태산이 만난 시기는 도산이 가출옥 후 호남·영남 지방 순회를 하던 시기로 보인다.

1980년(원기 65년) 11월 17일부터 원불교 교무훈련 중 3일간 '일제하 교단 수난사 내막'이란 좌담회를 연다. 이 좌담에는 도산이 익산총부를 방문했을 때 안내 역할을 했던 김형오와 익산총부 구내에 주재소를 설치했을 때 순사였던 황가봉이 좌담자로 참석한다.

이때 사회자 이공전은 좌담을 시작하기 앞서 불법연구회(원불교 전신)의 수난 역사에 대해 개괄하면서 도산의 방문도 소개한다.

> "도산 안창호 선생이 우리 회상[불법연구회]에 다녀가신 후로는 더욱 일본 경찰들의 우리 교단에 대한 감시가 심해지기 시작했습니다."
>
> (『두 하늘 황이천』, 원불교출판사, 128쪽)

> "안도산은 당시 호남일대의 농촌 상황 시찰차 이리에 도착했다가 동아일보 기자의 안내를 받아 불법연구회(원불교 전신)를 방문하게 된 것이다."
>
> (『대종경 선외록』, 교단수난장 5절)

이에 대해 『천하농판』(원불교초기교단사 5권)의 저자 박용덕은 도산이 이리 역에 내린 시기를 1935년 여름이라고 주장한다.

> "도산이 각지를 순회 중 이리 역에 내린 것은 1935년 여름이었다."
>
> (박용덕, 원불교초기교단사 5권 『천하농판』, 원불교출판사, 22쪽)

그리고 『광주 1백년』의 저자인 박선홍은 도산이 1935년 6월에 광주에 방문했다고 언급한다.[2]

> "안창호는 상해임시정부에서 활동하다 체포되어 이후 4년 동안 옥고를 치르고

2. 박선홍, 『광주 1백년』, 2권 "광주의 조선 요릿집, 신광원", 112~115쪽, 재단법인 광주광역시 광주문화재단, 1994년 12월 5일(초판) 2014년 11월 7일(증보판)

나와 1935년 6월 광주를 방문했다."

(박선홍, 『광주1백년』 2권, 재단법인 광주광역시 광주문화재단, 2014, 112쪽)

이런 점들을 감안할 때 도산이 불법연구회(원불교 전신) 익산총부를 방문하여 소태산을 만난 시기는 1935년(원기 20년) 6월경 광주 방문 이전인 것 같다. 6월을 여름의 시작으로 보면 박용덕의 여름과 박선홍의 6월은 교차되는 시기라 할 것이다.

◎ 도산은 익산총부 대각전大覺殿에 참배한 뒤 청하원에서 소태산과 만난다. 도산은 익산총부를 보고 감탄하며 소태산 대종사의 활동을 치하한다. 이 상황이 『대종경』 실시품 45장에 실려 있다.

"안 도산(安島山)이 찾아온지라, 대종사 친히 영접하사 민족을 위한 그의 수고를 위로하시니, 도산이 말하기를 「나의 일은 판국이 좁고 솜씨가 또한 충분하지 못하여, 민족에게 큰 이익은 주지 못하고 도리어 나로 인하여 관헌들의 압박을 받는 동지까지 적지 아니하온데, 선생께서는 그 일의 판국이 넓고 운용하시는 방편이 능란하시어, 안으로 동포 대중에게 공헌함은 많으시면서도, 직접으로 큰 구속과 압박은 받지 아니하시니 선생의 역량은 참으로 장하옵니다.」하니라."

(『대종경』 실시품 45장)

3. 박용덕에 비해 박윤철은 선주에 오기 직전인 1936년 2월 21일 전후로 익산총부를 방문했다고 본다.(『원광』 531호. 2018년 11월호, 78~79쪽) 그렇다면 박용덕과 박선홍이 근사하다. 박선홍의 주장인 6월 광주 방문을 초여름으로 보면 박용덕의 여름과 시기가 비슷하다. 도산이 광주 방문 이전 익산총부를 방문해 소태산을 면담하고 광주·순천을 거치는 호남과 영남 순회 일정을 밟았을 것이다.

4. 원불교의 신앙의 대상인 법신불 일원상을 봉안하는 법당으로, 사찰의 대적광전에 해당한다. 최초의 대각전은 익산총부에 1935년(원기 20년) 1월에 착공하여 4월 27일에 준공한 건물이다.(『원불교대사전』)

5. 일제강제기 불법연구회(원불교 전신) 정문 입구 오른쪽에 있던 이공주-박창기 모자의 집이다. 경성지부 교도 이공주가 전무출신을 결심하고 1934년(원기19년) 8월 20일 완공한 집으로 총부 응접실로 활용되기도 했다.

▲ 대각전 준공(1935년) 기념사진

소태산의 시봉을 맡아보던 김형오는 도산 일행을 신축한 지 얼마 안 된
대각전으로 안내하였다. 뒤이어 청하원 응접실로 인도하여 소태산과 도산
의 대면이 이루어졌다. 도산은 일원상을 신앙의 대상으로 모시고 있는 대
각전에 들어 경의慶儀를 표한 후 청하원으로 안내받는다. 대각전은 높은
언덕 위에 있어 불법연구회 도량을 전체적으로 전망할 수 있었고 대각전
주위는 복숭아 과수원 등으로 둘러싸여있었다. 정갈하고 잘 정돈되어있는
이상적인 마을 모습을 한 풍광이었다.

▲ 청하원(박창기 가옥 신축낙성 기념사진)

청하원에서 기다리고 있던 소태산과 매우 피곤하고 초췌해 보이는 도산
은 인사를 나누었다. 소태산은 '찾아주시어 고맙다.'는 인사말을 하고 '성
화는 익히 들어왔다. 많은 세월 풍찬노숙風餐露宿과 3년간의 영어囹圄[감
옥] 생활에 건강을 크게 잃지 않으셨는지'를 물었다. 도산은 '상상보다 큰
시설 규모에 놀랐다'고 말하고, 좌우 형사를 가리키며 '보시는 바와 같이
나는 내 발이지만 어디를 마음대로 갈 수도 없고, 내 입이지만 누구에게
내 맘대로 말할 수도 없다. 나뿐만 아니라 내 뜻을 따르는 동지들도 구속

이 많다. 여기서도 박 선생과 내가 속을 다 털어놓고 이야기하면 박 선생도 나 때문에 불편을 겪으실 것이다. 그러니 이렇게 얼굴이나 정답게 보고 간다.'고 하였다. 그리고 도산은 '반항도 좋고 투쟁도 좋지만 참으로 민족 대계大計는 박 선생 같은 정신 운동이 더 소중하다고 생각한다. 나도 앞으로 민족의 정신 실력 향상에 힘쓸까 한다.'고 말하였다.[7]

7. 박용덕, "원불교 초기교단사 5", 『천하농판』, 23~24쪽

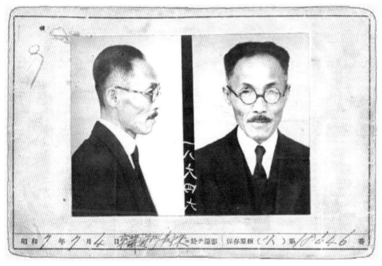

▲ 일제 주요감시대상 인물카드 안창호 전후면
 독립운동가 안창호의 55살 때 모습. 1932년 경기도형사과에서 작성하였다.
 뒷면에는 상하이에서 체포되었다고 적혀있다.(한국민족문화대백과)

소태산은 도산을 만나면 일제의 혹독한 탄압이 있을 것을 예상하면서도 도산을 맞이하였다. 실력양성과 자아혁신을 주장하는 도산과 자력양성과 정신의 세력을 확장하려는 소태산은 사상적 공통점에 끌렸을 것이다. 또한 이상적 농촌마을을 꿈꾸던 도산은 불법연구회 익산총부를 보고서 현실화된 이상촌을 보는 감상이 들었을 것이다.

도산 안창호가 소태산을 방문한 이후 일제는 익산총부 구내에 이리경찰서 임시주재소를 설치하는 초강수를 두게 된다. 또한 도산은 광주에서 소태산과 불법연구회(원불교 전신)의 활동을 직접 보고서 만나는 사람들에게 소개하며 치하한다.

◎ 도산은 광주에서 강연 또는 모임에서 소태산의 불법연구회(원불교 전신) 활동에 대한 감상을 말씀하였다. 대산 김대거(金大擧, 1914~1998)[8]의 회고담이다.

8. 본명은 영호榮灝. 법호는 대산大山. 법훈은 종사. 1914년 음력 3월 16일 전북 진안군 성수면 좌포리에서 부친 인오仁悟와 모친 안경신安敬信의 5남매 중 장남으로 출생했다. 소태산 대종사와 정산종사의 뒤를 이어 1962년(원기 47년)부터 1994년(원기 79년)까지 원불교 종법사를 역임했다.

> 도산의 소태산에 대한 감상
> 대산 종사는 회고하시기를 "도산 안창호 선생님이 대전형무소에서 출옥하신 후 이리에 오셨을 때에 이리시에 있는 이원제 장로가 모시고 와 대종사님을 친견하시게 했었다. 그 후 광주에 가시어 '나는 민족 독립운동 한다고 하여 많은 사람에게 오히려 어려움을 많이 주고 있으나 불법연구회의 선생은 조용히 참으로 큰일하고 있다'고 많은 수행인과 모인 사람들에게 말하였었다."고 말씀하였다.
>
> (『대산종사 수필법문집』, 1979년, 원기 64년 3월 15일)

박선홍의 『광주 1백년』에 따르면, 1935년 6월에 도산은 광주를 방문해서 북문밖교회(광주중앙교회 전신)에서 강연회에 참석한 후, 저녁에 신광원이라는 음식점에서 만찬을 하였고, 이튿날 북문밖교회와 수피아여학교에서 이어서 강연을 한다.[9] 도산의 모든 강연회는 20명 이상 참석하는 것을 금지했다. 일경日警은 많은 인파가 몰려드는 것을 막기 위해서였다. 그래서 북문밖교회의 강연을 이틀에 걸쳐서 했던 것 같다. 신광원 만찬에 참석한 인물들은 당시 광주 여론을 주도하고 있던 최흥종, 최영욱, 최원순, 양태승, 김용환, 최윤상, 현준호 등의 인사들이었다. 이 강연회 또는 만찬에서 도산은 소태산에 대한 사상적 공감과 친근감을 표했을 것이다.

◎ 도산은 광주에 방문하여 북문밖교회, 수피아여학교에서 이틀에 걸쳐 강연을 하였으며, 첫째 날 강연을 마치고 '신광원'이라는 조선 음식점에서 만찬을 하였다.

도산이 강연을 한 북문밖교회는 1904년 광주에서 North Gate Church(광주교회)를 연 이래 1920년에 분리해 나온 교회로서, 1925년에 현재의 '광주중앙교회'라는 이름으로 바꾸기 전까지의 이름이다. 1917년 북문밖 명치정(현 금남로)에서 교인들이 모여 예배를 드리다가 1920년에 이르러 최흥종(1880~1966, 독립운동가, 사회운동가) 목사가 부임하면서 크게 발전한다. 최흥종은 1921년 평양신학교를 졸업하고서 광주 최초로 목사 안수를 받고 북문밖교회 초대 목사로 부임했다.[10]

▲ 일제강점기 북문밖교회와 인근 건물 및 도로 모습(현 금남로)

광주중앙교회(북문밖교회 전신)는 일제강점기를 거치고 2003년 이전하기 전까지 87년 동안 광주 동구 금남로 4가(79-1)에 위치해 있었다.

도산이 강연한 일제강점기인 1935년에 북문밖교회의 인근 모습은 단층 가옥이 양쪽에 쭉 늘어서 있는 모습이고 사람들이 한가로이 오가는 풍경이다.

◎ 도산은 북문밖교회 뿐 아니라 수피아여학교에서도 강연을 하였다.

9. 박선홍, 『광주 1백년』, 2권 재단법인 광주광역시 광주문화재단, 112쪽

10. 정유진, "광주YMCA, 시민과 함께 걸어 온 100년 ② '광주의 아버지' 오방 최흥종", 남도일보, 2020.09.13. http://www.namdonenews.com

11. 네이버 지식백과 / 교회용어 사전 : 교파 및 역사 / 수피아 여학교; 2013.09.16

12. [보고서] 광주 수피아 여학교 와 항일 운동, 2019.02.20. 24쪽; https://m.jisikmall. com

13. 박선홍, 『광주 1백년』, 2권 재 단법인 광주광역시 광주문화 재단, 1994년 12월 5일, 59쪽

14. 광주시청각자료실/사진/ 수피아여자고등학교 일대. http://gjarchive.kr

15. 옛 수피아여학교 터에는 수 피아여자고등학교와 수피 아여자중학교 외에도 수피 아홀(등록문화재 제158호), 커티스 메모리얼 홀(등록문 화재 제159호), 윈스브로우 홀(등록문화제 제370호), 수피아 소강당(문화재자료 제27호) 등 당시 건물들이 문화재로 지정되어 고스란 히 남아 있다.

수피아여학교는 미국 남장로교 선교사 유진 벨(Dr. Eugene Bell, 한국명' 배유지')이 전남 광주에 1908년 4월 1일 설립한 여학교이다.[11] 수피아여 학교는 처음에 광주여학교로 부르다가 1911년 제니 수피아 기념여학교로 개명하였다. 수피아여학교의 이름은 1937년 폐교 때까지 쓰였다.[12]

1930년대 수피아여학교에서는 졸업식 전야제로 학예회를 가졌는데 그 행사명을 '반일회班日會'라고 하였다. 반班은 반反의 이음異音으로 '반일 反日'을 뜻하는데 이것이 일본경찰에 말썽이 되자 '반일회班一會'라 고치 고 매년 같은 날 행사를 가짐으로써 반일사상을 고취시켰다.[13]

도산이 수피아여학교를 방문해서 강연을 했던 곳은 1930년대 수피아여 학교 반일회 학예회를 개최한 자리였을 것으로 보인다.

▲ 1950년대 수피아여학교 일대 모습[14]

수피아여학교는 양림동 256번지(광주광역시 남구 백서로 13)에 위치해 있다. 1950년대의 모습을 보면 논, 밭, 산과 건물이 섞여 있는 풍경으로 지 금과 상당히 달랐다.[15]

◎ 도산은 강연하는 사이에 신광원이라는 조선 음식점에서 강연을 초청해준 관계자를 비롯해서 다양한 민족진영의 사람들과 만찬을 가졌다.

'신광원'은 일제강점기 광주에서 인기 있던 일본 요리집에 맞선 대표적인 조선 음식집이었다. 에워싸고 있는 숲에다가 광주천이 있는, 이른바 '숲과 물이 함께 있는' 곳에 위치해 있어 많은 이들이 찾는 음식점이었다.

더욱이 일제의 강압적이고 차별적이며 탄압에 분개했던 민족자본가, 민족교육가 등이 주로 찾은 음식점이어서 도산, 여운형도 여기서 만찬을 했다.

신광원은 옛 광주적십자병원(옛 서남대 병원, 현 5.18민주화운동 사적지, 광주광역시 동구 불로동 천변 우로 415) 자리에 있었다.

이같이 신광원 자리는 민족운동의 자취가 남아 있었는데 여기에 터를 잡은 적십자병원이 1980년 5.18 항쟁 당시에 부상당한 시민과 시민군을 헌신적으로 치료하고 돌본 적이 있어, 지금은 5.18 사적지 가운데 하나로 지정되어 있다.

▲ 신광원 자리인 옛 광주적십자병원
　(현 5.18민주화운동 사적지)

▲ 신광원의 전신인 '1920년대 '하루노야'
　일본 음식점과 인근 풍경 사진[16]

◎ 소태산은 도산을 만난 뒤 벌어질 탄압을 예상하고도 갑작스런 만남의 주선을 받아들인다. 이는 평소 도산의 사상이나 활동에 대한 공감이 없었다면 가능치 않았을 것이다.

도산의 방문과 방문 이후의 불법연구회(원불교 전신)에 일어났던 상황을 살펴보자.

16. '신광원'은 1920년 불로동의 옛 그랜드호텔 뒤편 주차장 자리에서 개업해서 운영하다가 1920년에서 1935년 사이의 어느 시기에 '하루노야'가 떠나간 자리(옛 적십자병원, 현 서남대 병원)로 이전해왔다. 위 사진은 양림파출소 뒤 '양파정' 정자에서 촬영한 것으로 보인다.

17. 배헌(裵憲, 1896~1955): 전북 이리에서 태어나 1913년 만주로 망명해 통화현 합리하에 있던 신흥학교에 입학해 독립군 훈련을 받았다. 1917년부터는 신흥무관학교 학우단 토론부장이 되어 혁명정신과 민족의식을 고취하면서 군자금 조달과 무기구입 활동을 펼쳤다. 1924년 국내로 들어와 활동하다 동아일보 기자가 됐다. 전북기자 대회와 신간회 운동으로 일제에 의해 체포돼 1년간 복역 후 출소했다. 이후 변절해 익시 운영위원을 하기도 했다. 실제로 이리의 배영대회排英大會의 이리 지역 부회장을 하기도 했다. 이런 친일행적에도 불구하고 건국훈장 애국장이 수여되기도 했다. 해방 후 전북 상공회의소 부회장과 초대 국회의원을 역임했다.

18. 박용덕, "원불교 초기교단사 5",『천하농판』, 21~24쪽약술.

19. 1918년 북일면사무소 호적계장 하정荷汀 김한규金翰圭가 세운 사립학교. 그는 30 장년의 나이에 직장을 내놓고 새말 김씨 제각에 표면으로는 한문서당이지만 내용으로는 국문산수를 가르치는 신식 서당을 차린 것이 사립 啓文학교의 전신이다. 당시 김한규는 재산이 넉넉하지 못한 처지임에도 불구하고 학교 설립을 결심하고 거면적擧面的으로 신창학계

〈도산 안창호의 불법연구회 방문〉

도산 안창호는 상해 홍구공원의 윤봉길 의사 폭탄 투척사건에 연류되어 일경에 체포, 국내로 송환되어 4년의 실형을 받고 대전 감옥에서 복역 중 위장병으로 1935년 2월 10일 형기 20개월을 남기고 가출옥하였다.

도산은 서울을 떠나 큰형의 집을 방문하고 잠시 평안남도 용강온천에서 정양하였다. 이곳에서도 매일 많은 사람들이 찾아와 경찰은 무슨 트집을 잡아서라도 투숙객을 주재소로 호출하여 밤낮도록 힐난하였다. ……

도산은 전라도와 경상도를 시찰하고 다음에 평안북도로 돌았다. 가는 곳마다 동포들이 정성으로 이 민족적 위인을 환영하였으나 일본 관헌은 여러 가지 제한을 가하였다. 첫째로 도산의 말을 듣는 회합을 금하였고, 다음은 도산을 포함한 20인 이상의 회식을 금하였다.

도산이 전국 각지를 순회 중 이리 역에 내린 것은 1935년 여름이었다. 사전에 예고 없이 도산은 동아일보 지국장 배헌[17]의 안내로 불법연구회를 방문하였다. 배 기자는 7년 전 ≪동아일보≫에 〈맑은 호숫가에 이상적 생활을 하고 있는 불법연구회〉란 제목으로 기사를 실어 불법연구회를 세상에 처음 소개한 사람이다. 도산의 총부 방문에는 매일신보 지국장 이창태와 조선일보 조기하 기자, 중앙일보 김철중 편집국장이 동행하였고 이리경찰서 고등계 형사가 미행하였다.

도산이 불법연구회 익산총부를 방문한 때는 그의 나이 57세, 소태산보다 13년이나 연상이었다. 총부를 다녀간 도산은 평남 대보산 송태 산장에서 지내다가 중일전쟁 직전 수양동우회 사건으로 일경에 점거되었다가 병보석으로 풀려나 1938년 60세로 최후를 맞게 된다.[18]

〈 도산의 방문 후 구내에 주재소 설치 〉

도산이 가고 난 뒤, 도경은 이 보고를 받고 바로 이리경찰서를 문책하였다.

"조선 민족의 지도자인 도산 안창호가 감복을 하고 간 단체라면 그대로 두어서는 아니 된다. 불법연구회에 대한 대책을 강구하라"는 것이었다.

이리경찰서 고등계는 서장 주재 아래 긴급회의를 열었다. 도산 일행을 미행하여 소태산의 대화를 시종 지켜보았던 형사들의 보고를 들은 서장은 도산이 느닷없이 불연(일경은 불법연구회를 약칭하여 부스렌佛研이라 하였다.)을 방문하게 된 전말을 철저히 조사하라고 지시하였다.

조사 결과, 당일 도산을 안내한 사람은 동아일보 이리지국장 배헌이었다. 도산의 돌연한 불연 방문은, 가출옥 후 전국을 순회하던 중, 만경강을 사이에 두고 이리와 인접해 있는 김제군 백구면 유광리의 치문학교 설립자 전치문全致文을 방문하고, 익산군 북일면 신룡리 김한규金翰圭가 설립한 북일 계문학교(현 신룡리 355-3)[19] 까지 온 길에 배헌의 권유로 불법연구회를 방문하게 된 것이었다. 배헌이 자기가 존경하는 민족 지도자 도산에게 자기가 또한 존경하는 도덕단체 지도자 소태산을 안내한 것은 너무도 자연스러운 일이었지만, 이 일로 하여 일경의 불연佛研 감시는 날로 매우 험악해져 갔다. 종교단체에 대해서도 신사참배를 강요하는 일제는, 조선의 민족의식이 있는 단체는 무조건 해체한다는 방침이었다. 1935년(원기20년) 9월경, 이리경찰서장 이즈미가와 히대오(泉川秀雄)는 조선인 순사 황가봉假鳳[20]을 불러 지시하였다.

"북일면에는 취체取締의 대상인 불법연구회가 있고 면도 넓은데 본서에서 직할 취급키가 치안 확보상 곤란하니 그곳에 주재소를 설치하는 것이 타당하다. 그 보고서를 작성하라"는 것이었다. 그래서 즉시 도경에 보고서를 제출하였던바 한 달도 못되어서 북일주재소 설치 허가가 내려왔다. 이때 총무국 경무국은 전선全鮮 팔도에 삼엄한 경찰망을 확대하여 1면 1주재소 설립의 원칙을 추진 중이었는바 익산군 관내에는 이리역과 춘포면 2개소만 주재소가 있을 뿐인데, 세번째로 북일주재소가 불법연구회 총부 구내에 설치되었다.

新昌學契를 조직하여 모금운동을 벌여, 일인日人 지전池田으로 하여금 교실 4개를 마련했다. 1921년 4월 1일 신룡리 355-3에 사립 계문보통학교를 설립하고 초대 교장에 김한규가 취임하여 1947년 8월 31일 공립학교로 전환되기까지 재임하였다. 이 학교는 1963년 7월 31일 현 위치인 신룡동 670-2번지(오룡동)로 이전하여 오늘날 계문초등학교로 불리고 있다. (『천하농판』, 25쪽.)

20. 일제강점기에 불법연구회(원불교 전신)를 전담하여 수사하던 순사. 1936년 10월 익산총부 구내에 신설된 북일주재소에 파견, 민족종교 박멸의 구실을 찾기 위해 이후 5년간 불법연구회 사찰을 전담했다. 황순사는 불법연구회 구내에 주재한 지 1개월 만에 식비 청구서를 받고 부정 단체는 아니라는 인식을 갖게 되었다. 소태산은 일정 하에서 거짓되게 처세하는 황가봉 순사에게 새 하늘에서 바르게 살라는 뜻의 이천二天이라는 법명을 주었다. 소태산은 '내가 이천이를 가르쳐 놔야 내가 편하게 생겼어'라며 직접 《대학》을 가르치기도 했다. 이후로 황 순사는 소태산이 준 법복 차림으로 선방과 대각전에서 대중을 감시하며 먼저 조실에 보고하고 난 뒤에 이리경찰서에 보고했다. 4년 남짓 불법연구회를 사찰하면서 부지불식간에 공부가 상당히 익어가 불법연구회에

여러 방면으로 도움을 주었다. 그는 만년에 '대종사 추모담'을 발표했고 《원불교신보》에 〈일정하 사찰 형사의 회고-내가 내사한 불법연구회〉란 제목으로 수기를 연재하기도 했다. 1990년(원기 75년) 4월 1일 81세를 일기로 열반했다. (『원불교대사전』)

21. 일제는 북일주재소를 현재의 신동파출소 자리로 이전할 때도 그 비용을 불법연구회에 떠넘긴다.

22. '시창 22년 제25회 동선'은 1937년 음력 11월 6일~1938년 2월 6일까지 시행된 겨울 정기훈련이다.

1936년(원기 21년) 10월, 고지마 교이찌(小島京市)와 황가봉 두 순사가 북일주재소에 파견되었다. 이 무렵의 총독부 정책은 종래 우민정책에서 전환하여 사회에 혼란을 야기시키거나 민족의식이 있는 단체는 해체한다는 방침이었다. 이리경찰서는 불법연구회 사찰 담당 순사 황가봉에게 구미가 동하게 하는 간악한 언질을 주었다. 황가봉 순사를 이렇게 증언하였다.

"보천교에는 강재령이란 사람이 들어가고 여기는 내가 들어왔는데 이 불법연구회를 부수면 재산을 나에게 불하해주겠다는 약속을 받고 들어왔다." 북일면 임시주재소[21]는 불법연구회 총부 구내에 있는 이공주 박창기 모자의 수양처(청하원)에 정하였다. 이 집은 1932년(원기 17년)에 지은 화양식 기와집으로 익산총부 구내에서는 가장 시설이 잘 된 집이었다. 당시로는 보기 드문 영창문을 달았고 응접실도 구비되어 있었다. 응접실을 사무실로 정하고 동쪽 박창기의 방은 고지마가 쓰고 황순사는 아래채(곳간) 방을 사용하였다.

(박용덕, "원불교 초기교단사 5," 『천하농판』, 24~26쪽)

▲ 청하원 앞에서 동선 기념촬영[22].
일경日警은 간교하게도 이곳 청하원에 북일주재소를 설치한다.

◎ 도산의 방문과 그 이후의 일경의 반응에 대한 『대종경선외록』의 기록이다.

우리 교단이 일제의 감시를 특별히 받은 것은 원기 21년(1936년)[23] 도산 안창호 선생이 불법연구회를 방문하고 대종사와 면담을 나눈 뒤부터였다. 안도산은 당시 호남일대의 농촌 상황 시찰차 이리에 도착했다가 동아일보 기자의 안내를 받아 불법연구회를 방문하게 된 것이다. 그 기자는 불법연구회를 최초로 동아일보에 소개하면서 극구 찬양하던 사람이었다. 그러나 대종사와 안도산은 이리 경찰서에서 감시차 따라온 형사들 때문에 깊은 대화는 나누지 못하고 인사 정도만으로 그쳤다.

(『대종경선외록』 교단수난장 5절)

총독부는 태평양 전쟁의 음모를 꾸미고 있어 조선인들의 단체는 무조건 해산시키기에 혈안 되었던 터라 민족주의자 안 도산이 다녀가자 그 동안 온순하고 별로 일본에 대한 항거의 사건이 없었던 불법연구회도 일제의 감시를 받기 시작하였다. 그리하여 총부에 북일 주재소를 설치하고 "안도산이 다녀간 곳이니 고등계에서 잘 감시하라"고 명령을 받은 황순사가 파견된 것이다. 황순사는 한국인으로 같은 민족의 활동을 조사하도록 한 것은 일본의 잔인하고 혹독스런 한 단면이었다. 그러나 후에 황순사는 입교하여 교단을 수호하는 큰 몫을 하게 되었다.

(『대종경선외록』 교단수난장 6절)

23. '서문성, 주석 『대종경선외록』'에서 원기 21년을 원기 20년으로 수정한다. 『대종경선외록』의 원기 21년(1936년)은 원기 20년(1935년)의 오기로 본 것이다. 도산의 호남 일대 농촌 시찰은 가출옥 후인 1935년 때의 일이기 때문이다.

▲ 황가봉 (법명:이천)

◎ 소태산은 일제강압에 정면대결하지 않았지만 도산의 방문만은 향후의 일제탄압이 어떻게 전개될지 예상하면서도 그의 방문을 외면하지 않는다. 이와 달리 경성 교도인 황정신행에 의해 이광수의 입회가 추진될 때 소태산은 이를 거부했다.

이광수는 도산 안창호의 동지요 제자였으나 일명 '수양동우회 사건' 이후 변절한다. 소태산은 이광수를 내치진 않았지만 받아들이지는 않았다.

"여기서 팔타원 황정신행의 활동을 상기할 필요가 있는데, 그분이 당대 조선

지식인의 상징물인 이광수를 끌어들이려 하지만 그마저도 거부한 단체가 바로 불법연구회(원불교 전신)입니다. 그 시절에 이광수와 안창호의 홍보 가치를 비교할 수 있을까요? 이광수는 효과가 엄청나고 위험은 거의 없는 경성 근대 지식인의 상징물이요 안창호는 효과에 비해 위험 부담이 너무 큰 노출된 독립운동가입니다. 비로 이 도산 안창호의 방문을 기점으로 불법연구회는 일경의 혹독한 감시체계에 들어갑니다."

(김형수, 두 하늘 이야기, 『두 하늘 황이천』의 추천사, 8쪽)

이광수는 당시로는 일제에 간섭받지 않고 효과는 엄청난 근대 지식인이었다. 소태산은 이러한 이광수를 멀리했다. 그러나 당시로써 독립운동가로 위험한 인물이었던 도산 안창호는 주저 없이 만났던 것이다. 도산은 불법연구회(원불교 전신)를 소개받고 익산 총부를 방문했으나 또한 경솔했다 여겼는지 급히 자리를 떠난다. 탄압의 기미를 보았을 것이다.

도산이 소태산을 만나 공감하고 공유한 것 중 하나가 이상촌 건설에 있었다. 소태산이 이끄는 불법연구회의 재가·출가의 자력생활과 공익 지향을 눈여겨봤을 것이다. 도산의 이상촌(모범촌) 건설과 소태산의 종교와 생활이 둘이 아닌 공동체는 사상적 공유점이다. 도산이 소태산과 공유하는 것은 '이상촌'이라는 주장이다.

"도산은 불법연구회(원불교 전신)를 방문하기 전에 이곳이 식민지 지배에 있지만 모범적인 농촌이라는 말을 들었기 때문에 여기를 방문하게 되었던 것이다. 그리고 도산은 소태산이 일구어 놓은 불법연구회의 농촌상태를 직접 시찰하고, 창시자 소태산을 만나보고 싶었기 때문에 방문하게 되었던 것이다. 소태산을 만난 도산은 그가 이룬 종교 공동체에 대해 놀라움을 표하고 성공을 치하하였다. 일제경찰이 곁에 있었기 때문에 심중에 있는 깊은 이야기를 나누지는 못하였지만, 두 사람 모두 '이상촌'을 만들어야 한다는 점에서는 같은 생각을 가지고 있었다. 그렇기 때문에 많은 말을 나누지는 못했지만, 도산은 불법연구회의 공동체에 대해 많은 감명을 받았음에 틀림없다. 필자는 도산이 1936년 2월 불법연구회를 방문한 것은 우연이 아니며, 이는 일거수일투족 독립운동이 수단과 방법으로 활용하는 도산의 심원한 계획 속에서 이루어진 것이라고 봐야만 한다. 왜냐하면 실력을 양성하여 민족의 독립을 이루어야만 한다는 도산의 이상촌(모범촌) 건설에 대한 사상과 소태산의 생활과 종교의 공동체를 성취시키려는 사상은 매우 유사점이 있기 때문이다. 도산은 불법연구회 방문을 통해 직접 그것을 보고, 자신이 가진 이상촌에 대한 생각을 보다 구체화시켰을 것으로 판단된다.

(김도형, 소태산과 도산 안창호, 『원불교와 독립운동』, 38쪽)

이밖에도 소태산 당대의 제자들은 독립운동 지도자 도산을 중심에 놓고 국내외 독립운동가를 바라보았을 것이다.[24] 도산이 불법연구회(원불교 전신)를 방문하여 소태산을 만난 것이나 광주에서 소태산의 활동과 익산총부의 이상적 모습을 치하한 것을 계기로 도산의 안목에 큰 관심이 있었을 것이다.[25]

24. 원불교는 1945년 해방 이후 이승만과 김구 모두와 인적 네트워크를 이어갔다. 도산은 실력양성뿐만 아니라 무장투쟁을 지원하였기에 백범 김구와는 협력할 수 있었다. 반면에 일제와 직접 부딪치는 투쟁을 경원시하고 미국에서 외교를 통한 독립활동을 우선시했던 우남 이승만에 대해서는 훨씬 비판적이었다. 미국이 이승만의 귀국을 환영하는 것과는 달리 상해임시정부 주석인 김구를 홀대하는 가운데서도, 정산 종사는 1945년 12월 4일에 김구 선생 이하 상해임시정부의 요인들을 방문하여 환영 및 절대 지지를 표명한다. (《신조선보(新朝鮮報)》, 1945년.12.05)

25. 정산 송규는 일제로부터 해방된 2달만인 1945년 10월에 『건국론』을 저술한다. 아마도 소태산의 가르침뿐만 아니라 도산의 입장도 영향이 있었다할 것이다.

7. 일타원 박사시화의 순교와 광주 고외과 의원 댁

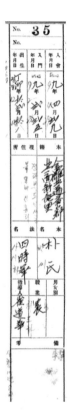

▲ 박사시화와 원명부

▶ 광주 고외과에는 일타원 박사시화朴四時華의 순교巡敎 발걸음이 맺어 있다. 일타원 박사시화(1867~1946)는 서울교화의 효시이며, 교직 없는 전문순교자였다. 방물장수처럼 보따리를 들고 다니면서 빨래를 해주는 등 일을 도와주며 교화를 시작한다.

그 대표적인 예가 남원 수지면 호곡리의 죽산 박씨(일명 호곡 박씨) 가문과 담양 창평면의 장흥 고씨(일명 창평 고씨) 가문을 일원회상에 인도했으며 또한 광주 고외과 의원을 드나들며 집안 식구들을 교화한 것이다. 원불교 순교의 대표적인 사례라고 할 수 있다.

당시에는 이러한 전문순교가 있었고 그 자취가 광주에 새겨져 있는 것이다.

박사시화의 법호는 일타원一陀圓으로, 소태산 대종사의 여성 구인제자 가운데 한 사람이다. 이타원 장적조, 삼타원 최도화와 더불어 초기 교단 3대 여걸로 불렸다. 전북 남원시 동충리에서 출생했으며 18세에 결혼했으나 자녀 없이 부군과 사별했다. 이후 서울에서 뛰어난 바느질 솜씨로 생활하다가 58세 되던 1924년(원기 9년) 음력 2월 25일(양력 3월 30일)에 최도화의 안내로 서울에 상경한 소태산을 만나 제자가 되었다. 이후 이동진화·이공주 등을 소태산 대종사의 문하에 인도했다.

원명부에 여No 35로, 입문은 원기 9년(1924년) 음력 2월 25일로 되어 있다. 이는 소태산을 만나 제자된 날을 기록한 것이다.

만덕산 초선에 참여해 소태산의 시봉과 아울러 대중에게 식사를 공급했고, 익산총부 건설에 알뜰히 조력했다. 총부 동·하선에는 반드시 참여했고, 수선 대중을 위해 고령임에도 갖은 궂은일을 도맡아 하는 등 자신의 몸을 아끼지 않았다. 소태산이 설법할 때에는 문정규·김남천 등과 더불어 백발을 휘날리며 춤을 춰 무상의 법흥을 일으켰다. (『대종경』 전망품 29장)

박사시화는 서울·광주·남원 등지를 두루 다니며 교직 없는 전문순교로서 교화활동을 펼쳐 교단 창립 제1대 내에 최다 연원자가 되었다. 1946년 10월 18일 염주를 들고 염불을 외며 열반했다.

(『원불교대사전』)

◎ 일타원 박사시화의 광주 고외과 의원댁 순교이야기는 교화 사례담으로 알려져 있다.

일타원은 누굴 입교시키기로 대상을 선정하면 아무리 무심한 사람일지라도 감화를 받도록까지 문턱이 닳도록 그 집을 드나들면서 온갖 정성을 다했다. 처음부터 입교 권유를 하는 것이 아니라 그들에게 도움이 되는 실질적인 일에 적극 개입했다.

눈에 보이는 대로 소매를 걷어붙이고 빨래를 거들어 주는가 하면, 채소밭에 들어가 같이 김을 매기도 했다. 이처럼 무슨 일이든 제 집처럼 해주니 마다할 사람이 어디 있겠는가. 자연 집주인과 허물이 터져 오히려 자주 찾아와 주길 기다리게 되었다.

일타원은 방물장수처럼 무슨 보따리를 들고 다녔다. 대체 그 속에 무엇이 들었는가 궁금하기도 하지만 행상을 하는 법은 없었고, 가끔 하는 말이라도 세상사에 형통하고 달관된 말이라 상대방이 궁금증이 나 물어오기 마련이었다.

"할머니도 무얼 좀 볼 줄 아십니까?"

이때서야 일타원은 식구들의 생년월일을 하나하나 묻고 사주를 봐 주었다. 그동안 출입하여 관찰한 것을 토대로 그 사람의 구미에 맞게 앞길을 열어주는 말을 해 주었다. 그 해결은 보따리 속의 『정전』[당시 책명은 '육대요령']으로 귀결되어 그들의 궁금증을 풀어 주었다. 이것을 계기로 가족과 이웃 사이에 얽힌 원한을 풀어주고 가정의 화목을 이루게 되어 신뢰받는 상담자 역할을 하게 되었다. 이러한 두터운 신뢰를 바탕으로 고 외과의 일가족은 물론 친지까지 입교하게 되어 광주 교화의 밑거름이 되었다.

(『원광』52호, 추모법회 '되새겨 보는 선진님의 얼')

고외과는 약칭이며 정식 명칭은 고재순외과, 고준석외과 순이다. 고외과의 초대 원장은 고재순 원장으로 문타원 고정호 교도의 부친이며, 두 번째 원장은 고준석 원장으로 문타원 고정호 교도의 큰 오빠이다.[1]

고재순외과에 이어 같은 건물에서 고준석외과가 의료활동을 했다. 아래의 사진에 '고준석외과' 상호가 붙어 있었다.[2]

1. 문타원 고정호 교도는 고재순 원장과 정용숙 교도 부부의 큰딸인데 모친인 정용숙 교도의 권유로 광주교당에 입교하여 내왕하고 법회에 출석하는 등 교도활동하다가 대전으로 이사했다.

2. 고준석 원장의 둘째 아들 고영규 정형외과 원장은 인천에서 의료 활동을 하고 있다.

3. 도로명 주소는 광주광역시 동구 구성로204번길 8(지번주소는 광주 동구 대인동 62-1)

▲ 고외과(고준석외과 상호명)[3]

고외과는 본채와 별채가 있었다. 아래의 왼쪽 사진에 보이는 건물이 고외과 본채였고 본채 바로 뒤 빈터가 별채(생활관)가 있었던 곳이다. 돌담

장은 별채 뒤에 그대로다. 별채(생활관) 앞에는 마당과 텃밭이 있었다. 이
곳이 일타원 박사시화 선진님이 순교내왕 했던 터이다.

▲ 본채와 빈 공간의 별채(생활관) 자리

▲ 별채(생활관) 돌담, 돌담은 일타원 박사시화의 순교의 공간이다.

8. 송정리역과 송정리 밥상

▶ 장성역과 송정리역은 영광과 익산총부를 오가는 관문이었다. 장성역은 영광-장성 사이의 깃재를 넘어가야 하며, 송정리역은 영광-함평 사이의 밀재를 넘어야 이르는 역이다. 소태산은 장성역뿐만 아니라 송정리역을 거쳐 익산총부와 영광 길룡리를 내왕했으며, 송정리역 근처에 있는 여관에서 밥때면 식사를 하곤 했다. [1]

그런데 식성에 안 맞으셨는지 송정리 여관의 밥상은 반찬 수는 많으나 몇 번 맛을 보면 젓가락이 가질 않았다. 이때의 감각감상에 따라 소태산은 '송정리 밥상'을 법문 예화 소재로 사용하곤 했다. 겉모양은 그럴 듯하나 실속이 없는 것에 비유하여 '송정리 밥상 같다'고 하였다.

소태산 대종사는 제자들에게 정기훈련법의 한 과목으로 강연講演을 시켰다. [2] 갑甲에서 정丁까지 강평講評 점수를 매길 때 아무리 유식한 소리라도 내용에 알맹이가 없으면 "꼭 송정리 밥상 같다. 아무리 반찬 가지 수가 많아도 젓가락이 갈 데가 없으니 먹잘 것 없듯이, 실속 없는 강연은 정丁이다."라고 강평하였고, 무식한 소리라도 실천성 있는 내용은 "갑중에서 12갑이다." 라고 평가하셨다. [3] 이처럼 '송정리 밥상'은 외식에 비해 내실이 없을 때를 경책한 소태산의 법문 예화이다.

송정역이란 역명은 역에서 1㎞ 떨어져 있는 한적한 농촌이었던 고상 마을에서 유래한다. 고상마을에 울창한 솔숲이 있어 별칭으로 '송정松汀'이라 불렸는데, 별칭이 대표이름이 된 것이다. 정거장이 생기면서 근처인 사창마을은 발 빠르게 신흥 시가지로 부상했다. 사창社倉은 춘궁기를 대비해 곡식을 비축해놓던 창고가 있어 붙여진 이름이다. [4]

송정리역과 사창마을에 선암장이 옮겨왔고, 여관·식당·회사와 우체국·파

1. 박용덕, 『금강산의 주인되라』, 469쪽, 서문성, 『원불교 예화집』 4권, 239쪽

2. 『정전』 제3편 제2장 제1절 정기훈련법, 55쪽

3. 박용덕, 『정녀』上, 142쪽. 서문성, 『원불교 예화집』 6권, 230쪽

4. 지금의 송정중학교 일대가 옛 사창마을 터다.

출소 등 관공서가 새로이 들어섰다. 또한 일본인 거주자들이 늘면서 그들의 자녀를 위한 소학교(지금의 송정중학교 자리)가 1914년 설립됐고 같은 해 송정면사무소도 세워졌다.[5]

당시 송정리역은 호남선의 주요 역들 중 하나로 상권이 형성돼 익명의 사람들이 붐비는 곳이었다.[6] 미곡상, 정미소, 생선가게, 주조장, 새끼 가마니 수집상, 백화점, 잡화상 및 일본유곽과 조선기생집, 여인숙이 영업하는 상권이었다.[7] 당시 송정장에서는 주로 쌀, 소, 육류, 생어生魚, 그리고 소금에 절인 생선이 거래됐다.[8] 이렇게 송정리역과 사창마을 중심으로 상권이 발전하면서 근대자본주의 모습을 반영한 송정리 식문화가 대두擡頭 된다.

이와 같은 상권의 형성으로 일제를 통한 근대자본주의 식문화가 퍼져 갔고, 그러면서 또 한편으론 일본으로 식량이 유입되는 상황이었다. 즉 한편으론 생산한 것을 착취당하고 또 한편으론 소비자로 강제되는 식민사회였다.

소태산은 근대자본주의가 강요하는, 일제에 의해 왜곡된 소비문화에 거부감이 있었다. 화려하고 다양한 입맛을 유혹하는 밥상보다는 필요한 만큼 먹는 정갈한 밥상을 바랐던 것이다. 송정리 여관의 밥상은 겉으론 풍성했으니 소태산 대종사의 가치관에 부합되는 정서적 입맛에는 맞지 않았던 것이다.

소태산은 일제강점기 근대자본주의 유입에 따른 송정리역 인근의 식문화를 이른바 '송정리역 밥상'으로 언급했다. 소태산은 일제의 식량수탈, '식량공출 정책'에 부역하는 일제강점기 여러 역들의 모습과 강제 이농으로 도시로 밀려난 농민들의 타향살이와 사회적 이동에 따른 내실 없는 식문화 풍토에 거부감이 있었다.[9]

이처럼 송정리 밥상은 '물질이 개벽되니 정신을 개벽하자'는 소태산의 창교 정신에 의도가 닿아 있다. 물질문명을 잘 수용하여 활용하되 물질문명에 매몰되어 종속되는 삶은 바라지 않았다.

5. 조광철, "철도 개통이 송정장에 끼친 영향", 광주드림, 2017.11.22

6. 1913년 목포~송정간 철도가 개통되고 이듬해인 1914년 송정~경성간 철도가 개통과 함께 송정리역이라는 이름으로 개업하였으며, 당시 광주역이 없어 호남선의 주요 역 중 하나로 인식되었다. 광주시와 송정의 생활권이 분리되면서 전남선 개통 후 광주역 개업으로 광주의 역이라는 인식은 사라졌다. "광주송정역", 나무위키

7. "김정호의 광주 역사산책-31. 송정역", 무등일보 2014.02.27

8. 조광철, "철도 개통이 송정장에 끼친 영향", 광주드림, 2017.11.22

9. "조선시대:엄청난 쌀에 대한 탐식", http://www.seehint.com

『대종경선외록』에 소태산의 식성과 관련된 내용이 등장한다.

"잡수시는 것은 체량體量에 비하여 좀 적으시나 담식淡食을 좋아하시고 오미
五味를 고르게 취하시나 좀 싱겁게 잡수셨으며, 일상 대중과 같이 잡수시기를
좋아 하시되 밥 한 알을 금 한 알같이 귀중히 여기시고 특별히 정하게 잡수시어
반찬이나 숭늉 남은 것에 밥알 한 알이 들지 아니하게 하시었다."

(『대종경선외록』 실시위덕장 7절)

또한, 변산 봉래정사 가는 중로에 있는 이춘풍李春風의 집(부안 종곡 유숙
지)에 묵으실 때 춘풍의 아내 정삼리화가 조석공양을 넘치도록 차리기에 고
마우면서도 타이르듯 말씀하신다.

"나는 본래부터 여러 가지 반찬을 놓고 먹지 못하였을 뿐더러 도가에서는 본시
담박을 주장하나니 이후에는 이와 같이 여러 가지 반찬 놓는 것을 폐지하고 오
직 한두 가지에 그침이 가하니라. 세상 사람들은 분외의 의식주를 취하다가 스
스로 패가망신을 하는 자 많으며 설사 재산이 있더라도 사치를 일삼은즉 결국
은 삿된 마음이 왕성하여 수도하는 정신을 방해하나니, 그러므로 음식에는 항
상 담박 질소를 주장하라."

(『대종경선외록』 원시반본장 8절)

이러한 소태산의 식문화 정서 속에서 '송정리 밥상'에 대한 감각감상을 이
해해야 하며, 소태산은 먹는 것뿐만 아니라 수행의 태도도 담백을 추구했다.
1913년 목포~송정간 철도가 개통되고 이듬해인 1914년 1월 11일 정읍
역~송정리역 철도망 공사 완료로 호남선은 완공되어 정식 개통하였다. 송정
리역은 1914년 10월, 5만여 평의 부지에 여덟 채의 건물과 90m의 승강장을

가진 정거장으로 영업을 시작했다. 처음 몇 해 동안 이용하는 승객은 많지 않았지만 곧 화물집산지로 발돋움했다.[10]

송정역이 당시까지 처리했던 물동 인원과 화물처리량은 그 비중이 많은데 다가 또한 송정리역이 전남선과 호남선의 분기점이라 그 중요도가 높았기에 송정리역 개축안이 제시되었다.[11]

역 주변에 상점들이 우수수 들어섰으며, 일제강점기의 경제력을 쥔 일본 인들이 낸 상점이 많았다. 일본인들과 한인들은 서로 상가번영회를 만들어 대립하기도 했다. 오늘날 역 건너편에는 일본인이 낸 3층짜리 여관이 있었 다. 당시 송정리에서 가장 큰 건물이었다.[12]

▲ 1917년 송정리역 앞모습[13]

'송정리 밥상'은 일제에 의해 왜곡된 근대자본주의 속에서 전개된 식문화 의 상징이다. 일제강점기는 일본의 침략전쟁에 쓰일 군량미 조달과 일본 국 내의 저임금을 뒷받침하기 위해 쌀과 콩이 일본에 공출되어, 정작 농민들은 쌀 농사를 지어도 쌀을 먹을 수 없었다. 보리, 안남미, 만주 잡곡을 먹어야 했 고 그나마도 충분히 먹지 못하는 실정이었다.[14]

10. 조광철, "철도 개통이 송정 장에 끼친 영향", 광주드림, 2017.11.22

11. "광주송정역", 리브레위키 협동조합, 2020년 9월 22일

12. 이혜영, "호남, 천지개벽", 광 산구청 공보관실, 2013.03.26.

13. 1917년 송정리역 앞. 사진전 출품작(88.9.6~15) 〈전남 100 년〉; 박선홍, 〈광주1백〉, 2014 년; "광주송정역", 리브레위키 협동조합, 2020.09.22. 최종 편집

14. "조선시대 : 엄청난 쌀에 대한 탐식", http://www.seehint. com

'송정리 밥상'이란 말은 일제의 약탈공출, 동원수송 등에 부역하는 여러 역들을 배경으로 발생한 근대자본주의 왜곡된 식문화를 지칭하는 말이었다. 한쪽에서 낭비되고 한쪽에서 부족한 식문화였다.

　소태산 대종사의 '송정리 밥상' 예화 법문은 의미적으로 이해할 필요가 있다. 소태산은 식민지 문화에 강제되는 착취-소비문화의 밥상을 필요한 만큼 소비하는 단출한 밥상으로 바꾸기를 바랐고, 또한 뜨내기 대접용 맛을 정갈한 맛으로 돌리기를 바랐던 것이다. 송정리 밥상으로 상징되는 비유는 단출하지도 않고 내실도 없는 낭비와 부실의 식문화에 대한 문화적 깨우침이자 소비문화에 대한 각성이었다.

　소태산은 겉으로 화려하고 자극적인 입맛의 밥상보다도 단출하고 정갈한 밥상을 선호했다. 평소 대중들과 함께 조촐한 공동식사를 즐겼으며, 열반을 앞두고는 평생 믿고 따랐던 제자들과 소박한 겸상을 하며 이별의 정감을 나누었다. 이를 소태산의 '최후의 겸상'이라 불러도 좋을 것이다.

9. 생사의 질문자로 『대종경』에 등장하는 광주출신, 정일성

▲ 정일성

▶ 정일성(鄭一成: 1879~1941)은 1879년 10월 29일 전남 광산군光山郡에서 태어나 1941년 63세를 일기로 광주에서 열반했다. 정일성은 1927년(원기 12년) 12월 29일에 경산 조송광의 연원으로 입교(원명부 남 119번)한 후 소태산의 가르침에 호감을 가져 전무출신하게 되나 가정 형편상 다시 집으로 돌아왔다. 이후 영광군 묘량면 신천리 신흥으로 이사해 보습학원[1] 강사 등 활동으로 신흥교당 창립기에 합력한다.

열반 3년 전에 다시 전무출신으로 출가하여 학원교무[2] 로 1년간 봉직한다. 이때 정일성은 소태산에게 '일생을 마칠 때의 최후 일념'과 '생사의 경로'에 대해 묻는다.(『대종경』 천도품 12장) 자신의 열반을 직감했던 것이다. 소태산은 정일성과의 문답을 통해 '온전한 생각'인 청정일념에 그치라는 최후일념과 한 물건이 업을 따라 생사하는 경로를 잠에 들고 깨는 것에 비유해 밝히고 있다. 정일성은 이후 자택인 광주에서 열반한다.

그는 소태산의 가르침에 따라 최후일념을 온전한 생각으로 그치었을 것이며, 잠에 들거나 깨거나 일성은 여전하듯이 생사에 한 물건은 여여했을 것이다. 또한 《회보》 제52호 '각지상황' 익산총부 편을 보면 "금년 동선은 …… 정일성씨의 곽처사 죽장고 타령 등은 각금 선방의 소창이 되다"라는 기록을 보듯이, 정일성은 여유를 즐길 줄 아는 인물이었다.

◎『대종경 속의 사람들』(송인걸 교무 지음)에 기술된 정일성 관련 내용이다.

◀ 원명부

1. "정일성씨는 보습학당의 육영사업으로 不眼不休까지 노력하드라", 『월말통신』 제21호, 각지상황 신흥분회

2. '학원교무 정일성', 《회보》 제55호, 제11회 총대회 경과소기, 총부

〈 단기短期 전무출신 〉

정일성은 1879년 10월 29일 전남 광산군光山郡에서 태어났다. 본명은 학준學俊으로, 천성이 쾌활하고 정직했던 정일성은 국·한문에 능해 많은 후진들을 가르쳐 오던 중 1927년(원기 12년)에 경산 조송광의 연원으로 입교했다. 본교의 교리와 취지에 호감을 가진 정일성은 전무출신을 결심하여 한때 잠시나마 농공부農工部[3] 에서 근무하였으나 사가私家 형편으로 다시 사가로 돌아갔다. 이 무렵 정일성은 영광군 묘량면 신천리 신흥마을로 이사하여 동네 아이들에게 한문을 가르치고 살면서 신흥교당 창립기에 협력한 사실이 〈응산종사문집〉에 밝혀져 있다.

세월이 흘러 가정사정이 허락되어 1937년(원기 24년)에 다시 총부를 찾아 학원교무로 1년간 봉직하였다. 이 무렵 발간된 《회보》 제57호(원기 24년 8월호) 〈내 마음〉이란 시와 《회보》 제61호(원기 24년 12월호)에 〈구속과 자유〉란 논설을 싣고 있다.

〈 내 마음 〉 전문을 소개한다.

"오정에 깊이든 잠 새벽종에 반겨 깨서 일동경례 하온 후에 선정하고 앉았으니 적적한 그 가운데 성성불매 청정하여 마음형체 완연컨만 일(事)경계를 당한 후에 이내 마음 시험하면 내 마음을 내 알면서 마음대로 아니되네 금강이도金剛利刀 정히 갈아 육근 적敵을 항복 받고 내 마음을 내 마음대로 써보도록 공부하세."

〈 구속과 자유 〉의 내용을 개괄하면 다음과 같다.

"서양문화의 동점을 따라 우리 조선에도 평등박애의 자유사상이 전개된 지 이미 오래였고 이에 따라 정신으로 물질로 다대한 향양과 발전을 보게 되었다. 그러나 무엇이나 상도에 벗어나고 보면 도리어 해를 초래케 되는 것은 면할 수 없는 사실이니 …… 진정한 자유는 먼저 정당한 구속으로 뿐 얻을 수 있고 정당한

3. 초기 교단 총부 부서의 하나. 농업부와 공업부를 아울러 일컫는 부명. 1928년(원기 13년) 초에 전무출신을 지원하는 회원들이 많아, 농업부원은 더 이상 받아들일 수가 없어 임시 부서로 공업부를 만들었다. 공업부 부원들은 거의 정묘(1927년) 동선을 난 신입 회원들로 박대완·정일성·송봉환·성정철·권대호·박노신·조전권이었다.

구속은 필히 진정한 자유를 낳게 되는 연고이라 하겠다. 이러한 의미로 보아 한 갓 자유만 알고 구속을 모르는 자도 편견이요, 한갓 구속만 알고 자유를 모르는 자도 편견이니 진정한 자유를 희망하는 자는 먼저 정당한 구속을 밞음이 필요 하다. …… 종교 중에는 혹 시대에 맞지 않는 것도 있을 것이요 너무나 무리한 계문을 주는 일도 있을지 모르나 계문의 원의를 부인하는 것은 역시 심한 착각 이니 철든 어른에게는 칼이나 불이 계문이 될 것이 없으나 철없는 어린애들에 게야 어찌 금물이 아니랴. 다시 '진정한 자유는 먼저 정당한 구속에서'라는 말 로써 간단히 끝을 맺고 이로써 필자 자신의 거울을 삼아 볼까 한다."

최후일념을 어떻게 하오리까?
회갑 나이에 총부학원 교무로 봉직하며 마음공부에 적공하던 정일성은 인간의 생사와 관련된 의문을 대종사께 질의하고 대종사 답변을 청취한 내용이 『대종 경』 천도품 12장이다.

정일성이 여쭙기를 "일생을 끝마칠 때에 최후의 일념을 어떻게 하오리까." 대 종사 말씀하시기를 "온전한 생각으로 그치라." 또 여쭙기를 "죽었다가 다시 나 는 경로가 어떠하나이까." 대종사 말씀하시기를 "잠자고 깨는 것과 같나니, 분 별없이 자 버리매 일성이가 어디로 간 것 같지마는 잠을 깨면 도로 그 일성이 니, 어디로 가나 그 일성이인 한 물건이 저의 업을 따라 한 없이 다시 나고 다시 죽나니라."
이처럼 인간의 생사연마에 관심이 깊었던 정일성은 1941년(원기 26년) 4월 광주 자택에서 63세를 일기로 한 생을 마치었다.

(『대종경 속의 사람들』 정일성 편, 419~421쪽)

◎ 정일성에 관한 언급은 『대종경』 외에 1929년(원기 14년) '본회(불법연구회)의 특점特點'에도 등장한다. 교단 최초의 설문형식의 교의문답敎義問答이 시행된다. [答案 : 내가 본 회會의 요법要法]이라는 제목 아래 '교법상敎法上으로 본 요법, 제도상으로 본 요법, 사실상으로 본 요법, 상황상으로 본 요법' 네 개 분야로 교의문답敎義問答을 나뉘어져 있다.[4]

4. 원기 14년 『월말통신』 제18호, 8월

정일성은 이 설문 가운데 '교법상敎法上으로 본 요법' 중 '8. 미신타파와 자아의 발명'과 '15. 감각 및 처리건 보고법'의 설문주제와 '상황상으로 본 요법' 중 '7. 계급타파'의 설문주제에 답하고 있다.

'8. 미신타파와 자아의 발명'에서는 김영신 외 7인과 함께 '본회는 종교의 성질을 가진 단체로서도 능히 재래종교의 여폐餘弊인 우상숭배와 천신天神 산신山神 수신水神 목신木神 토신土神 가신家神에 대한 기도와 풍수 복무卜巫 등 모든 허위미신을 일봉一棒으로 타파하고, 자심自心이 곧 신神이요 불佛인 것을 왕성히 고취하고 있으며, 인간 길흉화복이 모두 자기의 지은대로 보응되는 것을 증오證悟케 하여 가장 현대적 정신을 가지는 것. 단, 우연한 고락은 자기가 지은 것이 아니라고 생각하실 분도 있을지 모르거니와 이것도 삼세를 통해 본다면 자조自造 아님이 없을 것이다'고 답하고 있다.

'15. 감각 및 처리건 보고법'에서는 이공주와 더불어 '보통 세상 사람들은 누구를 물론하고 견문 간 어떠한 감각을 하거나 선악 간 무슨 처리를 하거나 하면 잘했든지 못했든지 당하는 그때뿐이요, 그 일을 지나면 도로 잊어버리게 되는 것인 바, 본회에서는 감각건, 처리건을 기재 보고하게 하여 연구부에 접수하여 두고 잘 된 것은 더욱 장려하며 잘못된 것은 힘써 박멸하는 것'이라고 답한다.

또한, '7. 계급타파에 대해서'에서는 이대교와 함께 '유무식 남녀노소 선악귀천의 차별을 철폐하고 한 가지 배우며 한 가지 즐겨하는 것'이라고 답한다.

◎ 정일성은 전무출신을 서원하여 출가하였으나 가정 형편으로 그 뜻을 이루지 못하다가 말년에 다시 전무출신의 길에 들어선다. 구도의 열정이 없다면 처음의 마음을 마지막에 다시 시작하기는 어려운 것이다.

정일성은 다시 전무출신 생활을 하면서 마음의 자유를 추구하였고 진정한 자유는 정당한 구속에 있다고 외친다. 늦은 나이에 다시 출가하여 내 마음을 내 마음대로 쓰는 공부에 정진타가 생사의 길목을 당해 텅 비고 고요한 가운데 초롱초롱하게 깨어있는 온전한 마음에 그쳐 있는 공부에 매진했던 것이다. 그 생사의 공부처가 정일성의 광주 자택이었다.

2장
장성 옛길 따라

10. 몽바우와 장성장

▶ 소태산 대종사는 제자들을 가르칠 때 그 당시 회자되던 이야기를 대화의 상황에 적절히 사용하실 정도로 맛깔 나는 이야기꾼이셨다.

소태산은 제자들에게 '영광 몽바우' 이야기를 자주 말씀하셨다.

〈 영광의 몽바우와 장성 장 〉

영광에 몽바우라는 사람이 있었다. 그 주인이 아침에 몽바우에게 말했다.

"야, 너 오늘 장성 장에 갔다 와야 되겠다."

"네 가죠."하고 무슨 심부름인지 물어보지도 않고 바로 장에 가버렸다.

나중에 장에 보내려고 주인이 찾아도 없더니 한나절이 지나 몽바우가 나타났다.

"너 어디 갔다 왔냐?"

"네 장성 장에 갔다 왔습니다."

"무엇하러?"

"아까 장성 장에 가라 안 했소." 하더란다.

(박용덕, 『금강산의 주인되라』, 467쪽)

1. 주인 영감이 하도 어이가 없어서 "장에 가려면 목적이 있어야 하는데 두엄만 지고 덜렁덜렁 갔다 오면 어떻게 하느냐. 너같이 멍청한 놈이 또 어디 있겠느냐" 하고 (멍청이) 방망이를 깎아 채워주면서 "너보다 더 멍청한 놈이 있거든 채워 주어라" 하였다.(전이창, 『죽음의 길을 어떻게 잘 다녀올까』, 10쪽)

'몽바우'는 남이 장에 가니 아무 생각 없이 따라 갔다가 뭐하러 장에 왔냐고 물으면 다들 장에 가니 따라왔다고 하는 인물이다. 이처럼 몽바우는 남이 하니 따라하는 생각 없는 멍한 사람을 일컫는 말이다. 그래서 '몽바우'를 '멍바우'라고도 한다.[1]

소태산은 몽바우 이야기를 통해 생각 없이 건성으로 살 것이 아니라 주의심 있는 생활을 하라고 일깨워주셨다. 남이 하는 대로 따라 하는 각성 없는 삶을 살 것이 아니라 까닭이 있는 생활을 하라는 것이다.

소태산의 예화에 등장하는 몽바우가 갔다 온 장성장은 황룡장인 듯하다. 황룡장은 '장성군 황룡면 황룡리 회사촌' 부근의 원황룡장과 구 장터로 불리는 월평장으로 여겨진다.

삼계면, 삼서면, 동화면은 현재는 장성군 소속이지만 1914년 4월 1일 행정구역 개편 이전에는 영광군에 속했던 면들이다. 또한 1914년에 내동면, 삼북면, 현내면 3개의 면은 합쳐져서 지금의 장성군 삼계면이 되었으며 외서면, 삼남면은 합쳐져 현재의 장성군 삼서면이 되었다.

▲ 장성군 지도

지금의 장성군 삼계면 사창리에 사창장이 있고 황룡면에 황룡장이 있었다.

황룡장이나 사창장이나 모두 일제강점기 훨씬 이전에 만들어진 장이지만, 1914년 이전의 황룡장은 장성에 있었고 사창장은 영광에 속한 장시였다. 때문에 영광의 몽바우가 갔다 온 장성장은 황룡장으로 여겨진다. 왜냐하면 옛날 사창장은 영광이었기 때문이다.

몽바우가 영광에서 사창장이든 황룡장을 가려면 대마와 사창 사이의 험한 깃재를 넘어야 했다. 몽바우의 장성장 길은 '영광-대마-깃재-사창-동화-황룡장'을 오가는 길이다. 아마도 당시의 조선 옛길을 지게를 지고 갔을 것이다.

2. 영광-장성 간의 조선 옛길은 〈제12장 '영광'의 관문, 장성역과 깃재〉에서 상술하겠다.

◀ 장성 요월정
황룡장은 오랜 세월 동안 장성·영광·함평의 접경지역인 황룡면 원황룡에 있었다. 즉 요월정과 회사촌 사이에 위치해 있었으며, 황룡강 따라 내륙포구 역할도 했다.

1914년 1월에 정읍역~송정리역 철도공사가 완료되어 호남선이 정식 개통된다. 황룡장은 이후 장성역과 장성버스터미널이 새로운 중심지로 부각되는 관계로 1926년에 황룡면 월평리(현재의 장성읍 영천리 삼월동)로 이전한다.

일제강점기인 1926년에 새로이 옮겨온 황룡장을 월평장이라고도 통칭했다.[3] 이 월평장은 구장터 혹은 옛시장이라 불렸고, 호남에서 제일 큰 시장 중 하나였다. 황룡장은 이전과 재이전의 역사 속에서 현재의 위치(황룡시장)에 자리 잡게 된다.

장성역의 등장은 황룡장이 사창장보다도 발전하게 된 가장 큰 요인으로 꼽는다. 일제강점기에 장성역이 교통과 교역, 교류의 중심으로 발전하면서 황룡장은 '장성장'이라 불리는 대표 지위를 확고히 갖게 된다.

◎ 영광과 장성은 예로부터 서로 왕래가 빈번했다. 소태산은 법문 소재로 장성을 등장시킨다. 그만큼 장성은 익숙한 지역이었다. 법설을 하는 소태산도, 법설을 듣는 제자도 익숙한 공간이었다. 그렇기에 문답의 소재로 사용할 수 있었던 것이다.

〈 개안통령 신통묘술 〉

하루는 영광군 백수면 천마리에 사는 김호연이라는 청년이 소태산 대종사를 찾아왔다.

"오늘부터 스승님으로 모시고자 찾아 왔습니다."

"나에게서 무엇을 배우고자 하는가?"

"개안통령開眼通靈하는 법을 배우고 싶습니다."

"개안통령해서 무엇 할려고?"

"개안통령을 하면 신통묘술을 부릴 수 있을 것입니다. 이처럼 험악한 세상에 신통묘술을 부릴 줄 알면 다른 사람보다 더 잘살 수 있지 않겠습니까?"

3. 황룡은 1770년에 발간된 동국문헌비고에 장시가 서는 곳으로 기록되어 있고, 임원경제지(1830년)에도 명칭이 나와 있다. 1938년 일제강점기의 기록물에는 황룡장 대신에 월평장이라는 이름이 쓰이고 있다. 상당히 오래 전부터 황룡장이 있었음을 알 수 있다. 또한 이 문헌들에는 오늘날과 마찬가지로 4일과 9일 각각 5일마다 장이 열렸는데, 정기시장이 열리는 간격이 매우 오래 전에 형성되었던 것으로 보인다. (홍성흡, 「지방 정기시장의 변화과정과 지역사회─장성 황룡장을 중심으로」, 301~302쪽)

"그대가 생각하는 신통묘술이란 어떤 것인가?"

"호풍환우呼風喚雨하고 이산도수移山渡水하며 때로는 호둔법虎遁法도 하는 것이 신통묘술이라고 들었습니다."

"만약에 신통묘술을 부리는 사람이 여럿이 있어서, 영광군에 있는 산을 장성군으로 옮겨다 놓는 일이 자주 일어난다면 그러한 세상이 과연 좋은 세상일까?"

"곰곰이 생각해보니 그런 일이 자주 일어난다면 세상은 크게 어지러울 것 같습니다."

"사람이 만일 호둔법을 써서 도둑질이나 살생을 마음대로 한다면 과연 옳은 일일까?"

"그런 일도 역시 좋을 것 같지는 않습니다. 사람이 만일 호둔법을 마음대로 쓴다면 죄를 많이 지을 것 같습니다."

"옳은 말이다. 인간은 평범한 일상생활 속에서 인간답게 살아가야 한다. 사람은 하늘의 새처럼 날아다닐 줄도 모르고, 호랑이나 사자처럼 날쌔고 힘이 강하지도 않지만 만물의 영장인 것이다. 사람이 깊은 산골에서 이런 방법으로 공부하여 신통묘술을 바라는 것은 독선기신(獨善其身, 자기 한 몸의 선만을 꾀하는 일)하는 사술邪術일 뿐이다."

(서문성, 『원불교예화집』 3권, 279~280쪽)

◎ 멍바우 이야기

'몽바우' 이야기는 '멍바우' 이야기로 흥미롭게 전개된다.

내 고향[영광]에 "멍바우 장에 간다."는 말이 있다.

멍바우라는 머슴에게 하루는 주인 영감이

"내일은 장에 다녀오너라."하고 일렀다.

그런데 다음 날 종일 보이지 않더니 해 질 녘에야 나타났다.

"가라는 장에는 안 가고 온종일 어디를 갔다 오느냐."하고 나무랐다.

"장에 다녀오라고 하셔서 두엄 지고 장에 갔다 옵니다."

주인 영감이 하도 어이가 없어서

"장에 가려면 목적이 있어야 하는데 두엄만 지고 덜렁덜렁 갔다 오면 어떻게 하느냐. 너같이 멍청한 놈이 또 어디 있겠느냐"하고 (멍청이) 방망이를 깎아 채워주면서

"너보다 더 멍청한 놈이 있거든 채워 주어라"하였다.

그 후 주인 영감의 병이 위중해서 집안 공기가 심각했다.

멍바우는 주인 영감이 많이 편찮으시니 한번 뵙고 싶었다. 그래서 청을 하자 임종을 앞둔 마당이니 허락해 주었다.

멍바우가 들어가서 인사를 드리니

주인 영감이 "이제는 내가 떠날 때가 되었느니라." 하였다.

그러자 멍우가 "가시면 어디로 가십니까?"하고 여쭈었다.

주인 영감이 멍바우의 질문을 받고 가만히 생각해 보니, 대체 자기가 떠난다고만 했지 황천이니 저승이니 하는 것이 막연하고 도무지 알 수가 없었다.

그래서 "잘 모르겠구나."하니

"가시면 언제나 가십니까?"하고 다시 물었다.

주인 영감은 "그것도 잘 모르겠다."

"그러시면 가셨다가 언제쯤 오시게 됩니까?" 하였다.

주인 영감은 아무리 생각해 보아도 다시 올 날을 알 수가 없었다.

"그것도 잘 모르겠구나." 하였더니,

"나는 멍청해도 가는 곳은 분명했고 돌아올 곳이 분명했는데, 주인 영감님은 갈 곳도 모르고 갈 때도 돌아올 때도 모르시니, 실은 이 멍청이 방망이는 주인 영감님이 차셔야겠습니다."하고 주인 영감에게 드렸다는 이야기이다.

사실 이 멍청이 방망이는 멍바우뿐 아니라 세상사람 너나 할 것 없이 다 차고

있다.

(전이창,『죽음의 길을 어떻게 잘 다녀올까[개정판]』, 10~11쪽)

◎ 전이창

예타원睿陀圓 전이창(全二昌, 1925. 10. 3~)은 1941년(원기 26년) 영산학원생 대표로 총부 교리 강연대회에 참가했다. 강연 원고는 정산 송규 학원장이 정리해 주었고 발표 방법까지 자상히 가르쳐 주었다.

"세상을 살아가면서 인간대사가 결혼해서 가정을 이루고 사는 것인 줄로 알았습니다. 그러나 그보다 더 큰 생사대사生死大事가 있다는 사실을 알게 해주신 대종사님의 은혜는 한량이 없습니다. 영생을 통해 이 은혜에 보답하겠습니다." 이렇게 결론을 내리자, 소태산은 "오늘 저 조그마한 아이의 입에서 생사대사生死大事의 진리를 듣게 되니 감회가 새롭다. 이창에게 특등상을 주어야겠다."라 하셨다.

이튿날 전이창은 길룡리로 돌아가려고 대종사께 인사드리니 "꼬리날까 싶구나"라는 경계의 말씀도 주신다. 전이창은 차츰 발심이 나고 신심도 생겨 영산 대각전에서 법신불 일원상전에 전무출신 출가식을 올렸다.

이후 예타원 전이창은 생사와 천도에 정진하여『죽음의 길을 어떻게 잘 다녀올까』등을 저술했다.

(전이창 편,『법훈록』중에서)

11. 장성역과 정산 송규

▶ 갈재를 사이에 둔 정읍역과 장성역에는 정산 송규(1900~1962, 본명: 도군道君)의 구도 편력의 이야기가 깃들어 있다.

갈재는 철도와 고속도로를 개설하기 전 전북과 전남의 경계이면서 전북 정읍과 전남 장성을 잇는 관문이었다. 갈재를 경계로 정읍과 장성을 오가는 갈재 옛길은 조붓한 산길이었다. 조선시대까지 장성의 옛길은 제주에서 해남 관두량이나 강진 탐진을 거쳐 나주에 이른 다음 정읍에 이르는 전라 우도를 통하는 요로였다.[1]

갈재는 서쪽의 방장산(742.8m)과 동쪽의 입암산(626m) 사이 가장 낮은 부분 이른바 안부鞍部에 해당한다. 갈재 옛길은 옛사람들이 험한 산자락을 최대한 빠르고 쉽게 넘기 위해 오가다 보니 자연스럽게 만들어진 오솔길이었다. 그러나 일제강점기 근대화 과정에서 자동차가 다닐 수 있는 신작로 '장성새재'를 만들고, 갈재 밑에 터널을 뚫고 호남선을 개통하면서 더이상 교통의 요지로서 기능하기 어려웠고 인적이 끊겼다.

'갈재'는 '갈라지는 고개'라는 고유한 토박이 이름이다. 즉, '사이나 분수계' 의미로 부르기 편한 자연스런 우리의 이름이다. 장성은 산 밑에 있는 고을이어서 고개가 많고 그 명칭에서 장성 지방 특유의 면이 나타나고 있다.

장성군 북이면 갈재의 길목에는 고려말에서 조선초에 만들어진 토속미 넘치는 미륵석불이 서 있다. 또한 동학군이 전주성 입성을 위해 갈재를 넘어가기 전에 개과천선한 효자 전일귀全日貴의 비에 제사를 지내고 갔다는 이야기도 있다. 이처럼 갈재는 장성-정읍을 넘나드는 지름길이다.

1. 장성군홈페이지
https://www.jangseong.go.kr

▲ 장성 원덕리 미륵석불

정산 송규宋奎는 한동안 정읍을 중심으로 구도편력하는데 장성도 그중 하나였다. 송규는 1917년(원기 2년) 스승을 찾아 전라도를 탐방해 김제 원평에서 송적벽의 도움으로 정읍 대흥리의 차경석을 만나기도 했다.

한때 정읍 덕천면의 증산 강일순의 본가에 머물며 증산의 무남독녀인 강순임으로부터 『정심요결』을 얻기도 하며, 고창, 김제, 장성 등지의 도꾼(도를 닦는 사람)을 찾아 나서기도 한다.

이후 증산이 도통했다는 모악산 대원사에서 머물며 수련하다가 정읍 화해리에 사는 김해운의 청에 따라 수련처를 그녀의 집으로 옮기게 된다.

이 당시 대각大覺을 이루고 제도사업에 나선 소태산 대종사가 화해리로 정산을 찾아가 직접 만나고, 제자로 들여 구인단원의 중앙단원에 임명한다.

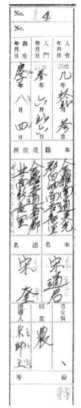

▲ 정산 송규 원명부

1917년(원기 2년) 말경 정산 송규는 무슨 연유인지는 몰라도 도꾼을 만나기 위해 정읍역에서 장성역으로 가려 했다. 소태산 대종사도 이재풍·오재겸 두 제자를 장성역에 보내

▲ 이재풍(법명: 재철)

▲ 오재겸(법명: 창건)

미소년인 정산 송규를 만나게 하려 했다.

결론부터 말하자면 송규와 두 제자는 만나지 못했다. 정읍역에서 사람들 간의 다툼에 송규가 길을 나서지 못한 탓이었다. 만일 그 사건이 없었다면 정산 송규는 장성역에 왔을 것이고 소태산 대종사가 보낸 이재풍·오재겸 단원을 만났을 것이다. 그리고 분명 영광 길룡리로 안내되어 소태산 대종사를 만났을 것이다.

호남선 기차를 타고 정읍역에서 갈재를 넘어 장성역에 내려서 이러한 상상을 해보는 것도 재미있을 것이다.

또한 1918년(원기 3년) 화해리(전북 정읍시 북면)에서 소태산 대종사의 친방親訪을 받은 정산 송규는 영광 길룡리에서 다시 만나기로 약속한 날에 김광선의 안내에 따라 기차를 타고 장성을 경유하여 소태산이 계신 길룡리로 왔다는 주장이 있다.(『대종경선외록』 사제제우장 8절) 정읍에서 기차를 타고 장성에서 내려 영광까지 도보로 갔다는 것이다.[2] 정산 송규는 길룡리에 도착해선 돛드레미 김광선의 집에 머무르게 된다.

2. 정읍 화해리에서 영광 길룡리로 간 노선은 정성을 거쳐 영광 길룡리로 갔다는 기록과 정읍 화해리에서 고창 흥덕, 무장을 거쳐 와탄천을 건너 영광 길룡리 선진포에 이르렀다는 두 기록이 있다.

원명부상 정산 송규는 원기 3년(1918년) 음력 6월 26일 입문으로 되어 있다. 이날 영광 길룡리를 찾아 소태산을 만난 것이다. 입회는 원기 9년(1924년) 12월 3일이다. 익산 총부 건설 후 정식으로 전무출신 서원서를 제출한 날로 보인다.

▲ 정산 송규   ▲ 김광선
소태산과 동행하여 화해리를 찾았고, 정산 송규를 길룡리로 안내했던 김광선

호남선 정읍~송정리 구간은 1914년에 개통된 것을 보면, 1917년경에는 정읍-장성 간을 사람들은 기차로 내왕했다는 것을 알 수 있다.

◎ 장성역과 정산 송규와 관련된 『대종경선외록』의 말씀이다.

3. 소태산 대종사의 언행과 말씀을 모아놓은 『대종경』에 수록되지 못한 선외의 법문집

대종사 八인으로 첫 단團을 조직하시며 말씀하시었다. "중앙 재목은 뒤에 먼데서 올 것이다." 그 후 三개월이 지났다. 하루는 대종사 이재풍·오재겸을 불러 말씀하시었다. "그대들은 장성(長城)역에 가서, 체격이 작은 편이고 낯이 깨끗한 어떤 소년이 차에 내려서 갈 곳을 결정 못하고 서성거리거든 데리고 오라." 두 사람이 명을 받들고 다음 날 발정하기로 하였다. 대종사 그날 석후夕後에 다시 말씀하시었다. "장성 갈 일은 그만 두라. 후일 자리 잡아 앉은 뒤에 다시 데려오리라."

(『대종경선외록』 사제제우장 4절)

〈 그 사람을 찾아라 〉

1917년(원기2년, 정사丁巳) 7월에 대종사는 수위단을 조직하신 후 간혹 밤하늘에 성수星宿 운행함을 살피시며,

"우리가 만나야 할 사람이 점점 가까이 오고 있다. 우리가 만일 그 사람을 만나지 못하면 일이 이뤄지지 못할 것이다."하고 말씀하시었다.

한번은 여덟 제자에게 노자를 주시며 말씀하셨다.

"그대들은 어느 곳이든지 가고 싶은 대로 가서 이분 같으면 우리 선생과 비슷하다고 생각되는 그 사람은 우리 사람이니 데리고 오너라."

이에 제자들이 나서서 찾아보았으나 그럴 듯한 사람을 만나지 못하고 노자만 다 쓰고 모두 되돌아왔다.

대종사, 때가 이른 줄 짐작하면서도 먼저 만난 제자들에게 그 올 사람을 인식시키고 거기에 인심을 모으기 위한 방편이었을 것이다.

수위단을 조직한 지 3개월이 지난 10월 어느 날 대종사께서 이재풍, 오재겸을 불러 말씀하셨다.

"그대들은 장성역에 가서 체격이 작은 편이고 얼굴이 깨끗한 어떤 소년이 차에서 내려 갈 곳을 결정 못하고 서성거리거든 데리고 오라."

두 사람이 명을 받들고 다음 날 출발하기로 하였는데 대종사 그 날 석후에 다시 말씀하셨다.

"장성 갈 일은 그만두라. 후일 자리 잡아 앉은 뒤에 다시 데려오리라."

이 무렵 정산 종사가 주로 정읍에 근거를 두고 김제, 장성, 방면으로 스승 찾아 헤매던 때였다. 중앙 자리를 비워놓고 대종사를 비롯한 여덟 분들이 올 분을 찾은 지 해가 바뀌고도 서너 달이 지났다.

(박정훈, 『정산종사전』, 107~109쪽)

〈 대종사 천기天機를 관관觀하고 〉

1917년 9월 12일(원기 2년 음력 7월 26일) 대종사는 10인 1단을 조직하여 스스로 단장이 되고, 그 버금 자리인 중앙위는 비워놓은 채 8인으로 첫 단을 조직하였다. 혹 일이 있을 때는 진방단원 오재겸에게 대리 업무를 보게 했다.

대종사(단장)는 중앙위를 조실 비서 격으로 비중 있는 매김을 하였다. 그래서 그 자리를 봉도奉道라 하고 이는 '천상에 있는 직명'이라 했다. 그래서 송도군(정산)이 입문하기 전에 오재겸(사산)을 좌봉도 대리, 유성국(칠산)을 우봉도 대리에 임명하였다.

여덟 단원들이 그 연유를 묻자 단장이 말하였다.

"여러분들이 중앙 자리에 들 사람을 데리고 와야 한다. 그대들은 어느 곳이든지 가고 싶은 대로 가서, 이분 같으면 우리 선생과 비슷하다고 생각되는 사람이 있으면 데리고 오라."

단장(대종사)은 때가 있는 줄 짐작하면서도 먼저 만난 단원들에게 중앙위의 막중함을 인식시키기 위해 단원들에게 노잣돈을 마련해 주며 그에 마땅한 사람을 찾아보게도 하였고, 간혹 몸소 나서 밤하늘에 별들의 움직임을 관찰하기도 하였다.

"우리가 만나야 할 사람이 점점 가까이 오고 있다. 우리가 만일 그 사람을 만나지 못하면 우리 일이 이뤄지지 못한다."

석 달이 지나갔다. 1917년(원기 2년) 음력 시월경이었다. 대종사와 정산은 갈재(蘆嶺)[4] 고개 하나를 사이에 두고 호남선 두 역두에서 상호 만나기를 천안으로 관하나 일진이 사나워 뜻대로 되지 않았다.

그 일이 있기 하루 전날 단장은 이재풍(법명: 재철)과 오재겸(법명: 창건) 두 단원을 불렀다.

"그대들이 장성역에 가사, 체격이 작은 편이고 낯이 깨끗한 어떤 소년이 차에 내려서 갈 곳을 결정하지 못하고 서성거리거든 데리고 오소."

두 사람이 명을 받들고 다음 날 출발할 행장을 차렸다. 이날 저녁 식후에 단장이 다시 그들에게 일렀다.

"장성 갈 일은 그만 두소. 후일 자리 잡고 앉은 뒤에 다시 데려오리다."

그 다음 날이었다. 정읍 화해리에서 만국양반은 이른 아침에 나들이 채비를 서둘렀다.

"역에서 중한 손님 만나기로 했는데 같이 안 갈랑교."

도일 더러 동행하자며 함께 길을 나섰다. 십리길을 걸음을 재촉하여 막 역에 도착하니 대합실에서는 대판 싸움질이 났다. 듣기에도 차마 끔찍한 욕질을 해대고 그 자리에 서 있기가 민망하였다. 가만히 서서 지켜보다가 소년 도인이 말하였다.

"안 올 날 온 것 같심더. 고마 돌아가입시더"

갈재 터널 마주보고 정읍–장성 두 역에서 기다리던 소망이 일진이 사나워 이로써 허사가 되고 말았다. 한 수 앞선 대종사는 이 일을 미리 관하고 처음 계획했던 장성역에 아예 사람을 보내지 않았던 것이다.

(박용덕, 『정산종사 성적을 따라』, 86~88쪽)

4. '갈라지는 고개'의 갈재를 흔히들 '갈대가 우거진 고개'라고 잘못 해석해왔다. 또 그런 잘못된 해석을 전제로 한자화 해서 '노령蘆嶺', '갈령葛嶺'처럼 그릇되게 표기해왔다. 일부 고지도를 보면 갈재를 한자식 '갈령葛嶺'으로 표기하고 있다. '갈령'과 마찬가지로 '노령'이라는 이름 또한 일제가 한반도의 산맥 이름을 한자 표기하는 과정에서 갈대를 의미하는 '노蘆' 자와 큰 산줄기를 말하는 '영嶺' 자를 합쳐서 노령이라고 표기한 것이다; 남도일보 37. "장성갈재(노령옛길) 이야기"

소태산 대종사가 밤하늘의 별 움직임을 보고 정산 송규를 찾았다는 말은 상징적 말씀으로 봐야할 것이다. 향후 영광 길룡리에서 소태산을 만나 사제의 예를 맺자 소태산은 규奎라는 법명을 준다. 별은 송규를 가리킨 것이다. '밤하늘 별들의 움직임'을 관찰하였다는 뜻은 소태산 대종사가 송규의 구도편력 소식을 듣고 있었다는 것이다. 아마도 전라도 일대의 도꾼들의 소식을 소태산은 접하고 있었던 것이다. 소태산은 벌써 미소년인 송규의 구도 편력을 접했던 것이며, 당신과 포부와 뜻에 맞을 것으로 여기신 것이다. 소태산은 정산 송규를 발탁하려 한 것이다. 송규를 밤하늘의 별같이 반짝이는 인물로 보았던 것이다.

▲ 정읍 화해리 김해운의 집 (화해제우지)

▲ 화해리 뒷산 매봉 (정산 송규 기도터)

◎ 소태산 대종사가 직접 정산 송규를 발탁하는 과정을 화해제우花海際遇라 한다. 소태산이 직접 정읍 화해리 김해운의 집을 방문해서 송규를 찾아 만난 사건이다.

정산 송규는 모악산 대원사로 수행처를 옮겨 정진하던 중 이곳을 찾은 김해운의 간곡한 청에 따라 적공처積功處를 김해운의 집으로 옮긴 상태였다. 소태산을 만난 정산은 형제의 관계를 맺고 바로 소태산이 계신 영광 길룡리로 가려 했으나 김해운의 만류로 그녀와의 정을 바로 정리할 수 없어 여름을 지나 만나기로 한다. 몇 달 후 송규는 정읍역 주변에서 송규를 안내하러 길룡리에서 온 김광선을 만나 영광 길룡리로 길을 떠난다. 이때 장성을 거쳤다는 설이 『대종경선외록』에 등장한다.

> 원기 3년(1918년 무오戊午) 여름, 약속한 날짜가 되었다. 대종사의 명을 받든 김성섭은 영광에서 올라오고 송도군은 화해리에서 내려와 중로에서 두 사람이 서로 만났다. 두 사람은 은밀히 장성을 거쳐 영광 길룡리 대종사 처소에 당도하였다.
>
> (『대종경선외록』 사제제우장 8절)

정읍 화해리에서 영광 길룡리로 온 정산 송규는 처음에는 돗드레미 김광선의 집에 머물게 된다. 그리고 소태산을 다시 만난 후 형제의 관계에서 스승님으로 모시는 사제의 관계로 변경한다. 이를 길룡제우吉龍際遇라 할 것이다.

◎ 정읍역
1912년 12월 1일, 보통역으로 영업 개시하였다. 1914년 호남선 철로가 놓이면서 정읍역, 신태인역 등 6개의 역이 들어서는데 자연스레 사람과 물산이 모이면서 기존의 중심지였던 고부와 태인을 제치고 새로운 중심지로 등장하였다. 1926년 12월 5일, 맞이방 광장을 증축하였다.

▲ 1968년 이전의 정읍역 모습

◎ 장성역

1914년 1월 11일 목조건물로 신축하여 보통역으로 영업을 시작하였다. 1950년 7월 18일 역사가 소실되어 1965년 12월 30일, 역사를 신설 준공하였으며 1987년 12월 4일, 현대식 2층 슬라브 역사로 신축하였다.

▲ 1958년에 촬영한 장성역 전경

정읍역에서 기차를 타고 갈재 터널을 통과해 장성역에 내려 거닐어 보는 것도 정산 송규의 구도求道 편력을 느껴보는 순례가 될 것이다. 정읍역에서 장성역으로 가는 갈재에는 정산 송규의 구도의 숨결이 깃들어 있다.

12. '영광'의 관문, 장성역과 깃재

▶ 장성역은 영산성지를 드나드는 관문으로, 소태산 대종사를 비롯한 초기 제자들이 익산총부와 영광 길룡리를 내왕했던 길목이었다. 익산역(옛 이리역)에서 장성역까지는 기차로, 장성에서 영광까지는 차량 또는 도보로 이동하는 길이었다. 깃재는 사창에서 대마와 영광을 넘나드는 고개로, 고성산 깃대봉(546m)과 월랑산(457m) 사이 산기슭을 타고 가는 험한 고개다.

장성역~길룡리를 오가는 길은 장성역~금성상회~황룡장터~동화~사창~깃재~대마~영광~길룡리의 노선이다. 장성역부터 사창을 지나 깃재를 넘어 영광으로 내왕하는 옛길에는 소태산 대종사를 모신 초창기 제자들의 재밌는 일화가 있으며 감각감상의 소재로도 등장한다. 초창기 제자들의 숨결을 느낄 수 있다.

영광~깃재~장성역을 내왕하는 길에서 일어났던 일화들을 살펴보자.

◎ 정산 송규의 일가족이 경북 성주에서 호남선으로 갈아타고 장성역에서 내려 사창을 지나 깃재를 넘어 영광으로 이주하는 과정 이야기다.

〈 성주에서 영광으로 이사 〉

1919년(원기 4년) 기미己未 3월에 처음 영광에서 대종사를 뵈온 정산종사의 부친 구산 송벽조는 경북 성주 집으로 돌아와서 아버지(송훈동)께 자초지종을 자상히 아뢴 후 잘 웃지 않는 평상시와는 달리 즐겁게 웃으며, "성사님(대종사)께서 우리에게 이사하라 하신다."하고 그 이튿날 논밭을 팔기로 내놓았다.

갑자기 내놓은 가산이라 쉽게 팔리지 않았다. 가산이 팔리려고 하면 식구들이 다 좋아하고, 흥정이 되려다 말면 식구들은 밥맛을 잃었다. 가산을 헐값에 넘기기도 하고 동네 사람들에게 거저 주기도 해서 그럭저럭 정리하고 지붕도 다 새로 이었다.

봄에 바로 이사하려던 일이 끌고 끌어오다가 9월 11일에야 이사하게 되었다. 71세의 아버지, 48세의 부인 준타원 이운외, 24세의 며느리 중타원 여청운, 그리고 13세의 둘째 아들 주산 송도성, 그리고 44세의 자신, 이렇게 다섯 가족이 이사 보퉁이를 들고 메고 일가친척과 마을 사람들의 만류를 무릅쓰고 대대로 살아오던 성주 고향을 떠났다.

김천에서 기차를 타고 가다 바꿔 타기 위해서 대전역에 내리니 사산 오창건이 마중 나와 있었다. 원래는 변산 근방인 부안군 변산면 진서리로 가기로 하였는데, 오창건이 "변산은 첩첩산중이라 장도 멀고 생활하기 불편하니 영광으로 가라"고 하였다는 대종사님의 이야기를 전해 방향을 바꾸기로 했다. 이때 며느리 여청운은 '영광으로 가면 집이 없을 터인데……' 하는 예감이 들었다.

호남선 기차를 타고 장성역에 내려 걷고 걸어서 사창에 이르렀다. 송도성은 점심 먹은 것이 체했는지 갑자기 복통이 일어나서 더 갈 수 없으므로, 아버지가 데리고 노변집으로 들어가고, 그 외의 식구들은 영광을 향해 갔다. ……

（박용덕, 『대장부』, 20~23쪽 약술. 서문 성, 『원불교 예화집』, 4권, 28쪽）

송씨 일가는 (대전역에서 내려) 호남선 열차로 갈아타고 장성역에서 내려 짐을 이고지고 60리길 영광으로 향했다. 도열(주산 송도성, 당시 13세)은 생전 처음 멀리 가는 길이요, 처음 타보는 기차라 몹시 시달렸다. 심하게 차멀미를 한데다 처음 사먹은 음식점 밥에 복통이 나 더 이상 갈 수 없게 되었다. 얼굴은 하얗게 핏기를 잃고 제대로 운신도 못할 지경이었다. 어른들은 각기 큰 짐을 이고 졌기 때문에 도열을 돌볼 수 없었다. 형수가 시동생이 딱해 업기도 하고 부축도 하며 겨우 사창까지 걸어갔다. 날이 저물어 아버지가 도열이 데리고 노변집(路邊집: 길가집)에 하룻밤 자고 가기로 하고 다른 식구들은 오창건을 따라 깃재를 넘어 영광을 향해 갔다. 사창에 남게 된 부자는 하룻밤 머물기로 한 노변 집에서 쫓

겨났다. 도열이 복통으로 몹시 앓고 구토를 하므로 호열자 환자로 오인을 받았
다. 다른 집을 찾아 하루 밤 자고 다음 날 영광서 온 장정의 등에 업혀 도열은
연성리에 도착했다.

(박용덕, 『대장부』, 22쪽)

정산 송규의 가족도 1919년(원기 4년)에 경북 성주에서 전남 영광으로
이사 올 때 옛길을 따라 장성역을 출발해 걷고 또 걸어 황룡장, 사창장을
거쳐 깃재를 넘고 연성리 연동 마을-육산 박동국의 집(소태산의 아우), 영
광군 영광읍 연성리 384번지-에 도착했다.

당시 정산 송규의 조부 송훈동, 부친 송벽조(宋碧照, 1876~1951), 모친
이운외(李雲外, 1872~1967), 부인 여청운(呂淸雲, 1896~1978), 동생 송
도성(宋道性, 1907~1946) 5명이었다.

▲ 송벽조   ▲ 이운외   ▲ 여청운   ▲ 송도성

1919년 정산 송규의 가족이 장성역에서 내려 걷고 또 걸은 길은 대대로
이어져온 옛길과 일제강점기에 건설된 신작로가 섞여 있는 길이다. 이 길
은 여러 지점, 다양한 갈림길, 구르마길(수레길), 지름길, 신작로 등으로 이
어진 구도의 길이었다.[1]

◎ 삼산 김기천이 장성에서 깃재를 넘어가는 중에 느낀 감각감상이다.

1. 장성역~사창~깃재~영광 연
성리 도보길은 뒷편에서 별
도로 기술하겠다.

121

1934년(원기 19년) 4·5월호인 『회보』 제9호에 김기천의 글이 실린다.
감각 제42호, 〈술 취한 운전수를 보고〉라는 제목으로 수록된 내용이다.

▲ 삼산 김기천

「감상」 제42호 김기천, 〈술 취한 운전수를 보고〉

어느 때 저의 고향인 영광을 가게 됐다. 이리에서 새벽차를 타고 장성역에 당도
하니 마침 영광 자동차[영광-장성 간 상업용 운행 자동차]가 손님을 싣고 왔는
지 바로 역전에 대기하고 있다가 '영광 가실 손님이거든 타시오' 말했다. 그래
나는 속으로 생각키를 여기서 사창까지만 타고 사창서는 걸어서 갈까 주저하
다가 짐이 많고 해 '짐꾼을 산다' '점심을 먹는다' 하고 보면 도보로 가나, 차 타
고 가나 일반일 것 같아서 영광행 차표를 사서 타고 역전을 나설 때, 처음에는
없든 손님이 중간에 무슨 약조나 둔 듯이 여기저기서 나와 손을 들어 정차를 시
키고, 만원이 되도록 가득 실은 운전수는 자기 자유를 잃고 손님이 청하는 대로
이 여관으로 저 여관으로 가며, 사창으로 나가다가 도로 정차장으로 왔다가 이
렇게 수선을 떨 때 나는 한참 동안을 자동차에 몸을 싣고 장성 역전을 순행하게
되었습니다.

그래서 내 생각에 '이 운전수가 술이나 안이 취했나' 하고 운전수의 거동을 살
펴본 즉, 과연 운전수는 술을 많이 먹은 듯 싶었고 얼굴이 꺼칠하여 밤새도록
잠을 안자고 취해 논 사람 같았습니다. 그래서 나는 안심도 안 될 뿐 아니라 근
래 신문보도에 왕왕이 자동차 전복 또는 사상死傷이라고 들은 말이 문득 생각
됐습니다.

'아 저 운전수가 까딱 실수만 하면 이 7, 8명의 목숨이 어떻게 될지 알 수 없구
나.' 그러나 갑자기 내릴 수도 없고 근심스럽지만 그저 그대로 사창 장터를 지
나 깃재로 향해 올라가게 되었습니다. 이 깃재[장성군 삼계면 부성리 영장로
(734도로)의 고개로 장성과 영광의 경계지]라 하는 데는 전부터 위험하다고 이
름 있는 재이라 이리 꿈틀 저리 꿈틀 차차 높아지면서 내려다보니 수십 척 되게

떨어진 언덕도 있고 수백 척 되는 구렁도 있었습니다.

'자 이것 자칫하면 생명을 잃게 될 곳이로구나, 저 운전수가 지금까지 술을 깨지 아니하였으면 참으로 안심하지 못할 일이 났구나' 하여 운전수를 간혹 살펴보며 주의하라고 하였으나 운전수는 무슨 자신이나 있듯이 냉소하고 대답도 없이 그저 운전만 하고 있었습니다.

그래서 저 역시 통이나 큰 듯이 생각하기를 '이런데서 죽는 것도 천명이니 천명이 아니면 운전수가 응당 실수가 없을 것이다' 하고 안심을 하며 눈으로 먼 산을 바라보면서 차에 실려 가게 되었습니다.

한참 가다가 홀연히 한 감상이 나되 어느 때 종사님(소태산 대종사)께서 자동차를 비유하여 법설하시던 일이 생각났습니다. 우리 승객들의 생명과 아울러 운전수, 자동차 운명까지도 모조리 다 운전수의 손에 달렸구나. 운전수 책임이 가장 중한 자이다. 운전수는 반드시 자동차의 지식이 상당해야 할 것이다. 술 담배 아편 잡기 여색 등이며 또는 근력과 정신을 손상할만한 것은 다 함부로 범치 안해야 할 것이다. 한번 까딱 실수하면 승객들의 생명과 자동차는 고사하고 운전수 자신 생명까지라도 위험하게 되지 않을까. 저 운전수가 이것을 잘 알고 있겠지만 비교적 조심하는 편이 적으니 이것은 반드시 술이나 색이나 기타 정신을 도취한 것에 빠진 연고일 것이다.

운전수야, 여기에 각성을 하라. 참으로 각성을 하라. 이렇게 생각하다가 이 생각이 찰나간에 옮겨져 아! 자동차에만 운전수가 있느냐? 자동차만 자동차냐? 비유하면 나의 몸도 자동차요, 마음도 운전수이다. 그 뿐이냐? 한 집도 자동차요, 한 호주도 운전수다. 한 사회 한 국가도 자동차요, 한 국가의 지도자도, 한 사장師長도 운전수이다.

이로써 관觀하면 너도 나도 할 것이 없이 다 운전수의 책임이 있다. 한 몸의 운명은 마음의 운전에 있고, 한 집안 한 국가 한 사회의 운명은 그 주장인들의 운전하는 데에 있다.

또 이 깃재만 위험한 곳이냐? 이 세상도 또한 위험하다. 보라! 사상산四相山은 깃재보다 몇 천배 높을 것이요, 삼악도三惡塗 바다는 이 깃재 구렁보다 몇 만 배 이상 깊을 것이요, 삼재三災 팔난八亂과 생노병사의 모든 구렁이 많지 아니한가?

그러면 이 세상 운전하는 모든 주간자主幹者들은 저 한 자동차 운전수 보담 몇 배 이상의 운전이 더 있어야 할 것이요, 몇 배 이상의 정신을 가져야 할 것이요, 몇 배 이상의 조심과 신분身分을 가져야만 할 것이다. 그래야만 이 세상을 운전해 갈 때 한 몸, 한 집, 한 사회, 한 국가가 저 험악한 바다와 구렁에 빠지지 않을 것이다.

그러면 운전의 참 주인공은 누구이며 책임은 그 어디에 있는가. 그것은 일신一身이나 일가一家나 한 사회, 한 국가 할 것 없이 모두가 한 마음에 있나니, 피아彼我를 물론하고 제일 먼저 이 마음을 밝혀서 이 세상을 운전할만한 지식과 청정한 행실은 찾지 아니하고 호기스럽게 운전수 즉 주간자 되기를 좋아하니 어찌 가련치 아니 하리요. 이것이 소위所謂 봉사가 사람을 인도함과 같고, 날개 돋지 않은 새가 창공을 나는 것과 같을 것입니다.

이로써 보면 우리의 급선무는 제일 먼저 지식과 청정한 실행을 요구해야 할 것이요, 지식과 실행을 요구하려면 공부해야 할 것입니다. 그런데 어떤 사람들은 의식주가 급선무니, 처자 보호가 급선무니, 사회구제가 급선무니 하여 공부는 둘째 셋째로 하니, 물론 의식주나 처자 보호나 사회구제나 다 이것을 도외시 하는 것은 아닙니다. 의식주를 장만하되 공부로써 하고, 사회 구제를 하되 공부로써 하면 좋지 않습니까. 이렇게 말하면 이해 못하는 사람은 의심을 할지도 모르나 마음 밝히는 실행공부가 사물을 놓고 별다른 공부가 있는 것은 아닙니다. 그럼으로 동시動時 공부와 정시靜時 공부로써 재가 출가를 막론하고 하는 공부가 있지 않습니까? 그러니 모든 운전수인 즉 주간자들은 이 급선무인 용심用心

공부를 먼저 하여야 될 줄 믿습니다.

《회보》제9호)

자동차 운전을 통해 각자의 마음을 운전하는 용심법用心法의 중요성에 대한 감각감상이다.

마음을 사용하는 용심법은 소태산의 언행집인 『대종경』 교의품 29·30장에 등장한다.

'장성역~황룡장'을 오가는 주요한 길은 '장성역~금성상회~장성오거리~황룡장터'이다. 장성역 삼거리 근처에는 일제강점기 당시부터 금성상회가 있었다. 장성역에서 금성상회 건물을 끼고 장성 오거리까지 이동해 황룡장 쪽으로 갔다.

2. 장성역~황룡장을 오가는 다른 길도 있었다. 장성역을 바라보고 왼쪽에 난 철로를 횡단하는 좁은 논둑을 지나 강변길을 따라서 황룡장터에 도착하는 길도 있었다. 하지만 주로 이용한 길은 금성상회 건물을 끼고 우회전해서 장성 오거리까지 이르러 황룡장터 방향으로 난 길이었다. 금성상회가 일제강점기에도 이 자리에 있었다는 사실은 장성교당의 공타원 이시은행(병숙, 86세), 선타원 김은선(삼례, 83세), 화타원 이자원(복례, 80세) 세 원로교도님의 구술증언에서 확인할 수 있었다.

▲ 1958년 장성역 사진

▲ 1958년 장성역 앞의 금성상회

'버스정류장'은 현재의 장성역 바로 앞 도로 건너 삼거리 왼쪽 모퉁이 인근에 있었다. '버스매표소'는 현재의 장성역에서 앞으로 볼 때 장성역 바로 앞 삼거리 지나서 두 번째 삼거리 오른쪽 모퉁이 금성마트 건물 직전의

3. 장성군 홈페이지
https://www.jangseong.
go.kr

바로 옆에 있었다.

삼산 김기천이 언급한 깃재 넘어가는 길은 일제강점기 차량 길인 신작로이다. 임계에서 사창을 거쳐 깃재를 넘어가는 도로는 1930년대 개설되었다. 장성에는 영광자동차부에서 운행하는 10인승 목탄차가 사창을 거쳐 장성까지 하루 2회 왕복 운행했다.[4] 당시 김기천이 탄 자동차는 목탄차로 7~8명이 탑승한 상태였다.

4. 장성이야기; https://www.
jangseong.go.kr

5. 장성교당 교도(이시은행, 김
은선, 이지원) 분들의 구술 증
언

장성역에서 깃재 넘어가는 길은 다음과 같다.

장성역~금성상회~장성 오거리~옛 황룡장~옛 황룡교~신촌 사거리~장승
백이 사거리~삼동로~동화면사무소~삼동로~사창 사거리~사창로~옛 사
창장(사창교당 일대)~사창성당~사창로~영장로~깃재

황룡장터에서 동화면소재지를 거쳐 사창장터에 이르는 이 길은 오늘날 지방도로와는 다르기도 하고 같기도 한 길이다. 이 길은 조선의 옛길과 오늘날 지방국도와 많이 다르지만 일제강점기 신작로와 상당 부분 겹치는 길이다.[5]

『원불교연혁』 '대마교당' 편에 자동차로 가는, 영광읍에서 대마면사무소를 거쳐 대마교당과 깃재 간의 행로가 기술되어 있다.

"영광읍에서 자동차로 북문北門재를 넘고 장포長浦를 지나 장성행로長城行路
를 향하고 2km쯤 가면 대마면소와 대마지서가 있고 그곳에서 또 2km더 들어가
면 동東에는 고성산과 남에는 월랑산이 솟아있어 서로 머리를 대고 속삭이는
듯 ......"

(『원불교연혁』 대마교당 편, 17쪽, 원불교제1대창립유공인역사 부록, 292쪽)

그렇다면 깃재를 넘어 대마교당이 있는 복평리를 거쳐 대마면소재지를 지나 장포를 거쳐 북문재를 넘어 영광읍에 들어선다. 장포는 현재의 원흥리 장보 마을로 여겨진다. 장보제를 장포제라고도 하기에 장보 마을 일대의 와탄천 변에 장포가 포구가 있었을 것이다.

또는 대마면 소재지를 거치지 않고 바로 식작로를 따라 직통했을 수 있다. 장성에서 신작로(현재 영장로)를 따라 깃재를 넘어 '대마면 성산리 삼거리'에서 옛 대산 방향 신작로(현재의 지방도로 734)로 이동하고, '영광·대산 분기점'에서 영광방향 신작로(현재의 23번 지방국도)로 이동하다가 묘량천의 입석교를 지나 '입석길2길' 쪽으로 우회전한 직후에 바로 좌측길(입석신대경로당 앞길)로 접어들었을 것이다. 일제강점기 신작로였던 이 길을 따라 '입석길93' 앞을 통과해서 연성리 연동마을을 지나(현재 청보리로) 무령2제의 '북문사거리'를 거쳐 무령리의 옛 신작로를 따라 '북문재'를 넘어 영광읍에 도착한 것이다.[6]

6. 영광교당의 길산 이성광(이용중, 80세) 원로 교도의 구술 증언

◎ 장성역에서 벌어진 일경의 검문과 관련된 이야기이다.

〈 황정신행의 검문 〉

일인日人들이 우리 교단에 대한 핍박은 여러 측면에서 대단했다. 총부를 비롯 각 기관과 교당에 이르기까지 틈만 있으면 꼬리를 잡고 흔들었다.

어느 해 서울 팔타원 황정신행이 영광에 오실 때였다. 내가 모시고 내려오는 길이었다. 기차를 타고 장성역에 내리게 되었다. 당시로서는 보기 드문 신식 여성인 팔타원 황정신행에 대해 심문을 하려는 것이다. 역 대합실에 이르니 고등계 형사가 나와서 만나자는 것이다.

이미 이리역에서 장성역에 연락이 되어 있었던 것이다. 고등계 형사는 손에 든 보따리는 무엇이며, 무엇하는 사람이냐고 추궁했다. 보자기에 싸인 물건은 불경佛經이었다. 다 펴보이니 할 말을 잊은 그들은 또 다시 괜한 트집을 잡았다.

"지금이 어느 때인데 이런 것을 가지고 다니느냐" 그러면서 압수하려는 것이었다. 우리는 한동안 실랑이를 하다가 풀려날 수 있었다.

(『구도역정기』 이운권 편, 198쪽)

▲ 팔타원 황정신행

7. 이숙화, "황온순의 항일 민족운동", 『원불교와 독립운동』, 원광대학교 원불교사상연구원 공동학술대회, 68쪽

황정신행(黃淨信行, 1903.7.10.~2004.6.29)의 본명은 온순溫順이요 법호는 팔타원八陀圓이다. 원불교 재가교도로 여성 최초의 구인제자인 수위단원을 역임한다.

팔타원 황정신행은 이화학당 출신으로 당시의 신여성이었다. 고향 황해도에서 3·1운동에 주도적으로 참여했으며, 만주에서 상해임시정부와 연결하여 독립운동을 지원했고 기독교계 청년단체와 연대하여 구국운동에도 나섰다. 하얼빈 기독교 유치원에서 한인 자제들을 교육하며 길림성여자사범학교에서 공부했다. 이어 경성에서 이화 유치사범과를 졸업하고 불교계 화광유치원에서 활동했다.[7.]

또한 순천상회를 열어 사업에도 성공하였다. 동대문부인병원(이대부속병원 전신)을 인수하여 운영했으며, 자신의 신혼집인 이화장을 이승만의 요청에 의해 희사했다. 또한 한국전쟁 중 고아를 맡아달라는 이승만 대통령의 부탁에 고아사업에 뛰어들어 한국 고아의 어머니 역할을 한다.

1936년 32세에 소태산 대종사에 귀의한 팔타원은 인생의 고민을 소태산의 가르침인 마음공부로 안정을 얻었으며 사회사업을 해보라는 소태산의 가르침에 따라 휘경학원과 사회복지법인 창필재단을 설립하여 사회사업에 큰 역할을 했다. 원불교 교단사업에 많은 정재를 희사해 원불교의 수달장자라는 별호를 얻었다.

아마도 신여성인 팔타원 황정신행은 일경의 입장에선 관리의 대상이었을 것이다. 서울 소재의 교육가요 사회사업가인 팔타원이 다른 곳을 가니 의심한 것이다. 그런데 소집품을 열어보니 불경만 있으니 허탈했을 것이다. 불경은 불법연구회(원불교 전신) 교재였을 것이다. 장성역에는 일제의 탄압이 그림자처럼 일상에 드리우고 있었다.

◎영광에서 장성역으로 가는 도중 있었던 초창기 제자들 사이의 재밌는 일화이다.

▲ 주산 송도성

〈 20살 차이의 동지 간 동행 〉

이 이야기는 일제 강점기 후기에 있었던 일화다.

영광에서 익산총부로 가려면 장성에서 호남선 기차를 타야했다.

어느 여름날 사산 오창건(吳昌建, 1887~1953)과 주산 송도성(宋道性, 1907~1946)이 동행했다. 오창건은 송도성보다 스무 살이나 연상이나 동지같이 무간한 사이었다.

영산에서 장성까지 60리 길이라 걸어가다가 주막에 들려 잠깐 쉬는데, 오창건이 두루마기를 벗어놓고 변소에 다녀왔다. 출발하려고 두루마기를 입으려 하니 보이지 않았다.

▲ 사산 오창건

"주산(송도성), 내 두루마기 못 봤는가?"

"글쎄요."

"거 참, 귀신이 곡할 노릇이구먼."

오창건은 두루마기를 찾느라 쩔쩔 맸다. 송도성도 찾는 시늉을 하며 시침을 뚝 뗐다.

"형님, 혹 안 입고 온 게 아니오. 그냥 갑시다."

"그럴 리가 있나."

"차 시간 급해요. 총부 갔다가 나중에 집에 가서 찾아봅시다."

송도성은 앞서 갔다.

"허 허이 참, 별 수 없네. 가세."

저고리 바지 바람으로 오창건은 별 수 없이 뒤따라오다가 앞서 가는 송도성의 옷
차림을 보니 어째 이상하였다. 몸에 비해 어쩐지 두루마기 기장이 길어 보였다.

"에끼, 이 사람!"

"아이고, 저는 제 옷인 줄 알고 입었습니다."

송도성이 오창건의 두루마기를 겹쳐 입은 것이다.

(박용덕, 『구수산 구십구봉』, 170~171쪽)

사산 오창건은 소태산 대종사가 대각을 하시고 첫 교화를 할 때 고르신 표준제자 8인 중 한 분이다. 원불교 창립정신인 공부와 사업을 병행하는 방언공사와 창생을 위한 헌신에 생명을 바치겠다는 서원기도인 법인성사를 이루었다. 또한 소태산 대종사가 교법 제정을 위해 변산에 입산하셨을 때도 영광에서 변산을 내왕하며 필요한 업무를 조력했다. 또한 일생 법명의 뜻과 같이 초창기 교당 건축을 창건했던 인물이다.

16세의 주산 송도성은 1922년(원기 7년) 음력 11월 1일에 친형 정산 송규의 인도로 변산 석두암을 찾아 전무출신에 출가한다. 이후 소태산을 시봉하며 소태산은 송도성을 나의 눈이라 할 정도로 아낀다. 주산 송도성은 이후 초기교단의 주역으로 청년들에게 영원한 청년상으로 기려진다.

이러한 두 인물은 20년의 나이차를 뛰어 넘어 한 스승을 모시는 동지요 함께 전무출신하는 도반이로 허물없는 동지애를 나누었던 것이다.

원명부 상에는 오창건은 남No. 8로 소태산을 지도인으로 입문 날짜가 원기 원년(1916년) 음력 9월 9일이요 입회는 원기 9년(1924년) 4월 29일이다. 송도성은 남No. 26으로 송규를 지도인으로 입문일이 원기 5년(1920년) 4월 30일이며 입회는 원기 9년(1924년) 4월 29일이다.

입회일은 익산 총부 건설 후 정식으로 전무출신 서원서를 제출한 날로 여겨진다. 그렇다면 오창건과 송도성은 1924년(원기 9년) 4월 29일 같은

날 전무출신 서원한 자로 동지의식이 강했을 것이다.

사산 오창건과 주산 송도성은 영광 길룡리에서 장성역으로 걸어가 익산에 가려 했다. 가는 길에 주막에도 들렸고 이런저런 일화도 많았을 것이다.

영광 길룡리~장성역 오가는 도중에 쉬는 주요한 곳은 영광읍, 대마면

▲ 대마면 석정마을(①)은 영광 백수읍(출발)에서 장성역(도착) 가는 중간지점이다. 깃재를 넘기 전 지점으로 대마교당 근처이다.

복평리 인근, 사창을 들 수 있다. 영광읍~장성역 가는 길에서 대마교당이 있는 복평리 인근은 중간지점으로 당대의 제자들이 오가며 쉬어간 곳이다.

월랑산과 고성산 사이의 험난한 깃재를 넘기 전에 대마면 복평리 석정마을 인근에서 쉬었을 것이다. 그곳은 물길이 있는 방축제~선산제를 잇는 지름길이었다. 현재의 대마교당 근처이다.

반대로 장성역에서 영광으로 향한다면 깃재 넘기 전 사창에서 쉬어갔을 가능성이 크다, 험한 깃재를 넘기 전이 쉬는 적기이기 때문이다.

대마교당(일명 낙산회관)은 1934년(원기 19년)에 낭산 이중화(中和. 본명: 가형, 1903~1989)의 주도로 대마면 복평리 석정마을 입구의 길가 언

8. 『원불교72년총람』 III, 교구·
교당 2, 대마교당 편, 1927쪽

덕(낙산) 위에 세워진다.[8]

풍류를 즐겼던 이중화는 영광 길룡리 인근의 매바위(응암바위)에 놀러
갔다가 와탄천 뱃길을 타고 대마로 돌아가는 길에 조선 사람들 손으로 갯
벌막이(방언공사)를 하였다는 길룡리의 불법연구회(원불교 전신) 영산지
부에 들른다. 설립취지를 듣고 그는 감복하여 입교한다. 그때 만난 사람이
송벽조와 송도성 부자父子였다.

송도성은 대마에 사는 이중화에게 복평리에 교당을 설립할 것을 권하였
다. 그러던 중 이중화가 큰길가 언덕바지 낙산에 회관을 설립한다는 말에
상조조합에서 쌀 50섬을 선뜻 빌려줄 정도였다. 1년에도 수차례씩 영광~장
성역 백리 길 가는 참에 다리쉼하기에 이보다 더 좋은 데가 없었던 것이다.

▲ 대마출장소[낙산회관] : 1941년(원기 26년) 촬영

소태산 대종사는 정산 송규와 같이 영광~장성 길을 다니다가 길가 낙산
회관(옛 대마교당)에서 다리쉼을 하였다. 영광 길룡리에서 볼 때 대마면의
태청산이 두드러지게 잘 보였다. 늘상 소태산은 먼산 태청산을 바라보며
'태청太淸이 영산靈山으로 뭉쳤으니'라고 하셨다.

소태산은 물었다.

"태청산이 어디 메냐?"

"예, 이 동네 복평리 뒷산이 월랑산이고 그 뒷산이 태청산입니다."

소태산은 바로 앞 동네 석정을 가리키며 말하였다.

"응, 태청 월랑이 복평이군. 저기가 월랑산 생맥生脈이니 인재가 많이 나올 것

이다. 힘이 되면 후일 저 자리에 회관을 옮기게"

소태산 대종사 말씀은 땅에 떨어지지 않았다. 이 말씀을 받들어 1956년(원기

41년)에 석정리 현 교당 자리로 옮기고 이후 40여명의 전무출신이 배출되었다.

(박용덕, 대마, 대마교당 66년 『그 복스런 들마을』, 10쪽)

소태산과 정산 송규가 동행하여 지나가신 길과 쉬신 곳은 옛 교당인 낙산
회관(대마교당 전신) 과 석정마을 일대였다.

9. 영광군 대마면 복평리 555-8
번지 일대

신작로를 따라 가는 길은 성
산 삼거리를 돌아서 선산제가
있는 깃재 입구까지 한참 걸어
가야 하지만, 석정마을의 방축
제 지나 낮은 고개를 넘어 가
면 깃재로 곧장 드는 지름길이
었다. 방축제 둑을 지나 낮은
구릉을 거쳐 오른쪽 깃재(영장
로)로 이어지는 지름길이다.

▲ '방축제~선산제' 가는 지름길

영광 길룡리에서 장성역으로 가는 중간 지점이자 험한 깃재를 넘기 전에
쉬는 적기요 적당한 장소는 대마면 복평리 일대이다. 사산 오창건과 주산 송
도성은 아마도 이 일대의 주막에서 휴식을 취하고 지름길인 방축제를 지나

낮은 구릉을 타고 깃재(선산제) 방향으로 들어섰을 것이다.

◎ 장성역에서 깃재를 넘어 영광 오가는 길 ◎

장성~깃재~영광을 넘나들던 길은 정산 송규의 가족이 성주에서 영광으로 이사 오던 길이며, 소태산을 모신 제자들이 영광~익산총부를 오가던 길이다.

장성역에서 깃재 가는 길은 현재도 이용되고 있다.

장성역~금성상회~장성 오거리~황룡시장~옛 황룡교~신촌 사거리~장승
백이 사거리~삼동로~동화면사무소~(구산 사거리)~삼동로~사창 사거리
~사창로~옛 사창장터(사창교당 일대)~(사창성당)~사창로~영장로~깃재

소태산과 제자들이 영광과 익산총부를 내왕할 때 이 길을 걷거나 차를 이용해서 다니셨다.

'장성역~깃재'의 길은 옛길인 도보길과 일제강점기 만들어진 신작로가 많이 겹쳐 있다.

다만 깃재 아래에서부터는 신작로와 달리 구르마길이 있었고, 영광 쪽에서도 깃재산장부터 구르마길이 있었다.

장성역에서부터 영광까지 소태산과 정산 송규 및 제자들이 이용했던 도보길, 차량길을 찾아 복원할 수 있었다. 영광교당, 장성교당, 사창교당 출·재가 교도분들의 구술·안내의 협조 덕분이었다. 특히 영광교당의 길산 이성광(이용중, 80세) 원로 교도는 도보길과 차량길 두 갈래의 전체 구간을 현장 안내해 주어 새로이 확인·복원할 수 있었다. 또한 장성교당 세 분의 원로 교도[공타원 이시은행(이병숙, 86세), 선타원 김은선(김삼례, 83세), 화타원 이자원(이복례, 80세) 구술 증언으로 장성역에서 황룡장터를 거쳐 사창장터까

지 오고가는 길을 확인할 수 있었다.

영광~깃재~장성역의 길은 일제강점기 신작로와 신작로 이전의 조선 옛길이 함께 있다. 챠량 길은 주로 신작로를 통했지만 걷는 길은 조선의 옛길을 주로 이용했고, 일부 구간은 신작로를 따라 걸었다. 조선의 옛길과 일제가 놓은 신작로는 장성 쪽에서는 거의 겹치고, 영광 쪽에서는 겹치지 않는 구간이 상대적으로 많다.

신작로와 달리 도보 길은 일명 '구르마 길(수레길)'로 따로 있었다. 신작로는 물길과 겹치지 않고 게다가 상대적으로 가팔랐는데 이와 달리 '깃재'의 '구르마 길'은 물길과 어우러지고 가파르지 않았다. 교통기술의 수준에 맞춘, 조상의 지혜가 깃든 길로 일제가 만든 신작로 이전의 옛길이라고 할 수 있다.

구루마길은 수레길의 다른 이름이다. 그러나 실제로는 걸어 다닐 정도의 오솔길이요 고갯길을 뜻한다. 이러한 구르마길 초입을 먼저 살펴볼 것이다. 도보길은 상당 부분 잊혀지고 사라진 옛길이다. 장성 깃재 구르마길과 영광 깃재 구르마길은 향후 답사를 통해 코스를 조사하고 지도상으로 먼저 복원할 예정이다. 현재는 옛길을 찾기 어려울 정도로 묵어 있기 때문이다.

장성 쪽 깃재의 구루마길 시작은 영장로(삼계면 부성리 공단 근처)에서 불당골 입구 용매골길로 좌측 진입하면서부터이다. 진입한 후에 전통한옥이 있는 곳을 통과하면 세 갈래 갈림길(삼계면 부성면 산 113-2)이 나오는데 우측으로 진입하면 계속 구르마길이 이어진다. 지금은 여기서부터 영광 선산제 근처까지 묵은 채 있다.

영광 쪽 깃재의 구루마길은 선산제 근처에서 시작할 것 같다. 성산 삼거리까지 돌아가지 않고 가로질러 낮은 고갯길을 넘어 선산제 근처와 방축제 둑길을 이어주는 지름길이 있었기 때문이다.

선산제에서 방축제로 넘어가는 지름길과 대마교당 앞 석정들을 가로질러 가는 옛길과 화평리 농로길 진입부터 수촌마을 어구 일대와 고교마을 인

10. 소태산, 정산 송규, 당대 제
자들이 오가던 길인 '장성역
~황룡장터~동화~사창장터
~깃재~대마~영광' 차량 길,
도보 길에 관련한 주요 구간
별 사진은 별도의 기회에 제
공하고자 한다.

근 그리고 연성리 성동마을을 거쳐 영광읍 곧올재까지의 길을 소개하고자 한
다.[10]

이어지는《지도》는 '장성군 부성리~대마면 복평리~대마면사무소~(송촌
삼거리)~대마면 화평리~묘량면 덕흥리~영광읍 연성리~영광읍 곧올재'를
도보로 내왕했던 옛길이다.

1. 장성 삼계면 불당골 용매골길에 남아 있는 구르마길 시작지점

〈출발(녹색)〉: 불당골 용매골길(용장로에서 좌측으로 난 길)

〈경유 1〉: 용매골길 가는 방향의 오른쪽 저수지와 전통한옥을 통과하기 이전 지점

〈경유 2〉: 저수지(부성제)와 전통한옥(오른쪽) 통과 지점

〈경유 3〉: 용매골길에서 구르마길 앞둔 지점

〈경유 4〉: 구르마길 진입 이후 지점

〈경유 5〉: 길이 묵어 있는 지점

《지도 1》은 깃재 아래의 용매골길(삼계면 부성리 661-16)과 용매골길에

서 우측으로 난 구르마길을 표시한 지도이다.

　　장성 깃재 아래에서 구르마길은 〈지도 1〉의 오른쪽 옅은 녹색의 '출발지' 인근부터 우선 확인할 수 있었다. '출발지' 왼쪽으로 불당골 용매골길이 있는데 〈경유지 1〉는 용매골길 가는 방향의 오른쪽 저수지와 전통한옥을 통과하기 이전의 지점이다. 〈경유지 2〉는 오른쪽에 저수지와 전통한옥을 두고 통과하는 지점이다. 〈경유지 3〉는 용매골길에서 오른쪽으로 난 구르마길을 바로 앞에 둔 지점이다. 〈경유지 4〉는 구르마길로 진입한 이후의 지점이다. 〈경유지 5〉는 길이 많이 묵어 있는 지점이다.

2. 영광 선산제 인근에서 대마면 복평리 방축제 방향의 지름길

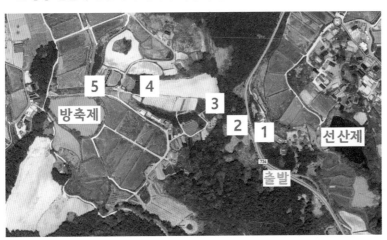

〈출발(녹색)〉: 영광군 대마면 상산리 산 169-5(주차 공간)

〈경유 1〉: 대마면 상산리 산 172-1 지점

〈경유 2〉: 대마면 상산리 산 172 지점

〈경유 3〉: 대마면 복평리 산 4-1 지점

〈경유 4〉: 대마면 복평리 357-4 지점

〈경유 5〉: 대마면 복평리 866-3 (방축제 둑길)

《지도 2》는 영광 성산 삼거리까지 돌아가지 않고 방축제를 지나 영광 방향으로 가는 지름길이다.

영광 쪽 깃재 아래의 선산제 인근인 '영광군 대마면 상산리 산 169-5 지점에만 주차공간이 있다. 여기가 '출발지'(녹색)다. 이곳에 주차한 후 도로(영장로) 따라 내려가면 선산제에서 방축제 방향으로 질러가는 고갯길 입구에 이른다. 이곳이 〈경유지 1〉의 지점인 '대마면 상산리 산 172-1' 지점이다. 이곳에서 '대마면 상산리 산 172'의 묵어버린 고갯길인 〈경유지 2〉를 통과하면 넓은 밭 경작지가 시작된다(대마면 복평리 산 4-1). 이 지점이 〈경유지 3〉이다. 여기서 밭길을 따라 가면 밭이 끝나는 지점인 〈경유지 4〉에 이른다. 이어서 방축제 방향으로 질러가면 방축제 둑(대마면 복평리 866-3)인 〈경유지 5〉에 이르게 된다.

3. 방축제 ~ 석정들 옛길 ~ 영광방향 신작로

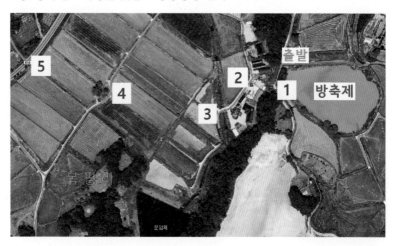

〈출발(녹색)〉: 방축제 둑길(대마면 복평리 866-2)

〈경유 1〉: 방축제와 석정마을의 갈림길(대마면 복평리 306-2)

〈경유 2〉: 복평리 석정마을 앞(대마면 복평리 영장로 9길 29)

〈경유 3〉: 대마교당 앞 도보길 터(대마면 복평리 963)

〈경유 4〉: 석정들 앞 소나무(대마면 복평리 968)

〈경유 5〉: 신작로인 영장로 진입(대마면 복평리 영장로8길 38)

《지도 3》에서 출발지(녹색)인 방축제 둑(대마면 복평리 866-2)을 지나면 방축제 옆이자 석정마을 뒤인 갈림길(대마면 복평리 306-2)이 나온다. 이곳이 〈경유지 1〉이다. 이 길을 따라 가면 〈경유지 2〉인 복평리 석정마을 앞(대마면 복평리 영장로9길 29)에 이르게 된다. 여기서 대마교당 옆을 지나 석정 들판 앞(대마면 복평리 963)에 이르면, 이곳이 〈경유지 3〉 지점이다. 펼쳐진 석정들을 가로지르는 옛 도보길을 추측해 볼 수 있다. 석정들에는 일제강점기만 해도 신작로로 이어지는 도보길이 있었지만 지금은 농지정리를 해서 사라진 상태다. 석정 앞들을 가로질러 멀리 소나무가 보이는 곳(대마면 복평리 968)이 〈경유지 4〉이며, 이곳을 지나 신작로인 영장로에 진입할 수 있다. 이 진입지점(대마면 복평리 영장로8길 38)이 〈경유지 5〉이다.

4. 영광 대마면 화평리 ~ 수촌마을 어귀 농로길

〈출발(녹색)〉: 농로로 진입하는 지점(대마면 화평리 41-3)

〈경유 1~5〉: 도보길인 조선 옛길

〈경유 3, 경유 4〉: 옛길이 도로 밑 굴다리를 지나가는 농로로 남아 있음

〈경유 5〉: 수촌 마을 앞 어귀의 주막 터(대마면 원흥리 366-3)

　《지도 4》의 출발지는 대마면 화평리 41-3 이다. 출발지점은 영광 방향의
화평길 상에서 원당길(대마면 원흥리 350-3) 통과 직후 50M 앞에서 우측
농로길로 진입하는 지점이다. 오른쪽부터 왼쪽으로 5곳의 경유지를 지나는
데, 이 경유지들을 연결하는 길이 바로 도보길인 조선의 옛길이다.

〈경유지 3〉과 〈경유지 4〉는 서해안고속도로 밑 굴다리를 경계로 양쪽에 각
각 위치해 있다. 이는 옛길이 고속도로 밑 굴다리를 지나가는 농로길로 남아
있음을 잘 보여주고 있다.

　가장 왼쪽의 〈경유지 5〉는 수촌 옛터(대마면 원흥리 366-3)이다. 오른
쪽 수촌마을과 하나로 묶여 있는 흔적인 당산나무 고목과 돌장승과 주막
터가 있는 마을 어귀이다. 고속도로가 이를 갈라놓아버린 형국이다. 옛길
로 사람들이 오고가던 시절에는 이 수촌마을 어귀의 주막도 늘상 붐볐을
것이다. 소태산의 제자들도 이곳에서 잠시 다리쉼을 했을 것이다.

<출발(녹색)> : 수촌 마을 앞 어귀의 주막 터(대마면 원흥리 366-3).

<경유 1> : 덕흥리 고교마을과 마주보는 지점(화평들 앞)

<경유 2> : 묘량천 다리 건너기 전

<경유 3> : 덕흥리 고교마을 정류장(묘량면 덕흥리 166-2)

<경유 4> : 고교마을 앞에서 뒤로 종단하는 덕흥길1길

《지도 5》에는 4개의 경유지가 있다.

돌장승이 서있는 수촌 옛 주막터 쪽에 <출발지>와 <경유지 1>이 있다. <경유지 1>은 덕흥리 고교마을을 마주보고 있는 지점으로, 화평들을 가로질러 고교마을을 향해 가면 <경유지 2>인 묘량천에 이른다. 이 묘량천 다리를 건너면 마을 정류장(묘량면 덕흥리 166-2)인 <경유지 3>에 이르고, 이어서 마을 앞에서 뒤로 종단하는 덕흥길1길을 따라가면 덕흥길과 만나는 갈림길에 이른다. 이곳이 <경유지 4>이다. 이 경유지가 바로 옛적에 걸어 다녔던 조선의 옛길이다.

6. 묘량면 덕흥리 ~ 영광읍 연성리 성동들

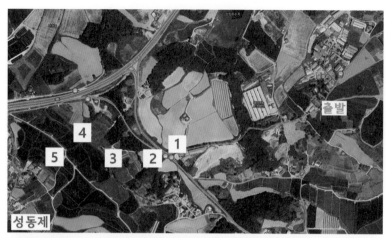

〈출발지(녹색)〉: 덕흥길과 덕흥길1길의 갈림길

〈경유 1〉: 국도, 지방도, 옛 신작도, 도보길이 엇갈리는 지점(묘량면 덕흥리 500-8)

〈경유 2〉: (옛 신작로 경유하여) 옛 도보길로 들어가는 입구(영광읍 연성리 산34-4)

〈경유 3〉: 끊어진 옛 도보길 자리(영광읍 연성리 산 107)

〈경유 4〉: 끊어진 옛 도보길이 이어지는 지점(영광읍 연성리 481)

〈경유 5〉: 성동제 옆길로 이어지는 지점

《지도 6》에서 출발지(녹색)는 덕흥리 고교마을 뒤편인 덕흥길 1길과 덕흥길의 갈림길이다.

이 갈림길에서 야트막한 들판의 덕흥길을 따라 연성리 성동들 방향으로 가다보면 국도, 지방도, 옛 신작로, 도보길이 엇갈리는 지점이 나온다. 이곳이 〈경유지 1〉이다. 이 세 갈림길에서 옛 신작로에 접어들자마자 바로 왼쪽에 나 있는 옛 도보길로 들어서야 한다. 이 옛 도보길 입구가 〈경유지 2〉이다. 〈경유지 2〉를 지나 옛 길을 걷다보면 길이 끊어진 지점이 나온다. 이곳이 〈경유지 3〉이다. 옛 도보길 입구에서 길이 끊어진 자리까지의 지번은 '영광읍 연성리 산 107'이다. 〈경유지 3〉 지점 왼편 너머에 끊어진 옛 도보길이 이어지는 곳이 〈경유지 4〉이다. 〈경유지 4〉는 사라진 옛 도보길을 가운데에 두고 〈경유지 3〉를 마주보고 있는 성동마을 앞 '성동들'이다. 왼쪽에 성동제 옆길로 이어지는 지점이 〈경유지 5〉이다.

7. 연성리 성동들 ~ 연성리 연동마을

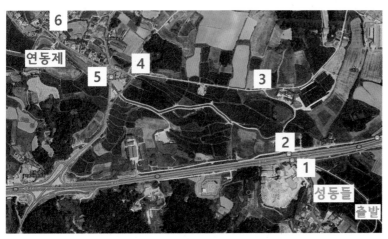

이 길을 따라 정산 송규 일가는 경상도 성주에서 전라도 영광으로 이사 왔

을 것이고, 또한 소태산과 제자들은 장성역을 가기 위해 길룡리에서 연성리 연동을 지나 성동들~덕흥리~화평리~대마면사무소~복평리~깃재로 오가는 노선을 다녔을 것이다.

〈출발(녹색)〉: 성동들

〈경유 1〉과 〈경유 2〉: '영대로'에 단절(굴다리 통과)

〈경유 3〉: 입석길(일제강점기 신작로) 만나는 지점

〈경유 4〉: 청보리로와 만나는 지점(일제강점기 신작로)

〈경유 5〉: 연동제 가는 청보리로 1길

〈경유 6〉: 연동(일명 군도리) 마을의 육산 박동국 집(정산 송규 일가 이사 온 집)

[영광군 영광읍 연성리 384, 청보리로 1길 24-33]

8. 연성리 성동 마을~곧을재~영광읍

〈출발(녹색)〉: 성동들

〈경유 1〉: 성동마을 옆길

〈경유 2〉: 성동제 옆길

〈경유 3〉: 잡골, 곧올재 오르는 길

〈경유 4〉: 곧올재 정상

〈경유 5〉: 물무로3길(→영광여자중학교)

〈경유 6〉: 영광대교회→영광우체국→영광군청·영광경찰서→영광교당

걸어서 장성역에서 영광 길룡리로 내왕할 때 영광읍에 볼 일이 있으면 지름길인 곧 올재를 넘어갔을 것이다. 연성리 성동마을에서 곧올재를 넘어 영광읍으로 넘나드는 길은 '성동들 ~ 성동제 옆길 ~ 영대로1길 ~ 잡골 ~ 곧올재 정상 ~ 물무로3길 ~ 영광여자중학교 ~ 영광대교회로 이어지는 길이다.

또한, 당시 장성역에서 영광읍으로 오가는 차나 마차는 영광읍 무령리의 북문재를 통하는 길을 따라 드나들었다. 북문재를 넘나드는 길에는 영광경찰서, 영광군청이 자리 잡고 있다.

북문재는 성산-관현산 사이의 재라면, 곧올재는 관현산-문장산 사이의 재이다. 곧올재의 초입의 영광대교회(무령교회)는 소태산 대종사 구도 시 방문한 것으로 보이며, 북문재의 초입인 영광경찰서는 갯벌막이 공사인 방언공사 때 자금출처로 일주일간 구금되어 조사받았던 곳이다.

9. 연성리 성동들 ~ 길룡리 영산성지 가는 길[11.]

〈경유 1〉: 연성리 성동마을 앞들(성동들)

〈경유 2〉: 연성리 연동마을

〈경유 3〉: 월현로(스포티움 교차로)

11. 길룡리 원불교영산성지에서 백두개재 또는 선진포를 돌아 장산리를 거쳐 영광읍 영광장 등에 다녔던 길은 구슬을 통해 고증할 예정이다.

145

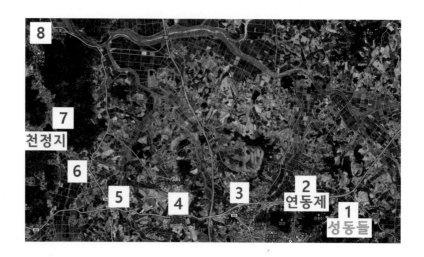

〈경유 4〉: 복호로(장산리→선진포→영산성지)

〈경유 5〉: 만덕 사거리(영산성지 진입 지점)

〈경유 6〉: 길룡리와 장산리 갈림길

〈경유 7〉: 백두개재(천기동과 대흥마을 사이, 천정 저수지)

〈경유 8〉: 원불교 영산성지(길룡리 일대)

10. 신작로 내왕길

일제강점기 신작로를 이용했다면, 장성에서 신작로(현재 영장로)를 따라 깃재를 넘어 '대마면 성산리 삼거리'에서 옛 대산 방향 신작로(현재의 지방도로 734)로 이동하고 '영광·대산 분기점'에서 영광방향 신작로(현재의 23번 지방국도)로 이동하다가 묘량천의 입석교를 지나 입석길 2길 쪽으로 우회전한 직후에 바로 좌측길(입석신대경로당 앞길)로 접어들었을 것이다. 일제강점기 신작로였던 이 길을 따라 '입석길93' 앞을 통과해서 연성리 연동마을을 지나(현재 청보리로) 무령2제의 북문사거리를 거쳐 무령리의 옛 신

작로를 따라 북문재를 넘어 영광읍에 도착한다.[12.]

12. 신작로를 이용한 왕래에 대해서는 향후 정리한 글과 지도를 실을 예정이다.

◎ 장성역에서 영광읍 진입까지의 옛 길을 종합하여 상세 소개한다.

● 장성역~장성 깃재

장성역 ~ (충무길) ~ 금성상회[오늘날 금성마트] ~ (영천로) ~ 장성 오거리 ~ (뱃나드리로) ~ 황룡장 ~ (뱃나드리로) ~ 뱃나드리교[옛 황룡교; 황룡면 월평리 164-12] ~ (뱃나드리로) ~ 신촌사거리(황룡면 신호리 291-21) ~ 국도 횡단 후 좌회전 신호신촌길(현재 마을길; 황룡면 신호리 290-4) ~ (신호신촌길) ~ 좌회전 굴다리 통과(인택 이전; 황룡면 신호리 314-9) ~ 굴다리 통과 직후 우회전(황룡면 신호리 259-8) ~ 황룡농협경제사업장 앞(황룡면 신호리 325-12) ~ 장승백이사거리(황룡면 신호리 372-2)에서 11시 방향 삼동로 진입 ~ 포도즙 가공공장 앞(황룡면 신호리 373-2) ~ 우회전 굴다리 진입 직전 (황룡면 신호리 711-1) ~ 굴다리 통과 직후(동화면 용정리 41-14) 좌회전 ~ 동화면소재지 방향 직진 ~ 동화IC(동화면 구림리 724-24) 삼동로 ~ 사창사거리(삼계면 사창리 183-1) ~ 직진 사창로 진입(삼계면 사창리 183-1) ~ 삼계파출소/농협/신협 사이 사거리 우회전(삼계면 사창리 400-2) ~ (사창교당, 사창성당 옆 통과) ~ (사창로) ~ 사창로에서 영장로 우회전 진입(삼계면 내계리 572-2, 636-2, 561-2) ~ (영장로) ~ 불당휴게소 (삼계면 부성리 산95-6) ~ 장성 불당골(용매골길) ~ 깃재(깃재산장) ~ (영광 깃재)

● 영광 깃재~영광읍

(장성 깃재) ~ 영광군 대마면 상산리 산 172-1 (산 169-5에 주차후 산 172-1 도보진입) ~ 묵어 있는 고개길(대마면 상산리 산 172 ~ 대마면 복평리 산 4-1 ~ 357-4) ~ 방축제(대마면 복평리 866-3) ~ 복평리 석정마을 앞들(대

마면 복평리 963; 대마교당 앞) ~ (지금은 사라진 앞들 옛길 가로질러) ~ 신작로[영장로] 진입(대마면 복평리 971) ~ (대마면소재지 통과) ~ 송촌삼거리(대마면 송죽리 703-7) 좌회전 화평길 직진 ~ (원당제 통과) ~ 오른쪽 원당길(대마면 원흥리 350-3) 통과 직후 50M 앞 지점에서 우회전 농로길 진입(대마면 화평리 41-3) ~ 농로길 주행 450미터 도로 밑 농로길 굴다리(대마면 원흥리 745-4) ~ 수촌 옛터(대마면 원흥리 366-3) ~ 고교마을 앞 들판(대마면 화평리 916-6) ~ 고교마을(묘량면 덕흥리 166-2) ~ 고교마을 뒤 갈림길(덕흥길과 덕흥길1길 갈래) ~ 덕흥길, 묘량로, 옛 신작로 세 갈래 갈림길(묘량면 덕흥리 500-24, 500-8) ~ 옛 신작로(영광읍 연성리 산34-4)에서 옛 도보길 진입(영광읍 연성리 산 107) ~ 옛 도보길 끊어진 지점(영광읍 연성리 산 107) ~ 옛 도보길 이어지는 자리(영광읍 연성리 481) ~ 성동들 앞 성동제와 입동제 갈림길 이전지점(영광읍 연성리 483-5) ~ 성동마을회관, 성동제, 약수암 갈림길(영광읍 연성리 129-2, 128-3) ~ 성동마을회관, 성동제, 약수암 갈림길에서 성동제 방향(영광읍 연성리 131-2) ~ 성동제 오른쪽 옆길(영광읍 연성리 114-1) ~ 성동제 옆길에서 곧올재 방향으로 일직선으로 이어진 지금은 사라진 길(영광읍 연성리 113) ~ 옛 도보길와 영대로1길 합류지점(영광읍 연성리 111 옆) ~ 묘역갈과 곧올재 갈림길(영광읍 연성리 320-1) ~ 영대로1길에서 물무로3길로 바뀌는 지점(영광읍 연성리 산 103 옆) ~ (영강읍 연성리 산 103 옆 물무로3길) ~ 곧올재 정상 갈림길 (영광읍 교촌리 554 물무로3길) ~ 영광여중, 영광대교회, 영광유치원 (영광읍 도동리 354-4 물무로3길) ~ 영광우체국 희망관 건물 뒤 '물무로와 물무로3길' 분리지점(영광읍 도동리 354) ~ 원불교영광교당

13. 삼산 김기천과 장성 백양사

▶ 삼산三山 김기천(金幾千, 1890~1935)은 전남 영광 백수읍 천정리 천기동 사람으로 소태산 대종사와 이웃마을 친구였다. 소태산 대종사보다는 1살 위로 천기동에서 글을 가르치는 훈장이었다. 길룡리 노루목에서 소태산의 대각(1916. 음력 3. 26) 소문을 듣고 팔산 김광선의 인도로 찾아와 제자가 되었다.(1916. 음력 4. 20), 이후 믿고 따르는 40여 명 중 진실하고 신심 굳은 8인에 선정되어 표준제자가 된다.

이후 원불교의 창립정신인 방언공사와 법인기도에 참여하여 창립의 초석을 이루었고. 삼산三山이란 법호를 받는다. 또한, 일원회상(원불교) 최초의 견성인가를 받았으며, 영남지역 최초 교당인 부산 하단교당 교무로 재직하던 중 열반한다. 이에 소태산 대종사는 '일호의 사심 없는 향내 나는 전무출신이었다' 평한다.

삼산 김기천은 원명부 상 No 남6으로, 원기 원년(1916년) 음력 4월 20일 김광선을 지도인으로 입문하며, 원기 9년(1924) 4월 29일 전무출신으로 출가한다. 평소 도통에 관심이 지대해 평소 알고 지내던 이웃 동네 지기(知己)인 소태산이 깨달았다는 소식을 듣고 찾아가 제자가 될 정도였다. 소태산 대종사는 표준제자인 8인 제자들에게 "뜻을 세운대로 중도에 변심 되지 말라"고 다짐을 받았으나 8인 제자 중 한 사람(오내진)이 변심하여 소태산과 동지들을 훼방하였다.

어느 날 김기천은 소태산에게 이 상황에 대해 물었다.

"전에 저 사람이 우리와 함께 창생을 널리 제도하자는 중한 맹서를 하였는데 지금 저렇게 변심을 하였으니 그 사람의 앞길이 장차 어떠하겠나이까?"
소태산 대답하기를 "그 사람의 앞길을 미리 판단하진 않겠으나 그 사람이 맹서

▲ 삼산 김기천

◀ 삼산 김기천
원명부

149

를 할 때에 보통농담의 말이 아니라 진심으로 하였다면 그 말 한마디가 극히 중
한 바 어찌 빈말이 되겠소."

그 후 얼마를 지나 그 사람이 취중에 돌연 급병急病하여 사망하게 되니 김기천과
제자들은 그 소식을 듣고 크게 두려워하였으며 다른 마음을 먹지 않게 되었다.

(일화 '오내진의 이야기', 『불법연구회 창건사』)

8인 제자들은 '널리 중생제도 하자'라고 서원했으나 병을 낫게 하는 등
의 신통이 아니라 인간이 밟아야 할 너무도 당연한 인간의 길을 제시하는
소태산의 가르침에 변심이 일었다. 삼산 김기천도 처음에는 소태산의 가
르침에 발흥되지 않아서 소태산을 피해 한때 백양사를 찾아 피신했던 것
이다. 백양사는 영광 일대를 비롯해 도에 뜻이 있는 사람이라면 찾아드는
수도 도량이었다.

◎ 삼산 김기천과 백양사 피신 이야기이다.

초창기 표준제자에 선정된 8인 제자들과 소태산 대종사의 관계를 엿볼
수 있는 이야기이다.

> 김 훈장(삼산 김기천)도 생각하기를
> '저 양반(소태산 대종사) 말씀만 믿고 늘 이런 짓만 하다가는 결국 큰 인물이 되
> 어보지도 못하고 말 것이 아닌가' 해서 한 때 장성 백양사에 피신하였다가 온
> 적도 있었다. 김 훈장은 따로 도통할 궁리를 하였다.
>
> (『삼산·육타원 문집』, 230~231쪽)

삼산 김기천이 백양사에 내왕한 시기는 정확하게 알려져 있지 않으나
소태산의 대각 이후 얼마 되지 않은 기간으로 보인다. 소태산이 대각하신

1916년 말에 믿고 따르는 40여인 중에서 8인을 선발하고 다음 해인 1917년(원기 2년) 음력 7월 26일에 십인일단十人一團의 조단법을 제시한다.

정산 송규가 쓴 『불법연구회창건사』 중 제8장 〈공부인의 첫 집회〉라는 대목에 '오내진의 이야기'라는 일화가 등장한다. 오내진은 표준이 되는 8인의 예선豫選에 선택된 사람으로 본다. '오내진의 이야기'는 제9장 〈단원의 첫 조직〉 이전에 등장하기 때문이다. 즉, 정식으로 '십인일단十人一團의 조단법'을 시행하기 이전의 인물로 보는 것이다.

이에 반해 주산 송도성은 『소태산의 수필 법문』에서 오내진의 활동시기를 '길룡리 방언 작답'까지로 기록하고 있다.

> "영광사람 오내진이 선생[소태산]을 뵈옵고 제자 되기를 원하여 길룡리 방언 작답作畓하는 데에도 힘을 같이 하고 영원한 세상에 선생님과 대중으로 더불어 고락을 한 가지 하기로 고백하거늘, ……"
>
> (송도성 수필, '오내진의 서험誓驗', 『원각성존 소태산 대종사 수필법문』, 233쪽)

이 기록에 따르면 오내진은 방언공사 직전까지 내왕한 것이다. 방언 작답은 방언조합의 활동에서 방언공사까지로 볼 수 있다. 그렇다면 오내진은 아무리 좁게 보아도 방언조합(저축조합) 때까지 활동했던 것이다. 오내진은 방언조합(저축조합)을 시작한 1917년(원기 2년) 음력 8월부터 방언공사를 시작한 1918년(원기 3년) 음력 4월 즈음 어느 때까지는 활동한 것이다.

방언공사가 본격적으로 진행될 때 오내진의 활동은 보이지 않는다. 오내진은 박경문(법명: 세철)으로 대치된다.

『불법연구회창건사』에 따르면 오내진 사건은 1917년(원기 2년) 음력 8월 방언조합(저축조합) 활동 이전의 일이라면, 송도성 수필의 '오내진의 서험誓驗'이란 소태산의 법문에 따라 1917년(원기 2년) 음력 8월부터

1. 불법연구회창건사[佛法研究會創建史]는 원불교 창립기의 역사서로, 정산 송규가 집필하여 1937년(원기 22년)부터 2년간 《회보》에 발표한 글이다. 소태산 대종사의 탄생에서부터 원불교 창립 제1회인 1927년(원기 12년)까지의 원불교 역사에 대한 기록이다. 국한문 혼용으로 1975년(원기 60년)에 결집된 《원불교교사》의 저본이 되었다. (『원불교대사전』)

1918년(원기 3년) 음력 4월 방언공사 시작하는 사이 어느 때까지로 보인다. 이 '오내진 사건'은 김기천의 백양사 피신행과 관련 있는 것이다.

소태산은 영광 길룡리에서 발심하고 구도하여 깨달음을 이룬다. 그리고 대각을 한 후 제자들과 원불교 창립의 기초인 방언공사와 법인성사를 시행한다.

이 기간을 「원불교 교사」에서 '영산시대'라고 칭한다. 그리고 발심에서 대각까지를 영산시대 전기로, 이후 창립의 기반을 닦는 과정을 영산시대 후기로 본다. 영산시대 후기에 소태산은 8인 제자와 방언조합(일명 저축조합)이라는 조직을 만들어 길룡리 앞 간석기를 개척하는 방언공사에 착수한다.

처음 모여든 제자들의 관심사는 아무래도 신통이나 이적 등에 있었다.

> "현하 모든 대중은 실생활 정법正法은 알지 못하고 바람과 비를 불러오는 호풍환우呼風喚雨와 산을 옮기고 강 위를 건너는 移山渡水하는 허위미신에만 정신이 돌아가는데 이 일을 장차 어찌할고?"
>
> (송규, 〈불법연구회창건사〉 제8장 공부인의 첫 집회, 《회보》 제40호, 43쪽)

이러한 상황이라 소태산은 처음에는 목욕재계하고 주문 등을 올리는 치제致齊나 하늘에 제사하는 천제天祭를 올려 하늘과 통하며 하늘의 대행자라는 방편을 통해 민심을 모았다. 이 기간을 「원불교 교사」에서는 '방편교화시대'라 한다. 이렇게 하여 모인 사람이 40여 명이었고 이 중에서 표준 될 사람 8인을 뽑은 것이다. 오내진도 김기천도 이 8인 중 한 사람이었다.

드디어 소태산은 허위미신에서 실생활의 정법正法으로 방향을 전환한다. 이때가 바로 저축운동인 방언조합의 시작이었다.

1916년 12월경 소태산 대종사는 표준제자 8인을 최초의 제자로 선발하고 이듬해인 1917년 8월에 그동안의 지도방식인 방편 교화를 청산하고 실생활의 정법인 새로운 지도방식을 채택한다. 소태산은 8인 제자들과 토론을 벌인다.

그러나 아직도 제자들의 원하는 바는 비결과 신통묘술이요, 수고 없이 속히 이루는 것이었다. 진리의 실체와 사람이라면 마땅히 밟아가야 할 정의를 분석하는 공부는 원하지 않았다. 신통 묘술을 통한 현실 타개를 원하였던 것이다. 실생활의 정법에는 재미를 붙이지 못하였다.[2]

소태산은 이를 타개하기 위한 특단의 조치를 취한다. 8인 제자들과 집단 토론을 한다. 수고 없이 복을 구하려는 자세를 현실 속에서 땀 흘리고 노력하며, 사실적인 실천을 통해 복을 구하는 방향 전환을 제시한다. 방언조합(일명 저축조합)을 말씀한 것이다.

2. 송규, 〈불법연구회창건사〉 제10장. 대종사의 교화방편과 본회기성조합, 《회보》 제41호, 44쪽

방언조합(저축조합)의 구체적인 방법은 다음과 같다.

첫째, 생명보호에 불필요한 술과 담배를 끊어 매월 소비되는 대금을 본 조합에 저축하고(금주단연운동), 둘째, 의복·음식 등에 절약할 정도가 있거든 그 절약된 금액을 조합에 저축하고(근검절약운동), 셋째, 재래의 과도하게 많은 명절 등 휴일을 줄여 매월 특별노동일로 정해 그 수입된 이익을 조합에 저축하고(공동출역운동), 넷째, 각자 부인에게 밥하기 전 한 숟가락씩 쌀을 모아 저축케 하고(시미운동), 다섯째, 전에 시행하던 천제를 폐하고 그 비용을 조합에 저축하게(허례폐지운동) 하여 장래에 목적한 사업을 하자는 것이다.

(송규, 〈불법연구회창건사〉 제10장. 《회보》 제41호, 46~49쪽 약술)

방언조합(저축조합)은 방언공사를 목적한 저축운동이었다. 금주단연, 금검절약, 공동출역, 시미, 허례 폐지를 통한 목적사업이다.

소태산과 8인 제자들이 행한 길룡리 방언조합(저축조합) 운동은 국권 상실 이전 시대 국채보상운동 및 금주단연운동 등이 영광 일우에서 다시 부활했다는 점에서 주목해야 할 사건이다.[3]

3. 박윤철, '원불교의 민족운동에 관한 일연구', 『한국근대사에서 본 원불교』, 도서출판 원화, 33쪽

이 방언조합(저축조합)의 과정에서 8인 제자는 땀 흘리고 노력하여, 사실적인 실천을 통해 복을 구하자는 소태산의 지도에 전적으로 몰입되질 못했던 것이다.

소태산의 대각 이후인 영산시대의 후기를 방언공사 전후로 구분할 수 있다.

1918년(원기 3년) 음력 4월 4일 길룡리 간척사업인 방언공사는 시작된다. 방언공사 시작 이전의 8인 제자들은 소태산에게 확고한 마음이 가지 않았다. 그 예시 중 하나가 오내진의 사건이었다.

소태산은 처음 모여든 40여 명 중에서 표준제자로 8인을 선정하여, 그들과 방언조합을 만들어 금주·금연 등을 통해 사업자본금을 모으게 한다. 그런데 오내진이 약속한 금주 등을 어기고 서로 약속한 다짐까지 깨버린 것이다.

이 사건은 김기천마저도 흔들리게 했던 것이다. 아마도 사업을 목적한 저축금을 계속 들 것인지, 소태산의 지도를 계속 따라도 될 것인지 고민하였을 것이다. 그래서인지 소태산은 김기천의 본명인 성인 聖, 오래 久, 성구를 빗대어 성인역할을 했으면 몇 천 년이나 했냐며 충고한다. 이 기연에 따라 몇 幾, 일천 千이란 법명을 받게 된다.[4]

4. 박용덕, 『구속신 구십구봉』, 85쪽

8인 제자 중 하나인 이재풍의 일화이다.

"이재풍李載馮은 본시 풍골이 늠름하고 세상 상식이 풍부하여 매양 대종사를 친견할 때마다 보통 사람과 다르신 점을 대종사의 체상體相에서 살피려 하였다. 대종사 하루는 재풍에게 배코를 처 달라고 명령하신 후, 상투 머리를 풀어

그의 앞에 보이시었다. 재풍이 배코를 치려고 대종사의 두상을 들여다보니 곧 대종사의 이환현궁泥丸玄宮이 샘같이 뚫어지며 재풍의 몸이 그 속에 빠져드는 것 같았다. 재풍이 어찌할 바를 알지 못하고 서 있었다. 대종사 웃으시며 말씀하시었다. "성현을 마음의 법으로 찾으려 하지 아니하고 몸의 표적으로 찾으려하는 것은 곧 하열한 근기인 것이다." 재풍이 정신을 차려 다시 보니 대종사의 이환에 아무 흔적도 없었다. 재풍이 크게 깨달아 다시는 이적을 살피지 아니하고 평생토록 정법을 받들었다."

(『대종경선외록』 초도이적장初度異蹟章 6절)

이처럼 표준제자인 8인 단원도 처음에는 이해하기 어려운 비결이나 난측한 신통묘술과 수고 없이 속히 이루고자 하는 마음이 있었으나, 차차 이러한 일련의 사건과정을 통해서 진리의 실상과 사람이 밟아야 할 인도의 정의를 밝혀야 한다는 소태산의 가르침에 신심이 굳건해져 갔다.

백양사 피신 이후의 삼산 김기천은 원불교 창립정신의 빛나는 업적인 방언공사와 법인기도의 주역으로 활동한다.

1941년(원기 26년) 익산총부에서 교리강연대회가 열린다. 이때 영산학원생 대표로 전이창이 참가한다. 원고는 당시 영산학원장인 정산 송규가 정리해 주고 발표 방법까지 세세히 가르쳐 준다. 영산학원생 전이창은 정산 송규의 가르침대로 성실하게 경연을 한다. 소태산은 이 모습을 보고 어린 학생 전이창에게 특등상을 주면서 회고한다.

"내가 처음에 나와 잘 알고 지냈던 제자들, 또는 나보다 나이가 많은 제자들과 우리 회상을 창립하기로 할 때, 스승인 내 앞에서도 발을 괴고 앉거나 담뱃대를 무는 저 사람들에게 어떻게 해야 내 법이 잘 건넬까, 언제나 제자다운 제자를 만들 수 있을까 싶었다. 그런데 오늘 저 조그마한 아이의 입에서 생사대사生死

大事의 진리를 듣게 되니 감회가 새롭다."

(전이창 편, 『법훈록』, 37쪽)

▲ 만암 종헌스님

5. 김종영, 만암 종헌의 생애와
   활동, 1927년까지의 활동을
   중심으로, 『대각사상』 제19
   집, 266쪽

김기천의 백양사 피신 사건은 소태산 대종사, 1916년 대각 이후인 영산
시대 후기 중 최초 제자들을 모으고 8인을 선택하여 집중적으로 문답 교제
할 당시 일어난 일이다. 소태산은 8인 제자들을 실생활에서 땀 흘려 일하
여 복을 구하는 길로 방향 전환한 것이다.

삼산 김기천이 백양사에 피신 갔던 때는 만암 종헌(1876-1956)이 1916
년부터 주지로 있었다. 당시의 백양사는 중창불사가 있기 전의 소박한 모
습이었다.

1916년 무렵 백양사 경내에는 3~4개 정도의 건물만 있었다. 1917년 2
월부터 본격화된 백양사 중창불사는 1922년 5월 4일, 대웅전 낙성식을 성
대하게 개최하면서 그 성과를 본격적으로 드러내기 시작한다.[5]

1910년 백양사에는 광성의숙이 시작되므로 삼산 김기천이 백양사에 피
신 갔을 때인 1917년경에는 만암에 의해 광성의숙은 운영되고 있었다.

▲ 장성 백양사 대웅전(1920년대)

◎ 만암과 백양사

백양사는 먼저 광성의숙을 운영하였고 임제종 운동
을 전개하였으며 이후에 사찰을 대대적으로 중창하여
사찰의 격을 크게 높여갔다. 만암 종헌은 백양사 중창
과 사찰 승격을 주도한 주역이었다.

〈 만암과 백양사 중창 〉

만암이 백양사 주지를 맡은 기간이 24년 이상에 달하
며 1916년부터 총 일곱 차례에 걸쳐 주지직 승인을 받

앇다. 만암은 오직 두 번의 시기 즉 1927년 10월 20일부터 1930년 11월 6일까지와 1937년 3월 2일부터 1939년 11월 23일까지만 제외하고 24년 이상 백양사 주지를 맡았다.

(김종영, 265쪽)

만암은 1876년 1월 17일 전북 고창군 고창읍 중거리에서 출생하였다. 종헌宗憲은 법명이며 만암曼庵은 그의 호이다.

(김종영, 249쪽)

만암은 광성의숙 설립(1910), 불교전수학교 교장(1929), 중앙불교 전문학교 초대 교장(1930) 등을 거치면서 일제강점기 승가교육사에 뚜렷한 족적을 남겼기 때문에 일제강점기 불교사 및 한국불교 정화운동사에 있어 매우 중요한 위상을 차지하고 있는 고승이다.

(김종영, 242쪽)

광성의숙은 한국불교전통 강원이지만 수학과 한글, 역사 등 근대 신학문을 함께 공부했던 '시대에 부합되는' 교육기관이었다. (김종영, 257쪽) 만암의 광성의숙은 일제에 대한 저항의식을 심어주는 교육기관의 측면이 있었다. "일경에 의해 출판이 금지된 국사와 지리, 그밖에 민족정신을 고취하는 모든 서적을 임의로 배우며 읽을 수가 있었다."라는 이유로 광성의숙은 일경의 순찰을 수시로 받았다.

(김종영, 259쪽)

만암은 광성의숙 설립 이후 1911년부터 임제종 운동에 본격적으로 가담했다.

(김종영, 260쪽)

박한영, 한용운 등의 회고처럼 당시 불교계의 뜻있는 인사들은 이회광의 원종에 대항하기 위해 임제종 운동을 시작했다. 임제종 운동은 태고법통의 계승의식을 강하게 내세운, 한국불교의 고유성, 정체성을 의식한 종파 재건 노력이라는 점에서 중요한 의의를 가지고 있다. 더욱 주목되는 것은 임제종 운동을 주도한 박한영, 김종래 등은 광성의숙의 설립 발기인으로 참여하고 있었으며, 박한영은 숙장으로 재임하기도 하였다. 결국 광성의숙 설립과 임제종 운동은 일제에 대한 저항의식의 표출이라는 동일한 성격을 갖고 있었다. (김종영, 262쪽)

만암은 일제강점기 피폐한 상황에 놓여 있던 백양사를 크게 중창하고 사찰의 격도 높여서 백양사와 호남불교 발전에 큰 공을 세웠다. 이같이 만암의 백양사 중창불사는 '외형상의 불사'와 '내적 중창불사'를 아우르는 의미를 갖는다.

(김종영, 曼庵 宗憲의 생애와 활동−1927년까지의 활동을 중심으로,
『大覺思想』 제19집, 242~265쪽)

▲ 장성 백양사 대웅전

14. 장성 백양사와 심신작용처리건

▶ 소태산 대종사 당대의 간행물인 《월보月報》에 실린 〈백양사 승려 대 장성 청년 간 격투사건에 대하여〉 처리건은 사회적 문제를 집단지성으로 해결점을 찾아보려는 안이다.

1932년(원기 17년) 4월 20일에 해당 사건에 대한 각자의 처리안을 제출 토록 공지되었다. 5월 16일에 3건의 처리 답안에 대한 종법원(소태산 대 종사를 종법사라 부르며, 종법사의 집무실을 종법원이라 함)의 감정이 나 며, 이를 연구부(원불교 초기 교단의 부서 중 하나)에서 총괄 정리하였다.

《월보》는 원불교 최초의 정기간행물인 《월말통신》을 계승한 정기간행 물이다. 1928년(원기13년) 음력 5월 31일에 창간한 《월말통신》을 제36호 (1932년 음력 5월)부터 《월보》로 바꾸었다. 제36호에 「처리문제해결안」 으로 실린다.

이 처리건은 불법연구회(원불교 전신) 제1호 처리문제로, 종교가에서 사회단체를 대하는 지혜를 구하는 '지혜단련' 과정이라 볼 수 있다. 사회 문제를 심도 있게 다룬 것이다.

원불교 최초 회규인 『불법연구회규약』(원기 12년인 1927년 발행)에는 서무부·교무부·연구부·상조조합부·농업부·식사부·세탁부 7부를 두었다. 연구부의 직무는 "염불도 하고 좌선도 하여 정신을 수양케 하며, 각항 문 목(問目)을 연구케 하고 연구한 문목을 감정해 주며 그 문목으로 강연하여 연마하기로 함"이라 규정하고 있다. 처리안의 총괄은 연구부의 직무수행 이었던 것이다.

'처리'는 '심신작용처리'의 약칭이다. 「원불교 일기법」에는 '상시 일기 법'과 '정기 일기법'이 있다. 이 심신작용처리건은 감각감상과 함께 정기 일기법의 한 방법이다.

1. 《월보》 제36호, 처리 문제 해 결안

『정전』은 소태산이 직접 지은 책으로, 소태산 가르침의 원형이 담겨 있다. 『정전』은 총서편·교의편·수행편으로 3편으로 구성되어 있으며, 일기법은 소태산의 독특히 수행 방법이다. 이 일기법은 수행편 제6장에 상술되어 있으며, 심신작용처리건은 정기일기법의 하나이다.

정기 일기법 3조에 "심신 작용의 처리건을 기재시키는 뜻은 당일의 시비를 감정하여 죄복의 결산을 알게 하며 시비 이해를 밝혀 모든 일을 작용할 때 취사의 능력을 얻게 함이요"라고 자상히 밝혀져 있다.

옳고 그른 시비를 헤아려서 판단하고, 어떻게 하면 죄해가 되고 어떻게 하면 복락이 되는지 결산해 보라는 것이다. 그리하여 시비와 이해를 밝혀서 부정당한 죄해罪害는 버리고 정당한 복락福樂은 취하는 취사 능력을 얻기 위한 훈련법이다.

기록된 최초의 처리건은 《월말통신》 제16호에 권동화의 '영아 훈시건'이라는 제목만 등장하고 실지로 기재된 처리건은 《월말통신》 제19호에 경성회원 이공주의 '오전금 반환'이라는 제목의 심신작용처리건이다. 그리고 〈백양사 승려 대 장성 청년 간 격투사건에 대하여〉가 제1호 처리 문제로 제시된다. 개인적 처리가 아니라 사회문제에 대해 집단 지혜를 요청하는 처리라 제1호 처리로 여긴 듯하다.

그 후 김대설의 '처리(處理) 제4호'라는 제목으로 『회보』 제2호에 등장한다. 이후로 처리건이 등장하지 않게 된다.

이는 심신작용처리건이 개인적이고 타인과 공유하기 곤란한 점이 있다보니 지도인과 비공개로 문답하는 비밀 보장의 방식으로 시행된 듯하다. 아마 심신작용처리건은 사생활 보장의 문제가 있기에 공개적인 논변은 삼갔을 것으로 보인다. 실지에 있어서는 소태산 대종사에게 개별로 문답이 이루어졌을 것으로 여겨지며, 또 한편으론 심신작용처리건을 대중 앞에 공개적으로 드러내어 시비경위를 밝히기도 했던 것이다.

〈백양사 승려 대 장성 청년 간 격투사건에 대하여〉의 처리건처럼 사회적인 문제들을 공개적으로 문답하는 문화가 이어졌으면 좋았을 것이다. 그러나 일제강점기에 사회적 문제를 공론화하기에는 식민지배라는 현실적 제약이 있었던 것 같다.

◎ 백양사白羊寺

▲ 1920년대 백양사 모습

백양사는 처음에는 백암사라고 했다. 대한불교조계종 제18교구 본사이며 40여 개의 사찰을 관할하고 있는 5대 총림 중 하나이다. 백제 무왕 33년(632년)에 여환如幻 조사가 창건하고, 고려시대인 1034년(덕종3) 중연中延 선사가 중창한 후 정토사淨土寺라 개칭하였다. 1574년(선조 7) 환양喚羊 선사가 백양사라 이름을 고쳐 불렀다.

백양사란 이름은 하얀 양을 제도한 데서 유래한 것으로, 조선 선조 때 환양선사가 영천암에서 금강경을 설법하는데 수많은 사람이 구름처럼 몰려들었다. 법회가 3일째 되던 날 하얀 양이 내려와 스님의 설법을 들었고, 7일간 계속되는 법회가 끝난 날 밤 스님의 꿈에 흰 양이 나타나 '저는 천상에서 죄를 짓고 축생의 몸을 받았는데 이제 스님의 설법을 듣고 업장 소멸하여 다시 천국으로 환생하여 가게 되었다'고 절을 했다. 이튿날 영천암 아래에 흰 양이 죽어 있었으며, 그 이후 절 이름을 백양사라고 고쳐 불렀다 한다. 이어 1917년 만암 선사가 중건해 오늘에 이르렀다.

◎ 백양사는 광성의숙 운영, 임제종 운동 등으로 일제에 저항하는 사찰이었고, 내외 중창불사로 전국에서 주목하는 사찰로 등장했기에 불교 지식인들이나 지역민들도 많이 찾아오며 왕래했다. 하지만 다른 한편으로는 일경이나 지역 친일파들의 감시나 훼방도 더욱 심해지고 있었다.

장성은 이전에 철도 부설을 둘러싸고 의병들이 친일파를 많이 처단했고 이에 대한 친일파의 반격과 보복도 다른 지역에 비해 많았다. 백양사가 일제에 대한 저항 사찰로서 지역을 넘어 전국적인 역할을 함에 따라 일경의 감시도 더욱 심했을 것이고, 일경과 친일파들의 훼방도 있었을 것으로 보인다.

아마도 백양사 승려와 격투를 벌인 장성 청년들은 일경과 친일파들이 훼방 차원에서 배회시킨 부류인 것 같다. 이 과정에서 장성 청년들과 백양사 승려 간의 갈등이 격투로 전개된 듯하다.

또한 현실적으로는 사찰이 수행처이기보다는 유락의 장소로 여겨져 사찰을 관리하는 백양사 승려와 이를 유흥장소로 사용하고자 하는 장성 청년 간의 갈등이 잠복되어 있었을 것이다.

소태산은 이러한 대립과 갈등을 돌이켜보아 가르침으로 삼도록 하는, 집단지혜를 연구토록 요청한 것으로 여겨진다.

◎ 「처리」 백양사 대 장성 청년 간 격투사건에 대하여

2. 佛法研究會, 『月報』 No. 36, 1932년(원기 17년)

《월보》 제36호[2]에 제출된 처리안은 신문기사이기에 사건의 진위는 알 수 없으나, 만일 이러한 일이 불법연구회(원불교 전신)에 닥친다면 어떻게 할 것인가라는 의견제출이다. 이렇게 제출된 여러 처리건 중에서 종법원 宗法院의 감정勘定을 받은 2, 3건을 발표한 것이다.

'연구부'는 《월보》에 선택된 처리안을 발표하면서 그 본의는 공부하는 사람들로서 서로 의견을 교환하여 만법을 통하여 한 마음 밝히자는 통만 법명일심通萬法明一心의 태도를 가지자고 역설한다.

《월보》에 실린 첫 번째 처리건은 김제 원평 출장소 박대완 교무의 의견안이며, 두 번째는 부산 출장소 김기천 교무의 의견안이며, 세 번째는 영광지부 일동의 의견안이다. 그리고 마지막으로 '연구부'에서 이를 종합하고 있다.

연구부는 불법연구회(원불교 전신)는 사찰과 근본적으로 그 입장과 제도가 판이하기에 문제해결을 바라보는 입장이 다를 수 있다는 것을 강조한다. 신문에 난 상황을 설정하여 불법연구회의 상황으로 대입하여 논의해 보자는 것이 본의라는 것이다.

〈 처리문제處理問題 해결안 〉

지난(去) 4월 20일 부附 발송한 제1호 처리문제 즉 '백양사 승려 대對 장성읍 청년 격투 사건에 대하여' 각위各位의 명답明答으로써 시비이해의 일부를 적확適確히 체득體得하게 된 것은, 제위諸位의 무한한 노력의 결정으로 생각하고 매우 감사하여 마지않습니다. 다만 유감은 지면 관계로 여러분의 해답 전부를 발표치 못하고 그중[기중其中] 종법원宗法院 감정勘定에 우수한 자 2, 3건을 발표하는 것입니다. 그러나 아래(次)에 해답을 제출한 여러분(吾人)의 본의가 기필적期必的 채용이나 또는[우又] 지상 발표의 명예적 이용을 취함에 있지 않고, 공부자로서의 의무 또는[우又] 의견을 호상互相 교환하여 통만법명일심通萬法明一心하자는 데에 있는 이상, 자아自我의 제출한 해답의 채용과 발표 여부는 문제되지 않을 듯하며, 불시不啻라 설사 시비격안是非格案이라도 잘 보관하여 제위諸位의 연말 연구자료 제출 성적에 편입키로 하나이다.

그리고 또는 이(該) 처리판결안處理判決案 일통一通은 종법원宗法院의 감정鑑定을 득得하여 끝으로 첨부하오니, 여러분[첨위僉位]은 이[차此]를 표준하여 처리의 지침으로 삼으소서.

단 전일前日 문제 중 「오회吾會의 입장에서는 여하如何히 할까」에 대하여는

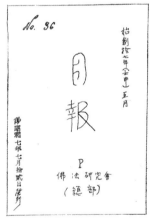

▲《월보》제36호 표지

우리 모임(吾會)은 현대 사찰과 근본적으로 그 입장과 제도가 판이한 이상 문제가 잘못되었음으로, 이는 취소하며 제위諸位의 이[차此]에 대한 해답도 말소하였사오니, 이와 같이 여시 조량如是照亮하시압.

(佛法研究會, 《월보》 No. 36, 1932년(원기 17년), 18~19쪽)

1932년(원기 17년) 4월 20일에 〈백양사 승려 대 장성읍 청년 격투 사건〉에 대한 각자의 처리 의견안을 제출토록 공지한다.

① 백양사 승려 대 장성읍 청년 격투 사건 해답
　해답. 김제 원평 출장소 교무 박대완

◀ 영산 박대완 교무

解答。

全羅北道扶安郡 某寺 敎務 林大完

73

月報 第30號

解。

答。

金堤院坪出張所教務

朴大完

陰四月八日은 佛教의 元祖이신 大聖釋尊의 誕生日로서 各寺剎은 年年이 이날을 當
하면 花燭과 諸般儀式을 盛裝하야 大盛的의 慶祝을 行하나니 이날은 村間婦
女子도 求景兼 祝福兼 往來가 頻煩하거든! 況花朝月夕의 好遊客들이
야 말하야 무엇하겟가?、各處에서 雲集하야 飲酒放歌는 例事이오
僧俗間爭鬪가 無하면 結局自己同類間이라도 相爭紛亂이 常事이니 날어

〔19〕

74

한데는 其禍根은 미리 防止할 準備를 하지 않으면 아니될이다ー 不啻라 國
家事나 團體事나 家庭事나 個人事나 恒常應用의 形勢를 보와 미리 研
磨하지 않으면 그일의 成功을 得키 難할 것은 歷歷한 事實이니 新聞의 報道
만 보드래도 充分한 事情을 알 수 없으나 萬一 新聞의 報道만을 標準하야 論한다
면 今番白羊寺不祥事는 第一 此研磨가 不足한 탓이라고 생각합니다 내
가 萬一 住持의 立場에 잇다면 四月八日前에 此事由를 長城警察署에 申
告하야 當日警官은 寺內에 駐在케 한 後 如斯한 不詳事가 生하면 即時取締
를 要求할 것이외다 그런다면 當初에 官無事 村無事가 되겟지요 近來
法規에 어느 劇場이나 宴會席이나 百名以上會合時는 當局에 申告하야 만
即時警官은 派遣하도록 되엿노매 當事者의 申告가 無할지라도 取締
를 하는 規則이니 此方面의 準備가 無함이 一缺點이라 하겟음이다 萬一
今番白羊寺事件이 事實이라면 道警察部에서 長城警察에 對하
야 叱責이 有하여야 하고 잇음이 다ー

〔20〕

75

月報 第30號

第二는 事件發生後 僧侶被打의 飛報를 接할 時 非常鐘으로 寺內大衆
과 同軍은 召集하야 青年輩와 相爭할 것은 참으로 不美한 일이며 道家의 羞恥
입니다ー. 元來에 싸움을 하고 이기는 좋은의、하는 者는 처음에는 내가 반다시
지며 冷靜한 생각으로 일의 順序찬 잃지 않도록 하는 것이어늘 双方이 毆
打하야 相負傷者를 내엿으니 告訴를 하여도 같이 할 것이오 處罰을 當
하여도 같이 當할 정이다 두손 出色이 잇으며 有益이 잇오리까?、 내가 萬一 그
立場에 잇다면 이렇게 하겟읍니다ー 毆打當한 僧侶는 即時病院에 入院식
히고 同時에 醫師의 診斷書를 떼여두고 一方으로는 秘密裡에 加害者等의 住
所姓名을 探知할 것이며 그들은 찾게 기를 기닿나 時間을 定하야 適當한 陳
謝의 條件을 要求할 것이올시다ー 그리하고 보면 아모리 不良無識한 者들
이라도 술깬 後는 前非를 後悔하게 될 것이오 被害者가 入院하고 診斷書
까지 떼엿다는 말을 들으면 十에 八九는 반다시 謝罪하러 올 것입이다ー
그때에는 相當한 治療費 損害金等을 받고 단단이 訓戒하야 容恕하여 줄

〔21〕

76

것이오 萬一 指定한 時間内에 陳謝가 無할 時는 不得已 診斷書를 添付하
야 告訴를 提起할 것이니 司法當局도 반드시 二人以上 騷擾兼 毆打罪
로 拘引하야 取扱할 것입이다ー 그때에 가서 或加害者들의 家族이나 又는 本人
이 真正한 悔過와 陳謝가 有할 時는 道家의 行事로서 前述과 如히 治療費
等을 받고 嚴正히 訓喻한 後 容恕하야 寬仁한 道家의 本事法을 뵈일지
나 그때에도 何等反省이 無할 時는 司法에 一任할 따름이니 이것이 얼마나 보지 고
뒤에 보이기는 方法입니가?、 합이다ー
第三、毆打當한 僧侶의 立場에 잇어서는 火之本은 燧人氏라고 都是이
者의 不察과 不取捨의 所致라고 推測됩니다ー 내가 萬一 그 立場에 잇엇다
면 그들이 飲酒放歌하야 清淨法界를 遊戲場化함을 볼 때 그 形勢을
보와서 내 單独히 處理하지 말고 반다시 自己以上 智見을 가진 住持나 或은
大衆으게 報告하야 熟商協議한 後 寺中에서 可히 待人接物할 만한
者 그만 撫摩의 手腕이 有한 者를 選擇하야 그들의 形勢를 보와서 感
情이 發치 않도록 柔遜한 態度로써 停止를 交涉하도록 하겟음이

〔22〕

다ー! 何人을 勿論하고 酒精의 捕虜를 當할 時는 惟用 밖으로 트집을 잡
고 싸움을 請하거든 況醉興이 滔滔한 性氣가 勃勃할 時에 愛嬌
없는 말로 停止를 식힌다거나 是非를 건다면 어찌 穩健히 順從하겟읍니가
故로 저는 써 생각하되 以上 몇가지의 不察이 今番과 如한 不詳事를 비저
내엿다고 생각 합이 다ー

끝

◎右勘定等級◎

右案件은 乙로써 勘定 함

始創七年五月十六日

宗法院

〔23〕

음 4월 8일은 불교의 원조이신 대성석존大聖釋尊의 탄생일로서, 각 사찰은 연년年年 이날을 당하면 화촉花燭과 제반 의식儀式을 성장盛裝하여 대성왕大聖旺의 경축을 행하나니, 이날은 촌간村間 부녀자도 구경 겸 축복 겸 왕래가 빈번하거든 하물며(況) 화조월석花朝月夕의 호유객好遊客들이야 말하여 무엇 하오리까? 각처에서 운집雲集하여 음주방가飲酒放歌는 예사이요, 승속 간 쟁투가 무無하면 결국 자기 동류同流 간이라도 상쟁분란相爭紛亂이 상사常事이니, 이러한 때는 그(其) 화근其禍根을 미리 방지할 준비를 하지 않으면 아니 됩니다.

3. 『정전』 상시응용주의 사항 2조

불시不啻라 국가사나 단체사나 가정사나 개인사나 항상 응용의 형세를 보와 미리 연구하지 않으면[3] 그 일의 성공을 득得키 어려운(難) 것은 역력한 사실이니 신문의 보도만으로는 그 충분한 사정을 알 수 없으나, 만일 신문의 보도만을 표준하여 논한다면 금번 백양사 불상사는 제1차 연마研磨가 부족한 탓이라고 생각합니다. 내가 만일 주지住持의 입장에 있다면 4월 8일 전에 이(此) 사유를 장성 경찰서에 신고하여 당일 경관을 사내寺內에 주재케 한 후 이 같은(如斯) 불상사가 생생生生하면 즉시 취체取締를 요구할 것입니다. ……

제2는 사건 발생 후 승려 피타被打의 비보悲報를 접할 시 비상종으로 사내寺內 대중과 동군洞軍을 소집하여 청년무리와 상쟁相爭한 것은 참으로 불미한 일이며 도가道家의 수치입니다. 원래에 싸움 잘하고 이기기를 좋아하는 자는 처음에는 내가 반드시 지며, 냉정한 생각으로 일의 순서만 잃지 않도록 하는 것이거늘, 쌍방이 구타하여 호상互相 부상자를 내었으니, 고소를 해도 같이 할 것이요, 벌罰을 당해도 같이 당할지라, 무슨 생색生色이 있으며 유익이 있으리까? 내가 만일 그 입장에 있다면 이렇게 하겠습니다. 구타 당한 승려는 즉시 병원에 입원시키는 동시에 의사의 진단서를 내여 두고, 일방一方으로는 비밀리에 가해자 등의 주소 성명을 탐지할 것이며, 그들이 술 깨기를 기다려 시간을 정하여 적당한 진사陳謝[이유를 말하고 사죄함]의 조건을 요구할 것이올시다. 그러하고 보면 아무리 불량무식不良無識한 자들이라도 술 깬 후는 전죄前罪를 후회하게 될 것이요, 피해자가 입원하고 진단서까지 내었다는 말을 들으면 10에 8, 9는 반드시 사죄하러 올 것입니다. 그때에는 상당한 치료비 손해금 등을 받고 단단히 훈계하여 용서하여 줄 것이요, 만일 지정한 시간 내에 진사陳謝가 무無할 시는 부득이 진단서를 첨부하여 고소를 제기할 것이니, 사법당국은 반듯이 3인 이상 소요騷擾 겸 구타죄로 구인拘引하여 취급할 것입니다. …… 그때에도 하등 반성이 무無할 시는 사법에 일임할 따름이니, 이것이 먼저는 지고 뒤에는 이기는 방법인가 합니다.

제3은 구타 당한 승려의 입장에 있어서는 화지본火之本[불의 근본]은 수인씨燧人氏라고[황제. 수燧는 불을 얻는 도구로, 수인씨가 나무를 마찰하여 불을 얻어 음식물을 요리하는 방법을 가르쳐 주었다고 한다], 도시都是[이러니 저러니 해도] 이 자의 불찰不察과 불취사不取捨의 소치所致라고 추측됩니다. 내가 만일 그 입장에 있었다면 그들이 음주飮酒 방가放歌하여 청정법계淸淨法界를 유희장화遊戲場化함을 볼 때, 그 형세를 보아서 내 단독이 처리하지 말고 반드시 자기 이상 지견을 가진 주지住持나 혹은 대중에게 보고하여 난상협의爛商協議한 후, 사중寺中에서 가히 대인접물待人接物할만한 자 또는(又) 무마撫摩의 수완手腕이 유有한 자를 찬택撰擇하여, 그들의 형세를 보아서 감정憾情이 발發치 않도록 공손한 태도로서 정지停止를 교섭交涉하도록 하겠습니다. …… 고로 저는 생각하되 이상 몇 가지의 불찰不察이 금번今番과 여如한 불상사를 빚어냈다고 생각합니다.

「우감정등급右勘定等級」 우右 안건案件은 을乙로써 감정戡定함

〈시창 17년 5월16일 종법원宗法院〉

(佛法研究會,《월보》No. 36, 1932년 원기 17년, 19~23쪽)

▲ 삼산 김기천 교무

② 백양사 승려 대 장성읍 청년 격투 사건 해답
부산 출장소 교무 김기천

원래 조선 사찰이 거개 유인협객遊人俠客의 유희장화遊戱場化한 것은 사실입니다. 어찌 그렇게 되었는가 하면 불교가 조선 500년에 있어서 정치적으로 무한한 천대와 압박을 당함으로 말미암아 불교 자체의 권위를 속인俗人에게 잃게 되었고, 따라서 승려로도 비열한 성격을 가진 자가 많아 동구洞口에는 주사酒肆(술집)를 두며 사찰은 여관으로 전용專用하는 등등 물질을 위주하고 불법의 대의를 망각하였든 소치인가 함이나, 만근挽近[몇 해 전으로부터 최근까지] 혁신시대에 있어서 유지有志 승려는 이것을 통탄하여 폐습 악풍을 제除하려고 노력하는 자도 많으나 수백 년 전래하던 관습이 일조一朝에 활연豁然이 혁신되지 못할 것도 사실입니다. 그러나 유지대성공부자儒之大聖孔夫子의 「청송聽訟이 오유인吾猶人이나 필야사무송必也使無訟[송사를 다스리는 일은 나도 남과 같이 하겠지만, 나는 반드시 송사가 없게 할 것이다.]」란 말씀과 같이 모사某事를 물론하고 일이 있은 후에 처리를 잘 하려고 애쓰는 것보다도 항상 재화災禍의 기틀을 미리 다스려서 일이 일어나지 않도록 하는 것이 옳나니, 현하現下 불교의 입장에 있어서도 유인내객遊人內客이 온 뒤에 음주난폭飮酒亂暴의 행동이 유有한 뒤에 그것을 말리거나 금지할 것이 아니라, 그 근본적 결함을 먼저 개혁하여야 될 것입니다.

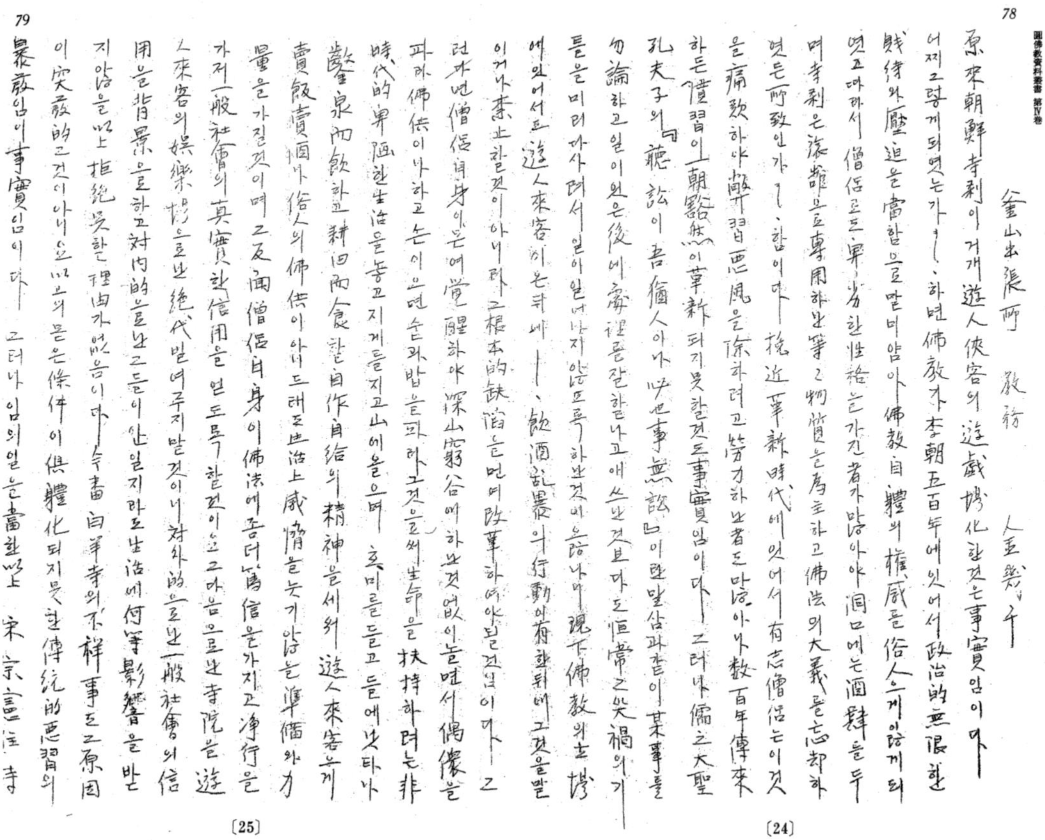

金山出張所 敎務 金幾千

原來朝鮮寺刹이 거개 遊人俠客의 遊戲場化한것은 事實임이다 어찌 그렇게 되엿는가? 하면 佛敎가 李朝五百年에 잇어서 政治的 無限한 賤待와 壓迫을 當함으로 말미암아 佛敎自體의 權威를 俗人으게 일케되엿고 따라서 僧侶로도 卑劣한 性格을 가진 者가 많아야 洞口에는 酒肆를 두며 寺刹은 遊蕩으로 專用하얏等之物質은 爲主하고 佛法의 大義를 忘却하엿든 所致인가? 함이다 挽近革新時代에 잇어서 有志僧侶는 이것을 痛歎하야 弊習惡風을 除하려고 努力하얏者도 많앗으나 數百年傳來하든 慣習이 一朝一夕에 革新되지 못할것도 事實임이다 그러나 儒之大聖孔夫子의 『聽訟이 吾猶人이나 必也事無訟』이란 말삼과 같이 某事를 勿論하고 일이 된後에 處理를 잘할나고 애쓰난 것보다도 恒常之禍의 기틀을 미리 따사려서 일이 일어나지 않도록 하난 것이 요긴하나니 現下佛敎의 主場에 잇어서도 遊人來客이 온뒤에 ― 飮酒亂暴의 行動이 有함되에 그것을 말이거나 禁止할 것이 아니라 그 根本的 缺陷을 먼저 改革하여야 될것입니다 ― 그런가 하면 僧侶自身이 몬여 覺醒하야 深山窮谷에 하난것 없이 놀면서 偶像을

파라 佛供이나 하고 손이 오면 술과 밥을 파라 그것으로써 生命을 扶持하려는 非時代的 卑陋한 生活을 놓고 지게를 지고 山에 올으며 호미를 들고 들에 나타나 鑿泉而飮하고 耕田而食할 自作自給의 精神을 세워 遊人來客으게 賣飯賣酒나 俗人의 佛供이 아니드래도 生活上 威脅을 늦기 않을 準備와 力量을 가질것이며 又反面 僧侶自身이 佛法에 좀더 篤信을 가지고 淨行을 가저 一般社會의 眞實한 信用을 얻도록 할것이요 그 마음으로써 寺院은 遊人來客의 娛樂場으로서 絶代 빌여주지 말것이니 對外的으로서 一般社會의 信用을 背景으로 하고 對內的으로서 그들이 산 일지라도 生活에 何等影響을 받지 않음을 以上 拒絶 못할 理由가 없음이다 今番 白羊寺의 不祥事도 그 原因이 突發的 그것이 아니요 以으의 몬은 條件이 俱體化되지 못한 傳統的 惡習의 暴發임이 事實임이다 그러나 임의 일은 當한 以上 宋宗主 寺

▲ 김기천 교무 해당글1

[26]

위 非常召集은 어떻게 됨인지 現場을 目擊치 아니한즉 알 수는 없으나 내가 萬一任持의 立場에 있다면 ― 僧侶가 마쳐 마른즉 消息을 들을 때 잠간 穩全한 생각을 取捨하야 非不怠 탐의 能力을 事態를 緩和식힐 수 있으면 ― 輕率히 動하는 것이 不可하고 不浮르한 境遇는 非常召集을 排行하면 마진 즉 手을 곱기 爲하야 狂風을 勝을 ― 決斷하기爲하며 함이라 적어도 朝鮮佛教界에 惡風을 掃滌하고 自由權을 擁護하려는 생각을 쓰러한 것이며 召集한 卽時 擊鬪를 命한지 아니라 다 ― 손 其前 衛的 戒具를 携帶하고 視察回 圍에 列호식힌 後 衝突이 되지 않드록 맛는 中에 擁護함이 마 그러면 毒醉한 中 靑年輩라도 百餘 大衆이 徒勞와 形勢 凜々한 氣像을 보려보고 있을 때에 歷을 받은 것으로 事實이오고 上으로 行함을 하지 못할 것으로 事實이 왜느의 氣勢가 꺼 ― 靑年輩가 無條件하고 만치 倔强하야 아니 人院을 식히고 ― 그러나 萬一 靑年輩에 通知하야 法律로서 大衆을 攻擊하고 과격端의 行動을 하야드면 正當防衛의 行為로서 懲治하야도 좋다 한 것이며

[27]

不浮란 應戰할 수밖에 없으되 그대에 드르느의 傷害를 주며 屠를 표하는 것 ― 이 아니라 될 수 있으면 樣을 슴하야 ― 人에 犁人式 抱禁級 肉身의 自由만 있었 도록 捕縛한 것이만이 다 그대에 萬一 警察局 外來 接을 請하水 制裁하 도록 指導者의 命令에 依逆하야 버그러지 만 自由行動을 避하고 先生을 뿐으로 指導者의 休逆하야 버그러지 만 自由行動을 避하고 先生을 가트이 하게있음이 마 ― 끝

回 古勘定等級 ◎

古案件은 乙로써 勘定함

始創 拾七年 五月 十六日

宗法院

▲ 김기천 교무 해당글2

그런다면 …… 승려 자신이 불법에 좀 더 독신篤信을 가지고 정행淨行을 가져 일반 사회의 진실한 신용을 얻도록 할 것이요, 그 다음으로는 사원寺院을 유인 내객遊人來客의 오락장으로 절대 빌려 주지 말 것이니, 대외적으로는 일반사 회의 신용을 배경으로 하고, 대내적으로는 그들이 아닐지라도 생활에 하등 영 향을 받지 않는 이상 거절 못할 이유가 없습니다. 금번 백양사의 불상사도 그 원인이 돌발적 그것이 아니요 이상의 모든 조건이 구체화되지 못한 전통적 악 습의 폭발임이 사실입니다. 그러나 이미 일을 당한 이상 송종헌 주지의 비상소 집은 어떻게 됨인지 현장을 목격치 않는 이상 꼭 알 수는 없으나, 내가 만일 주 지의 입장에 있다하면 승려가 맞았다는 소식을 들을 때 잠간 온전한 생각으로 취사하여,[4] 한두 사람의 능력으로 사태를 완화시킬 수 있다면 경솔히 동動하는 것이 불가하고, 부득이한 경우는 비상소집을 단행하되 그때에도 저 맞은 중의 원수를 갚기 위한다든지 취광醉狂 청년과 승부를 결단하기 위하여서는 아니 됩니다. 적어도 조선 불교계에 악풍惡風을 소척掃滌하고 자주권을 옹호하려는 생각으로써 할 것이며, 소집한 뒤에도 즉시 격투를 명할 것이 아니라 각기 방위 적防衛的 기구를 휴대하고 현장 주위에 열립列立 시킨 후 충돌이 되지 않도록 맞는 중만 먼저 찾아 올 것입니다. 그러면 아무리 취중醉中 청년배靑年輩라도 백여 대중이 맹렬한 형세 늠름한 기상으로 노려보고 있을 때 위압을 받을 것도 사실이요, 그 이상 악행을 하지 못할 것도 사실이겠지요. …… 그러며 지급至急 경찰의 내원來援을 청하여 제재하도록 할 것이외다. 그리고 내가 만일 승려된 대중의 입장에 있다면 시종일관으로 지도자의 명령에 복종하여 어그러지는 자 유행동을 피하고 사생死生을 같이 하겠습니다. 끝.

4. 『정전』 상시응용주의 사항 1조

「우右 감정勘定 등급」 우안건右案件은 을乙로써 감정勘定함.

시창 17년 5월 16일 종법원宗法院

(佛法研究會, 《월보》 No. 36, 1932년 원기 17년, 24~27쪽)

③ 백양사白羊寺 분규紛糾의 件에 關하여 영광지부 임원 일동

당시 사태를 목격하지 않는 사람으로써 어찌 그 일의 시비를 말하겠습니까? 다만 신문의 보도된 대로만을 우리의 앞에 놓고 역사易思한다면 사실 대단이 분憤할 일이지요. 그러나 그렇다고 지도자(가상주지假想住持)의 처지에 있어서 너무 흥분하여서는 아니 될 줄로 생각합니다. 왜 그런고 하면 사람이 모든 역경을 당할 때에 너무나 과도한 흥분으로써 말에 실례하기 쉽고, 적은 일을 크게 만들기도 쉬운 것은 우리가 매양 경험하고 있는 바가 아닙니까? 그런즉 그런 때일수록 절대 냉정이 필요합니다. 그리고 일의 순서로 말하면 종을 쳐서 구내

靈光支部 任員一同
白羊寺紛糾의件에關하야
當時事態를目擊하지안흔사람으로서야 엇지그일의是非를말하겟슴니까 다못新聞의報道된대로만을가지고 우리의압페노코易思한다면事實大端히憤할일이지요 그러나그러타고指導者(假想住持)의處地에잇서ᄂ 넘어興奮하여서는안이될줄로생각함이다 웨그런고하면사람이모든逆境을當할때에넘어나過度한興奮으로써 말에失禮하기도쉽고적은일을크게만들기도쉽은것은우리가每樣經驗하고잇난바가안임니까 그른즉그런때일사록絶對冷靜이必要함이다 그리고일의順序로말하면鐘을쳐서構內大衆을한곳으로集合하야威儀를整齊한後에方今青年에게毆打當하고잇는僧侶만救出하고그青年輩에對하야서는絶對攻勢를取할것이안이라 삼가守勢를베푸러서彼此의傷害가업도록하고好言으로써說諭하는一方사람으로하야금法에알아너서法의公道로써그들을處斷하도록하난것이上策이겟지요 또大衆의處地에잇서서난오즉指導者의命하난대로一糸不亂의規律的行動을取할뿐이겟슴니다
◎右勘定等級◎
右案件은爾으로써勘定함
始創拾七年五月十六日
宗法院
〔28〕 〔29〕

▲ 영광지부 해답글

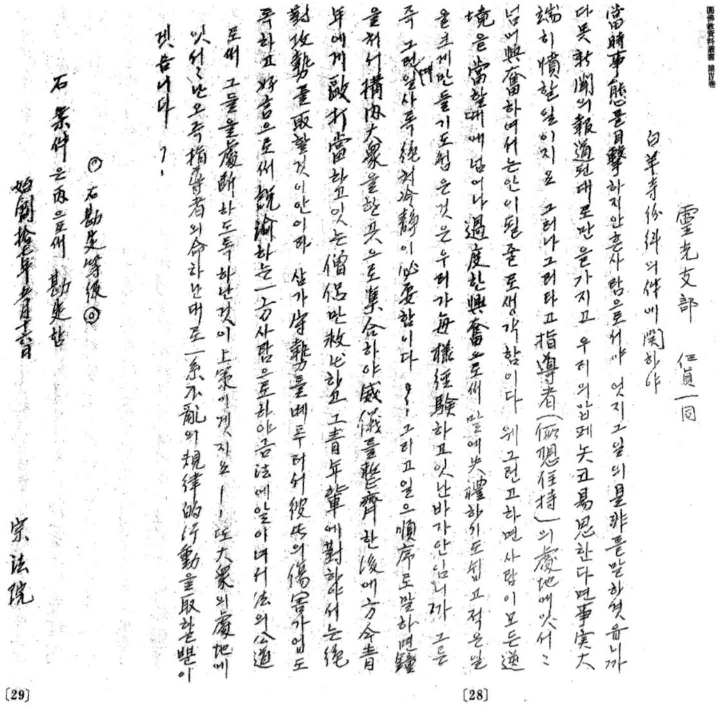

대중을 한곳으로 집합하여 위의威儀를 정제整齊한 후에 방금 청년에게 구타당하고 있는 승려만 구출하고, 그 청년배青年輩에 대하여서는 절대 공세를 취할 것이 아니라 삼가 수세守勢를 베풀어 피차의 상해가 없도록 하고, 호언好言으로써 설유說諭하는 일방一方, 사람으로 하여금 법에 알리어서 법의 공도公道로써 그들을 처단하도록 하는 것이 상책이겠지요. 또 대중의 처지에 있어서는 오직 지도자의 명하는 대로 일사불난의 규율적 행동을 취할 뿐이겠습니다.

「우右 감정勘定 등급」 우右 안건案件은 병丙으로써 감정戡定함.

〈시창 17년 5월 16일 종법원宗法院〉

(佛法研究會,《월보》No. 36, 1932년 원기 17년, 28~29쪽)

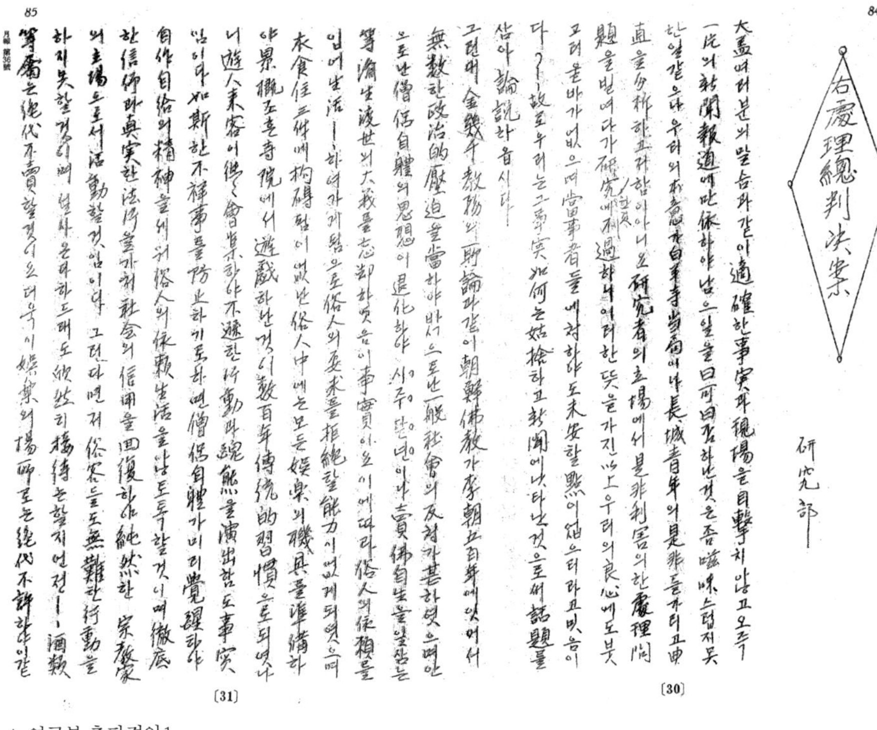

▲ 연구부 총판결안1

▲ 연구부 총판결안2

④ 처리 총 판결안
우右 처리총판결안處理總判決案, 연구부

대개 여러분의 말씀과 같이 적확한 사실과 현장을 목격치 않고 오직 일편의 신문보도에만 의하여 남의 일을 왈가왈부 하는 것은 좀 자미滋味스럽지 못한 일 같으나, 우리의 본의가 백양사 당국이나 장성 청년의 시비를 가리고 곡직曲直을 분석하고자 함이 아니요, 연구자의 입장에서 시비이해의 한 처리 문제를 빌려다가 연구한 것에 불과하니, 이러한 뜻을 가진 이상 우리의 양심에도 미안할 점이 없으리라고 믿습니다. 고로 우리는 그 사실 여하는 고사하고 신문에 나타난 것으로써 화두를 삼아 논설하옵시다.

그런데 김기천 교무의 소론所論과 같이 조선 불교가 조선 오백년에 있어서 무수한 정치적 압박을 당하여, 밖으로는 일반 사회의 반대가 심하였으며, 안으로는 승려 자체의 사상이 퇴화하여 시주 단련이나 매불자생賣佛自生을 일삼는 등 제생도세濟生渡世의 대의를 망각하였음이 사실이요, …… 유인내객遊人來客이 왕왕 회집會集하야 불손한 행동과 추태를 연출함도 사실입니다.

이와 같은[여사如斯] 불상사를 방지하기로 하면 승려 자체가 미리 각성하여 자작자족自作自足의 정신을 세워 속인에게 의뢰생활依賴生活을 않도록 할 것이며, 철저한 신앙과 진실한 법행法行을 가져 사회의 신용을 회복하여 순연한 종교가의 입장으로써 활동할 것입니다. 그런다면 저 속객俗客들도 무난無難한 행동을 하지 못할 것이며, 설사 온다 하드래도 흔연히 접대는 할지언정 주류酒類 등속等屬은 절대 불매不賣할 것이요, 더욱이 오락의 장소로는 절대 불허不許하여 이 같은 악습의 화근을 근본적으로 제거하도록 노력할 것입니다.

그리고 아직 이상과 같은 목적은 달達하지 못하였다 하드래도 4월 8일 같은 불교의 대경절 더욱이 백양본산白羊本山 같은 대사찰에서는 박대완 교무의 소론所論과 같이 주지住持의 입장에 있어서 응용의 형세를 보와 미리 연마하기를 주의할 것이니, 그 연마하는 방법은 4월 8일 전기前期하여 관계자 전부의 회의를 소집하고, 내부적으로 어떠어떠한 일은 어떠한 사람이 맡고, 외부적으로 어떠어떠한 일은 어떠한 사람이 맡되, 일이 많고 사람이 많을 시時는 어떠어떠한 경우가 있을 것이니, 그러한 때는 어떠한 사람이 어떠한 방법을 응용應用하라는 것을 조건 조건 약속하고, 소관 경찰당국에도 취체取締 경찰관의 파견을 신고하여 만반 준비를 구체화시킨 후에 그날을 맞도록 할 것입니다.

그 다음에는 이상과 같은 준비를 한 후에도 그날을 당하여 승려 피타被打의 소식을 듣거든, 김기천 교무의 소론所論과 같이 잠깐 생각하여 사태를 확대시키지 않고도 온건穩健히 할 수만 있다면 그대로 하는 것이 정당한 처리處理이요,

175

온건穩健이 할 수 없는 부득이한 경우에서는 총원 비상소집이라도 할 것이고, 비상소집한 후에도 즉시 쟁투할 것이 아니라 총원 시위 하에 피타被打 승려는 구출하여 병원에 입원시켜야겠으면 입원시키는 일방一方, 박대완 교무의 소론所論과 같이 가해자들의 성명도 적어두고 피해자의 진단서도 내어 두며, 그들의 술 깨기를 기다려 정식으로 치료비 배상액과 진사陳謝를 요구하여 응하면 관인寬仁이 용서하고, 그리하여도 일향一向 반성이 무無하거나 또는[우지] 피청년배被靑年輩의 난폭亂暴이 심하여 대중을 닥치는 대로 공격하는 시時는 피해 승려만 구출하였거든 즉시 삼가이 피신하고 경관의 내원來援을 구求하여 법의 제재를 밧도록 할 것입니다.

그 다음 구타당한 승려의 입장에서는 청년배靑年輩의 음주 방가放歌 등 문란한 행동을 볼 때, 자기의 능력으로 하기로 하면 온건穩健한 태도와 공순恭順한 어조語調로 저 사람이 감화될 만큼 금지를 하여 보든지, 자기의 능력으로 할 방침이 없다거나 말을 하여도 되지 않은 경우는 이상 지도자에게 사유를 고하여 대책을 강구하도록 할 것이요, 그때에도 금지가 못되거든 장차 래두來頭에나 금지할 방법을 미리 연구할 것이외다. 그 다음 주지의 비상소집에 회합會合한 대중의 입장에 있어서는 영광지부의 소론所論과 김기천 교무의 소론所論과 같이 오직 지도자의 명령에 순종하여 일사불란의 규율적 행동으로 시종일관히 진행하여야 할 것입니다. 끝.

(佛法硏究會,《월보》No. 36, 1932년 원기 17년, 30~34쪽)

◎《월보》에 실린 〈백양사 승려 대 장성 청년 간 격투사건〉은 신문 기사이기에 조심스럽게 이 문제에 접근하고 있다. 신문기사만 보고 그대로 믿을 수 없기 때문이다. 상황 설정에 따른 해결점을 미리 연마해 보는 것이다.

소태산은 상시에 훈련하는 법을 제시한다. 그중 하나가 상시응용주의사항 2조로 "응용하기 전에 응용의 형세를 보아 미리 연마하기를 주의하라"

고 한다. (『정전』제3 수행편 제2장 제2절, 상시훈련법) 사실여부를 가리는 것이 아니라 사실 설정에 따른 문제 해결에 초점을 두고 있는 것이다.

〈연구부〉에서도 이점에 대해서 "우리의 본의가 백양사 당국이나 장성 청년의 시비를 가리고 곡직曲直을 분석하고자 함이 아니다."라고 분명한 선을 긋고 있다. 이어서 "연구자의 입장에서 시비이해의 한 처리 문제를 빌려다가 연구한 것에 불과하다"고 그 의도를 말하고 있다. 양심에 미안한 점이 없지 아니 있으나 신문에 난 상황을 화두삼아 논의해 보자는 것이 본의라는 것이다.

〈연구부〉에서는 김제 원평 출장소 박대완 교무와 부산 출장소 김기천 교무와 영광지부 임원 일동의 해답안과 소태산의 감정 점수를 싣는다. 소태산 대종사는 원평 출장소 박대완 교무와 부산 출장소 김기천 교무의 해답안에 대해서는 '을'로 평가하고, 영광지부의 해답안은 '병'으로 평가된다.

소태산은 이러한 사건을 통해 불법연구회(원불교 전신)를 돌아보아 반면교사反面教師로 삼도록 하며, 열 사람의 지혜를 모으는 집단지혜를 연마토록 한 것이다.

3장
남도의 이곳저곳

15. 옥과의 월파 유팽로 시詩와 『대종경』 인도품 34장

▶『대종경』 인도품 34장의 '난세를 무사히 살아갈 비결'은 임진왜란 때의 의병장 유팽로柳彭老의 시문집 『월파집月坡集』에 수록되어 있는 시詩이다.

『대종경』은 소태산 대종사의 언행록으로, 서품, 교의품, 수행품, 인도품, 인과품, 변의품, 성리품, 불지품, 천도품, 신성품, 요훈품, 실시품, 교단품, 전망품, 부촉품 등 총 15품 547장으로 구성되어 있다. 1962년(원기 47년)에 완정하여 『정전』과 합본하여 《원불교교전》으로 편찬 발행했다.

월파 유팽로(柳彭老, 1554~1592)는 조선 중기의 의병장으로 전남 곡성에서 태어났다. 본관은 문화文化. 자는 형숙亨叔·군수君壽, 호는 월파月坡이다. 개국공신 유만수柳曼殊의 후손으로, 아버지는 유경안柳景顔이다. 1579년 사미시에 합격하고 1588년 식년문과에 을과로 급제했으나 출사를 단념하고 옥과에 거주하였다.

1592년 임진왜란이 일어나자 4월 20일 양대박, 안영 등 읍민 주민들과 함께 의병을 일으켜 고경명 휘하의 장수가 되어 제1차 금산 전투에서 싸우다 전사하였다. 사후 사간에 추증되고 정문이 세워졌으며 광주(현 광주광역시)의 포충사와 금산 종용당에도 제향되었다. 전라도에서 의병을 일으켰기 때문에 고경명, 양대박과 함께 '삼창의'라 칭해지기도 한다.

『월파집』에서 월파는 자신의 삶의 자세를 명시했다.

처세에는 유한 것이 제일 귀하고	處世柔爲貴	처세유위귀
강함은 재앙의 근본이니라	强疆是禍機	강강시화기
말하기는 어눌한 듯하고	發言常若訥	발언상약눌
일 임해서는 늘 바보인 듯하라	臨事每如痴	임사매여치

급할수록 마땅히 생각을 더욱 늦추고	急地當思緩	급지당사완
편안할 때 위태해질 것을 잊지 말라	安時不忘危	안시불망위
일생을 이같이 삼간다면	一生從此戒	일생종차계
참으로 이 사람은 호남아(대장부)니라	眞個好男兒	진개호남아

소태산은 월파의 시를 인생살이의 비결로 인용했다. 유팽로는 문과에 급제했어도 벼슬에 나가지 않고 고향 옥과에서 지내던 선비로, 임진왜란이 나자 의병을 일으켜, 고경명을 의병장으로 추대하고 자신은 그의 종사관이 되어 금산에서 왜적과 맞서 싸우다가 38세에 전사한 당대의 선비였다.

월파의 삶은 선비로서 은둔의 삶을 살다가 백성과 나라가 위험에 닥칠 때면 용감하게 세상을 위해 나서는 삶이자, 물러설 때와 나설 때의 도를 아는 삶이었다.

소태산은 월파의 시를 인용하면서 글 끝에 "이대로 행하는 이는 늘 안락하리라(右知而行之者常安樂)"라고 한 귀를 더 쓰신다. 대장부로 사는 것이 안락한 삶이라는 선언이다. 소태산과 월파의 공유점인 것이다. 대장부는 은자(隱者)의 삶이 바탕되나 궁극적으론 떳떳하고 당당한 삶을 추구하라는 것이다.

◎ 소태산 대종사가 월파의 시를 인용한 〈난세를 무사히 살아갈 비결〉의 신년 법문이다.

대종사 신년을 당하여 말씀하시기를 「내가 오늘 여러 사람에게 세배(歲拜)를 받았으니 세속 사람들 같으면 음식이나 물건으로 답례를 하겠으나, 나는 돌아오는 난세를 무사히 살아갈 비결(祕訣) 하나를 일러줄 터인즉 보감을 삼으라.」 하시고 선현(先賢)의 시 한 편을 써 주시니 곧 "처세에는 유한 것이 제일 귀하고

(處世柔爲貴) 강강함은 재앙의 근본이니라(剛强是禍基) 말하기는 어눌한 듯 조심히 하고(發言常欲訥) 일 당하면 바보인 듯 삼가 행하라(臨事當如痴) 급할수록 그 마음을 더욱 늦추고(急地尙思緩) 편안할 때 위태할 것 잊지 말아라(安時不忘危) 일생을 이 글대로 살아간다면(一生從此計) 그 사람이 참으로 대장부니라(眞個好男兒)" 한 글이요, 그 글 끝에 한 귀를 더 쓰시니 "이대로 행하는 이는 늘 안락하리라(右知而行之者常安樂)"하시니라.

(『대종경』 인도품 34장)

〈 난세를 무사히 살아갈 비결 〉

처세에는 유한 것이 제일 귀하고	處世柔爲貴	처세유위귀
단단하고 강하기만 한 것은 재앙의 근본이니라	剛强是禍基	강강시화기
말하기는 좀 어눌한 듯 조심히 하고	發言常欲訥	발언상욕눌
일 당하면 바보인 듯 삼가 행하라	臨事當如痴	임사당여치
급할수록 그 마음을 더욱 늦추고	急地尙思緩	급지상사완
편안할 때 위태할 것 잊지 말아라	安時不忘危	안시불망위
일생을 이 글대로 살아간다면	一生從此計	일생종차계
그 사람이 참으로 대장부니라	眞個好男兒	진개호남아
이를 알고 행하는 이는 늘 안락하리라	右知而行之者常安樂	우지이행지자상안락

소태산 대종사가 인용한 월파의 시는 어느 연도의 신년新年에 제자들에게 설했는지 알려져 있지 않다. 다만 당시가 일제강점기라는 점을 고려한다면 소태산의 말씀은 살얼음판 같은 시대를 조심하면서 살아가라는 신년 덕담 같은 법문이다.

하지만 이 시의 작자인 유팽로와 관련해서 보면 평소에 은둔의 삶을 살다가도 나서야 할 때는 용감하게 나아가는 삶을 기리고 있기에, 소태산의 월파의 시 인용은 복선이 있다 할 것이다. 시대를 조심해서 살면서도 뜻을 굽히지 말고 때에 따라 나설 때는 용감하게 나서서 이를 극복해야 한다고 읽을 수 있다.

월파의 시와 이를 인용한 증산 강순일과 소태산 박중빈의 시에도 차이가 있다.

『월파집』: 處世柔爲貴 强疆是禍機 發言常若訥 臨事每如痴 急地當思緩 安時不忘危 一生從此戒 眞個好男兒

『증산천사공사기』: 處世柔爲貴 剛强是禍基 發言當欲訥 臨事尙如癡 急地常思緩 安時不忘危 一生從此計 眞個好男兒

『대종경』 34장 : 處世柔爲貴 剛强是禍基 發言當欲訥 臨事當如癡 急地尙思緩 安時不忘危 一生從此計 眞個好男兒 右之而行之者常安樂

월파의 시와 증산의 인용시 간에 나타나는 차이는 '强疆是禍機→剛强是禍基, 發言常若訥→發言當欲訥, 臨事每如痴→臨事尙如癡, 急地當思緩→急地常思緩, 一生從此戒→一生從此計'이라면,

월파의 시와 소태산의 인용시 간의 차이는 '强疆是禍機→剛强是禍基, 發言常若訥→發言當欲訥, 臨事每如痴→臨事當如癡, 急地當思緩→急地尙思緩, 一生從此戒→一生從此計'이요,

증산의 인용시와 소태산의 인용시에도 '發言當欲訥→發言當欲訥, 臨事尙如癡→臨事當如癡'의 차이가 있다.

월파의 시에 대한 증산과 소태산의 인용시는 차이가 있는데, 그 이유는 첫째는 전승되어온 전거가 서로 다르기 때문이고, 둘째는 강증산의 1926년 발행된 『증산천사공사기』의 기록 자체가 전사과정에서 달리 표기되어 이를 소태산이 인용한 것이라 볼 수도 있다.

1. "천사天師께서 형렬亨烈다려 일러 가라사대 성인聖人의 말은 한마디도 땅에 떨어지지 아니하나니, …… 너는 광狂이 되지 못하였으니 농판으로 행세行世함이 가可하니라 하시고 기정진奇正鎭의 시時를 들려주시면서 잘 기억하라 명命하시니 그 시는 곧 「처세유위귀處世柔爲貴 강강시화기剛强是禍基 발언당욕눌發言當欲訥 임사상여치臨事尙如癡 급지상사완急地常思緩 안시불망위(安時不忘危 일생종차계一生從此計) 진개호남아眞個好男兒」. (『증산천지공사기甑山天師公事記』)
『증산천지공사기』에서 증산은 월파의 시를 노사의 시라고 잘못 인용한다.

◎ 월파의 인용시에 대한 교단의 연구 기록이다.

흔히 인용문의 원전으로 알고 있는 기정진의 『노사집』에는 『대종경』 인도품 34장에 인용된 글이 없으며 소태산이 노사집을 참고하지 않고 류팽노의 시를 직접 인용한 것으로 보인다. 소태산이 언급한 선현先賢이란 월파月坡 유팽로(柳彭老,1554~1592)이다. 그는 문과에 급제하였으나 벼슬에 뜻을 두지 않고 고향에서 살았다. 임진왜란 때 종군하여 적진에 뛰어들어 동지를 구하고 전사하였다. 그의 문집인 월파집「月坡集」에 "處世柔爲貴 强疆是禍機 發言常若訥 臨事每如痴 急地當思緩 安時不忘危 一生從此戒 眞個好男兒"라 하였다.[2]

(한정석, 『원불교대종경해의』上, 374~5쪽)

〈 천하농판 〉

소태산의 법설 중에 이런 노래가 있다.

집에 들면 노복 같고 들에 나면 농부 같고

산에 가면 목동 같고 길에 나서면 노인(古老) 같이

그렁저렁 공부하여 천하농판 되어 보소.

뜻이 있게 하고 보면 천하제일 아닐런가.

〈천하 농판〉 노래와 유사한 소태산의 신년 법문 〈난세에 무사히 살아가는 비결〉이 있는데 이에서도 농판의 심법을 읽을 수 있다. 그것은 조선 후기의 성리학자 노사蘆沙 기정진(1798~1879)의 좌우명으로 이를 강증산이 소개한 것이다.[3]

소태산은 제자들에게 '나한테 한번 둘린 셈 잡고 농판처럼 살아라.'는 말을 곧잘 하였다.

'농판'이란 전라도 사투리로 둘러먹기 좋은 시골에 사는 어수룩한 농투성이를 말한다. 대산은 이를 두고 '알고도 모른 체하면 성인이요 모르고 속으면 농판이

2. 원광대 원불교사상연구원의 김봉곤 연구교수는 「蘆沙學派의 形性과 活動」(城南: 韓國學中央硏究院 韓國學大學院 : 人類學專攻 2007, 8)으로 박사학위를 받고 계속 노사학파를 연구하고 있는데 노사는 시를 많이 쓰지 않아서 노사집 외의 다른 저작에도 실려 있지 않다고 강조한다.

3. 소태산의 신년 법문 〈난세에 무사히 살아가는 비결〉은 강증산의 언급과 달리, 한정석 연구논문과 김봉곤의 지적대로 노사 기정진의 시도 그의 좌우명도 아니다.

184

다.'하였다. 일경들은 소태산을 '농판'으로 보았다. 아무리 모르게 그들의 머리
훨씬 위에 천하를 다 아는 농판이었으니 그 그릇이 아니고는 어떻게 재어보지
못할 기국이었다. …중략…

전라도 시속 말로 '농판이 참판보다 낫다. 농판이 정승이다.'라는 말이 있으니
이는 '갑동네 사람처럼 농판같이 살라'는 것이다. 이런들 어떠하리 저런들 어
떠하리 물같이 지조가 없는 듯하지만 그 바탕에는 변함이 없는 무서운 저력을
감추고 사는 속뜻을 가지고 사는 농판이라야 천하제일인 것이다.

벼슬을 하고 남의 앞장을 섰다 하여 참 대장부가 아니다. 농판(바보)이라 손가
락질 당해도 폭을 잡을 수 없는 경륜을 가지고 위태할 때 세상 사람을 위해 뜻
이 있게 살고 간 자가 진실로 대장부이다.

(박용덕,『천하농판』, 127~130쪽 발췌)

◎ 월파집月坡集

조선 전기 유학자·의병장 유팽로의 시가와 산문을
엮어 1647년에 간행한 시문집. 1647년(인조 25) 후손
에 의하여 편집, 간행되었는데, 서문과 발문이 없어 자
세한 출간 경위는 알 수 없다.

1권에 시 29수, 문文 5편, 소疏 4편, 세계, 2권에 설
說 3편, 서序 1편, 잡저 5편, 3권에 일기 등이 수록되
어 있다.

소疏는 왜병의 침략에 대비한 군비강화를 역설한 내
용이다. 설說의「병가설兵家說」에서는 유자儒者라 하

▲ 월파집

면서도 병법을 모르면 유자라 할 수 없다고 주장하면서, 대개 나라에는 반
드시 군대가 있게 마련이고 군대에는 장수가 있는데 장수가 인덕을 얻은

4. 김동현, 「월파집」, 한국민족
문화대백과사전, 1996

뒤에야 통솔이 되고, 군대가 통솔되어야 나라가 편안해진다고 설명하였
다. 선비이면서도 병학에 많은 관심을 가지고 있었음을 알 수 있다.[4]

◎ 월파 유팽로와 관련된 사적으로는 '유월파 정열각'과 '의마총' 그리
고 '포충사'가 있다.

월파 유팽로를 기리는 '정열각'은 곡성군 옥과면 합강리(201-1)에 있으
며, '의마총'은 곡성군 입면 송전리(807-5)에 있다.

▲ 합강 마을 담장에 월파 유팽로 의병장을 형상화한 벽화

〈 월파 유팽로 정열각旌烈閣 〉

'유월파 정열각'은 임진왜란 때 의병장으로 왜적과 싸우다 전사한 의병
장 유팽로의 충절을 기리기 위해 인조 3년(1625년)에 세운 건물로 전라남
도 문화재자료 제25호이다.

〈유팽로의 의마총義馬塚〉

의병장 유팽로가 금산 싸움에서 전사했을 때 그의 말이 전사한 월파의
머리를 물고 먼 길을 달려 그의 생가까지 돌아와서, 부인이 장군의 장사를
지낼 수 있었다고 한다. 말은 마구간에 들어가 9일이나 여물을 먹지 않은
채로 계속 울다 죽었다고 한다.

▲ 정열각

▲ 유월파를 지키듯이 있는 의마총

▲ 광주 포충사

〈 광주 포충사襃忠祠 〉

유월파 정열각과 의마총 외에도 광주 포충사(광주 남구 포충로 767)에
유월파가 배향되어 있다. 포충사는 임진왜란 당시 순절한 5인의 충의를 기
리기 위해 창건한 사당이다. 고경명을 주벽으로 제향하고 동배위에 고종
후와 유팽로, 서배위에 고인후와 안영을 배향하도록 했다.

16. 유산 유허일의 「효도의 감응」과 곡성 성덕산 관음사 연기설화

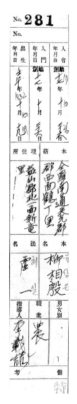

▲ 유산 유허일과 원명부

▶ 유산 유허일은 1940년(원기 25년) 불법연구회(원불교 전신) 『회보』 제64호에 부모 보은의 예화로 '효도의 감응'이란 글을 발표했다.

유허일(柳虛一, 1882~1958)의 본명은 상은相殷이요, 법호는 유산柳山이다. 1882년 10월 19일 전남 영광군 불갑면 안맹리에서 부친 유송제柳松齊와 모친 정백동鄭栢桐의 장남으로 출생했다. 불법연구회(원불교 전신) 연구부장, 중앙총부교감, 교정원장, 재단법인 원불교 초대이사장, 수위단원을 역임했다.

유허일은 51세에 입교하기 전부터 뛰어난 학문과 사회에 대한 넓은 식견으로 한문학자·사학자·교육자로서도 명망이 높았으며 독립운동 활동으로 일경에 의해 고초를 겪었다.

유산 유허일은 No 남281로, 이재철을 지도인으로 원기 17년(1932년) 10월 26일 입회한다.

유허일의 젊은 시절 활동과 소태산의 제자가 된 후의 활동사항이다.

유허일은 23세에는 8개 군 합동 유림강회에서 『주역』을 강론하여 유주역柳周易이라는 별칭까지 받았다. 그 후 수년을 민족광복에 뜻을 두어 독립지사들과 모임을 갖고 상해에 건너가려다가 부친의 열반으로 뜻을 이루지 못했다. 30세 때 상해로부터 독립운동하는 친구에게서 온 서신이 발각되어 요시찰인물로 지목되어 일체 자유 활동을 제지당하는 어려움을 겪기도 했다. 33세부터 영광보통학교 교원으로 13년간 인재양성에 힘을 기울였다. 재직 중에 중학교 교원으로 추천되었으나 사상이 불온하다는 이유로 좌절되었다. 48세에는 훈민정음 기념강연회석상에서 국사 강의를 하다가 일본경찰에 체포되어 갖은 고초를 당했다.

유허일은 1932년(원기 17년) 10월에 51세의 나이로 소태산 대종사를 만나 입교했다. 소태산은 유허일이 입교하기 3년 전에 이재철에게 명하여 유허일을 입문하도록 청한 적이 있다. 유허일의 입문은 당시로서는 '영광에 있어서의 선구적인 사건들 중의 하나이며 문화적 특색'이라는 평가가 있었다.

1933년(원기 18년) 52세의 나이로 전무출신을 서원하여 총부학원 교무로 첫 근무를 시작하여, 1935년(원기 20년) 9월 10일에는 수위단 보궐단원에 피선되고, '유산'이란 법호를 받았다. 1938년(원기 24년)에는 교정원장에 임명되어 4년간 근무했다.

광복 후에는 유일학림과 원광대학에서 후진들에게 민족의식 고취를 위한 국사 교육을 했다. 대중들은 유산을 박학다식博學多識한 '백과사전'이라 일컬었다.

1945년(원기 30년) 8·15광복 후 전재동포 구호사업 사무장으로 임명되어 전력하는 한편 사회적으로는 대한건국 준비위원, 종교연합회 이사가 되었고, 중앙방송국 방송위원으로 매월 1회씩 1년간 국사와 불교 강의를 하였다. 1949년(원기 34년)에는 원불교재단이 설립되어 초대 이사장과 원광대학 설립위원장을 맡았고, 1951년(원기 36년) 원광초급대학이 설립되자 조선역사·국사통람 등을 강의했다.

72세 이후로는 중앙수양원에서 수양에 전념하면서 『불교정전』과 『대종경』을 한역漢譯하고 〈국사가(國史歌)〉를 저술했다. 1958년(원기 43년) 12월 17일 77세를 일기로 열반했다.

(『원불교대사전』)

유허일의 활동 중에서 주목할 것은 민족의식 고취를 위한 '국사교육'을 했다는 것이다. 49세 때인 1930년에 훈민정음 기념 강연회 석상에서 국사 강의를 하다 일경에 연행되고, 또한 1933년 익산 총부의 예회에서 '한글에 대한 강화講話'를 한다.[1] 이러한 경향으로 보아 유허일이 심청전 이야기에 관심 갖는 것은 자연스런 일인 것이다.

유허일은 『심청전沈淸傳』의 배경 설화인 인도 향희국香喜國의 전동자專童子 이야기와 곡성군 성덕산聖德山 관음사觀音寺의 연기설화緣起說話를 소개한다. 이는 소태산 대종사의 가르침인 사은四恩 중 부모은에 대한 예화 제시로 보인다.

《회보會報》

원불교 초기에 월간으로 발행하던 정기간행물로서 《월말통신》(1928년 5월 31일 창간)을 필두로 제36호(1932년 음력 5월)부터 제호를 바꾸어 발행한 《월보》를 계승 발전시킨 것이다. 《월말통신》은 약 15개월 동안 정간되었다가 1932년(원기 17년) 음력 4월에 복간했고 다음 달부터는 제호를 《월보》로 변경했다. 하지만 제47호(1933년 5월)까지 발행되던 《월보》는 일제 당국으로부터 출판허가가 없다는 이유로 제48호 전부를 일경日警에게 압수당하고 폐간되는 수모를 겪었다. 1933년(원기 18년) 9월, 조선총독부 당국의 허가를 얻어 월간 《회보》(주간 : 전음광)를 창간하였다. 분량은 30~50쪽이며, 창간호부터 12호까지는 등사판, 제13호부터 제65호까지는 인쇄본으로 발행했다. 《회보》는 창간호부터 소태산 대종사의 법설·교리해설·교도들의 감각감상·교단소식 등을 실어 교도들의 교리 훈련과 수행에 기여했다. 《회보》 제13호(1934년 12월)부터 주간을 이공주(통신부장)로 바꾸고 인쇄판으로 변경하면서 점차 발행부수도 증가되었다.

(『원불교대사전』)

◎《회보》에 실린 '효도의 감응'이란 제목의 유허일 글이다.

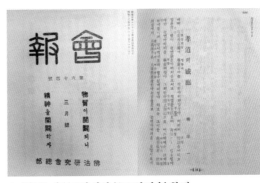
▲《화보》 제64호에 살린 '효도의 감응' 첫 장

〈 효도孝道의 감응感應 〉

옛적 인도 향희국香喜國[향하국이라고도 하며, 남인도의 향 무역처인 듯하다]에 전동자專童子라는 착한 아이가 있었다. 어려서 모친母親을 여의고 집은 빈한貧寒한데 눈먼 늙은 아버지를 모시고 서글픈 생활로써 매일매일 밥을 빌어다가 눈먼 아버지를 봉양해 왔다.

그러한 중 설상가상으로 어느 해에는 크게 흉년이 들어서 얻어먹기조차 할 수 없게 되었다. 하루는 그 이웃 자선장자慈善長者 묘법妙法의 집에서 팔만 사천 명 대중공양을 한다는 말을 듣고 눈먼 아버지를 줄잡아 모시고 묘법의 집에 가서 대중공양하는 것을 보고는 문득 대발원이 하나 생겼다. 그것은 다름이 아니라 동자의 생각에 만일 어떠한 신력神力을 입어서라도 우리 아버지 눈만 뜨게 할 수가 있다면 후일에라도 그 공덕을 갚기 위하여 일만 명의 승려에게 대중공양大衆供養을 하리라고 서원을 세우고는 그만 그 자리에서 기절氣絶하여 죽어버렸다. 이러한 지극한 효성에 감동이 된 염라대왕은 이 동자에게 서원을 이루어 주기로 해서 도로 살려내어 보내되 지금 묘법장자妙法長者가 아들이 없으니 네가 나가서 그 묘법장자의 아들 노릇을 해라. 그리고 부처님 신력을 빌려다가 너의 아버지 눈도 뜨게 해줄 터이니 함께 모시고 잘 살도록 하라고 명령했다. 죽은 아들의 시체를 안고 몸부림치며 울고 있던 그 아버지는 너무도 뜻밖에 죽었던 아들이 살아나는 것을 보고 깜짝 놀라면서 「나무아미타불」 한 소리에 멀었던 눈을 번쩍 떠버렸다. 그래 동자는 염왕閻王의 명령을 묘법 장자에게 고하니 장자도 기뻐하여 그날부터 아들로 정하여 전동자를 고쳐 묘법동자妙法童子라 하고 본생本生 아버지까지 함께 섬기게 되었다.

원체 효성이 지극한 사람이라 두 아버지 잘 섬긴다는 효행과 아울러 이런 소문이 국왕에게 문달聞達되었다. 그래서 국왕께서는 묘법동자에게 높은 벼슬을 내려 지방장관까지 되고 그 후에는 묘법장자의 뒤를 이어서 또한 장자생활로 자선보시에 불법승 삼보 공양을 소원대로 성취하게 되었다.

이 사실이 있은 후 몇천 년간에 인도문화가 점차 동으로 옮겨오게 되면서 반도 강산에까지 기적다운 일이 있었다.

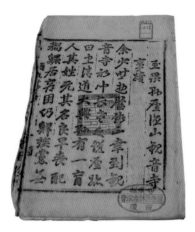

▲《옥과현성덕산관음사사적》

전남 곡성군(元玉果) 성덕산 관음사 연기緣起에 보면 다음과 같은 사실이 실려 있다. 거금距今 1천 5백 년 전에 충남 예산군(元大興村)에서 거주하던 맹인盲人 원양元良이란 사람이 있었다. 아내는 죽고 집은 가난한데 오직 홍장洪莊이라는 금옥金玉 같은 딸 하나를 의지하고 살아왔다. 어느 날 원양이는 홍법사弘法寺 노승에게서 멀었던 눈을 뜨게 하는 여의법如意法이 있다는 말을 듣고 한탄하기를 '나도 돈만 있으면 시주를 많이 하고 저 여의법의 실험적 은혜(驗的 恩惠)를 얻어서 눈을 뜨게 될 터인데' 하면서 혼자말로 중얼거렸다. 이 말을 들은 홍장은 자원自願하기를 어떻게 하든지 아버지 소원을 기어이 이뤄드리고야 말리라고 결심했다.

이때 홍장의 나이 16세 방년芳年으로 꽃같이 고운데 이와 같은 큰 서원은 세웠으나 여자의 몸으로 졸지에 별도리別道理는 없고 해서 혼자 당황하다가 무심코 소양포蘇浪浦 물가에 나가서 말없이 서서 있었다. 때마침 중국 상선商船이 지내가는 것을 보고 슬픈 소리로 부르짖었다. 선인船人들은 배를 멈추고 쫓아와서 여러 가지 사정을 듣고 또는 홍장의 아름다운 얼굴에 느낌이 나서 필경 중가重價를 주고 사가게 되었다.

그래서 홍장은 몸 팔린 돈을 아버지에게 들여보내서 소원대로 불전기원佛前祈願을 하여 소원대로 눈을 뜨도록 하시라고 한마디의 애 끊어지는 말을 남겨 부탁하고 홍장은 한 송이 꽃봉오리가 아침 이슬을 머금은 듯 줄줄이 나리는 눈물을 삼키면서 만경창파萬頃蒼波[한없이 넓고 바다의 파도]의 일엽편주一葉片舟[한편의 작은 배]에 몸을 싣고 만리 남경南京을 향하였다.

그런데 선인船人들은 아무리 무지한 무리라도 홍장의 출천出天 효성과 또는 씩씩한 거동에 자연 경복敬服이 뇌어서 공순히고 조심스럽게 모셔다가 황제에게 올렸다. 때는 진혜제晉惠帝 영강년간永康年間 정해오월丁亥五月이다.

마침 황후가 붕崩하시고 후계 인물을 구하던 때이다. 황제는 홍장의 미모와 효행에 감동이 되어서 궁중으로 맞이하여 마침내 황후를 삼았다. 홍장은 황후가 된 뒤에도 몸이 존귀할수록 아버지 생각이 철천徹天이 되었다. 어느 해 춘삼월春三月에 선인船人을 명하여 큰 배에다가 보물을 많이 실어서 관음상觀音像을 모셔 가지고 멀리멀리 황해黃海 바다를 건너서 반도강산半島江山을 찾게 되었다. 배는 뜨고 떠서 흐르는 대로 정처 없이 대여 놓고 찾느라고 찾는 곳이 즉 성덕산 기지基址였다. 그 자리에다가 바로 관음사觀音寺를 세우고 원양元良으로 하여금 불佛의 신력神力을 입어서 마침내 멀었던 눈을 뜨고 영화로운 세월을 보내었다. 그리다가 원양은 다시 세상 인연을 하직하고 불제자가 되어서 수도 생활로써 마쳤다고 한다.

이상 두 가지 고설古說은 무의식적으로 볼 때에는 한갓 허망한 소설같이 생각하나 만일 이것을 지성감천至誠感天이란 진리적 감상으로써 볼 때에는 실로 불가사의의 기적이라고 할 수 있나니, 보라 저 눈 가운데에서 죽순이 나고 얼음 위에서 잉어가 뛰는 것이며 더구나 반도문화의 대표적 걸작인 심청전沈淸傳은 그 사실이 꼭 홍장의 일과 같을 뿐더러 그 일의 기기적奇奇的 풍미風味가 우리 인간 의상계意想界에서 훨씬 뛰어난 것이 아닌가.

그런즉 과연 우리 인생은 신信할 곳에 신하고 또는 서원할 일에 서원을 하여 지극한 서원과 철저한 신앙으로써 이 몸을 희생할 곳에 희생하고 이 목숨을 던질 일에 던진다면 불가사의의 신력을 반드시 입게 될 것이다. 그런즉 우리 공부자는 오직 신할 곳에 신하고 서원할 일에 서원하여 만파부동萬波不動[온갖 파도

에 흔들리지 않는]의 중력重力을 갖고 일심불변一心不變의 목적으로써 구경
열반究竟涅槃에 들어야만 소원성취를 하리라고 믿는다.

《회보》제64호）

1940년 《회보》에 유산 유허일이 쓴 '효도의 감응'이란 글도 의미 있는
자료이다. 인도의 설화가 몇천 년의 시간을 지나면서 동쪽으로 이동하여
변화·착종되면서 한반도에까지 도달했다는 것이다. 유허일은 이를 기적같
은 일이라고 감탄하며, 특히 인도설화는 『심청전』의 시원설화라 평한다.

관음사 창건설화는 1729년 영조 때 백매자白梅子 선사가 '옥과현玉果縣
성덕산聖德山 관음사사적觀音寺事蹟'을 정리해 출간한 목판본에 소개됐
다.[2] 또 일제강점기 식민지화를 위한 조사로 1911년에 발간한 『조선사찰
전서』에도 소개됐다.

김태준은 심청전의 설화는 불교설화로써 인도의 전동자, 법묘동자 설화
가 반도를 거쳐 동점東漸하여 한국의 심청설화가 되고 일본의 소야희설화
가 되어 전파되었다는 것이다. 인신공희설화와 효행설화가 핵심설화이며
모든 설화를 종합한 것이 심청전으로 보고 관음사 연기설화는 하나의 일부
분으로 보았다.

（김태준, 『조선소설사』, 학예사, 1939, 148쪽 / 이종인, 「곡성 관음사와
연기설화의 문화CONTENTS 활용 연구」, 4쪽）

성덕산 관음사는 고대소설 심청전의 원류요, 모태가 되었던 창건연기
설화를 간직한 곳으로, 1700여 년 전 백제 분서왕 3년(서기 301년) 중국
진나라 홍장(洪莊) 황후가 보내온 금동관음상을 옥과의 성덕 보살이 낙안
포(지금의 보성 벌교)에서 모셔와 창건하였다고 한다.[3]

◎ 소태산 대종사는 『심청전』 등 조선 고악(古樂)을 대중과 더불어 즐겨

2. 광민스님 저, 『관음사의 연기
설화편』, 성덕산 관음사, 1995.
5. 13.

3. 관음사 창건은 특이하게도 옥
과 처녀보살 성덕에 의해 백
제 분서왕 3년에 낙안포에서
금동보살상을 업어 모셔와 절
을 짓기 시작하여 다음 해인
서기 301년에 절을 완성하고
성덕산 관음사라 칭하였다.
이종인, 「곡성 관음사와 연기
설화의 문화CONTENTS 활
용 연구」, 30-31쪽

감상하셨다.

> "대종사 간혹 대중으로 더불어 조선 고악古樂을 감상하신 바, 특히 창
> 극 춘향전·심청전·흥부전 등을 들으실 때에는 매양 그 정절과 효우孝
> 友의 장함을 칭찬하시며, 공도 생활에 지조와 인화가 더욱 소중함을 자
> 주 강조하시고, 말씀하시기를 「충·열·효·제忠烈孝悌가 그 형식은 시대
> 를 따라 서로 다르나, 그 정신만은 어느 시대에나 변함없이 활용되어야
> 하리라.」"
>
> (『대종경』 실시품 41장)

소태산은 충·열·효·제는 함께 더불어 사는 생활에 필요한 덕목이라 강
조하신다. 그 중 심청전은 효와 관련이 있는 이야기다. 소태산의 가르침을
받은 정산 송규는 "효라 함은 무슨 일이나 보은의 도를 행하는 것은 다 효
에 속한다."하며 "모든 보은 가운데 부모 보은이 제일 초보가 되는 까닭이
라" (『정산종사법어』 경의편 59장)며 효를 강조한다.

소태산의 가르침에는 천지은·부모은·동포은·법률은의 사은四恩이 있
다. 사은은 법신불 일원상의 나타남이요, 발현이다. 그래서 법신불 사은이
라 한다. 법신불 일원상은 청정한 자리요 지혜로운 자리이다. 그러므로 우
리의 마음이 청정지혜의 경지일 때 사은이 뚜렷이 드러나는 것이다.

우리의 마음이 텅 비어 맑고 고요할 때 우리가 대하는 좋은 경계는 좋은
대로 낮은 경계는 낮은 대로 이롭게 사용하는 은혜가 되고 또한 만나는 모
든 경계가 부모 역할이 되는 것이다. 이러한 부모 역할이 부모은이요 이 부
모은에 보은하는 것이 효행이다.

유산 유허일은 '효도의 감응'이란 글에서 인도의 전동자 설화를 먼저 소
개하고 이어서 홍장의 효심과 '관음사 연기설화'을 소개한다. 그리고 이

모든 이야기가 심청전과 관련 있다 한다.

유허일은 결론으로 전동자나 홍장처럼 지극한 서원과 철저한 신앙으로
써 이 몸을 희생할 곳에 희생하고 이 목숨을 던질 일에 던진다면 불가사의
의 신력을 반드시 입게 될 것이라 한다. 보은에 감응한다는 것이다.

◎ 심청전과 관련 있는 홍장과 관음사 연기설화 그리고 전동설화에 대
한 연구자료이다.

〈 홍장의 효심과 '관음사 연기설화' 〉

황후가 된 효녀 홍장과 눈을 뜬 부친 원량의 이야기는 사람들의 구전으
로 고대소설 심청전과 판소리 심청가로 발전했다. 관음사 연기설화에
나타난 홍장과 심청의 이야기는 구조, 내용, 등장인물이 매우 유사하다.
심청전의 주인공 심청은 태어나자마자 어머니를 여의고, 눈 먼 아버지
의 보살핌을 받으며 자랐다. 어느 날 물에 빠진 심 봉사를 구해준 화주
승으로부터 눈을 뜰 수 있다는 말을 듣고 공양미 300석을 시주하기로
약속을 하였다. 심청은 뱃사람들에게 300석을 받고 제물이 되어 인당
수印塘水에 몸을 던졌다. 심청의 효심에 감동한 용왕이 연꽃을 보내 목
숨을 구하자 뱃사람들이 심청을 임금에게 보내 왕비가 되었다. 심청이
맹인잔치를 열어 아버지를 만나자 심 봉사가 반가움에 눈을 번쩍 뜨고
행복하게 살았다고 심청전은 전한다.

(서일환, 역사 속 전라도 「효녀 심청의 고장, 곡성」)

〈 인도의 전동자 설화專童子說話 〉

주인공인 전동자가 "모친母親을 잃고 빈고貧苦와 노병老病으로 장님
된 아버지"를 섬겼다는 점과 전동자로 인하여 장님 아버지가 눈을 뜨

게 되었다는 내용 구성이 심청전과 유사하다. 이 설화는 내용상으로 볼 때 불교적인 색채가 농후하다.

김태준은 이와 같은 전동자 설화가 우리나라에 들어와서는 여러 문헌에 나타나지만, 조선조에 들어와서 이러한 전설이 많이 유행하게 되었다면서 전남 옥과현 성덕산 관음사의 연기설화를 들고 있다.

김태준은 『조선소설사朝鮮小說史』에서 관음사의 연기설화를 기록한 사람은 벽오문인碧梧門人 백매자白梅子로서, 옹정雍正 7년에 관음사의 연기문을 지을 때 장노長老에게 들었다고 했다.[4]

"심청전沈淸傳 이야기는 삼국시대로부터 고려, 조선의 초엽까지 전하면서도 문자에 나타나기는 옹정 7년雍正七年 이후의 일"이라 보고, 심청전의 발생 시기를 효종에서 정조 사이로 추정하였다. 홍장은 심청이와 마찬가지로 맹부인 아버지를 위하여 뱃사람에게 몸을 판다는 것과 이로 인해 아버지가 개안한다는 점에서는 유사하다. 그러나 심청전에 보이는 생지 과정과 용궁담이 보이질 않는다. 그리고 황후가 되는 과정이 진나라 황제의 꿈으로 인하여 이루어진다는 점, 그리고 맹부와 해후하는 과정이 없다는 점이 심청전과 다르다. 사찰의 연기문緣起文은 "자기 절의 영험靈驗을 과시하기 위해 터무니없는 엉뚱한 설화를 결부시키는 일"이 많기 때문에 연기문에 실린 내용을 그대로 믿을 수는 없다고 했다.

4. 이종인, 「곡성 관음사와 연기설화의 문화CONTENTS 활용 연구」, 38쪽

5. 이종인, 「곡성 관음사와 연기설화의 문화CONTENTS 활용 연구」, 36쪽

▲ 1935년 관음사 원통전

◎ 곡성 성덕산 관음사

1729년(영조 5년)에 간행된 『옥과현성덕산관음사사적』에 따르면 성덕산 관음사는 백제 때 창건했다. 하지만 이를 뒷받침할 만한 유적과 유물은 보이지 않으며 관음신앙을 펼

▲ 2012년 관음사 원통전[5]

197

친 것으로 알려져 있다. 안타깝게도 한국전쟁 당시 빨치산 토벌을 위해 사찰에 불을 질러 국보 제273호인 원통전圓通殿과 국보 제214호 금동관음보살좌상이 불에 타 버렸다.

▲ 관음사 전경

▲ 관음사 소조불두

◀ 불타버린 관음사 원통전 금동관음보살좌상

〈참고〉 성덕의 관음상 이동로

기러기 털같이 가벼운 관음성상 등에 업고서부터
태산같이 무거워 관음성상 내려놓기까지의 걷고 자고 하는 성덕의 고행길

"어버이처럼 친히 관음성상을 업었는데 기러기 털같이 가벼운 상태로
길을 걷기 시작해서부터 무겁기가 태산과 같아 고개에서 한 발도 옮기
지 못할 때까지 걷고 걷다가 자고 자다가 하는 이른바 부행노정負行路
程에 직접 관련된 바로 12정亭이 있다."[6]
부행노정負行路程이란 12정의 숙소(주막)에서 잠을 자고 총
80Km(200리) 정도를 관음상을 등에 지고 걸었던 성덕의 고행 길을
표현한 것이다.[7]
성덕의 관음상 이동로를 개략하면
보성군 벌교읍 홍교리 단교 – 보성군 벌교읍 신촌리 주로정周路亭 석
거정石巨亭 – 순천시 송광면 신평리 대취정大鷲亭 (대추쟁이) – 순천
시 주암면 천평리 천정泉亭 (새암정) – 순천시 주암면 미리 (궁각리) 미
타정彌陀亭 (매우마을) – 순천시 주암면 어왕리 율목정 (무학마을) –
곡성군 삼기면 수산1리 불휴정 (신기마을) – 곡성군 겸면 흥복리 흥복
정, – 곡성군 겸면 현정2리 현정 – 곡성군 겸면 남양리 삽정 – 곡성군
겸면 남양리 구일정 – 곡성군 겸면 운교리 운교정 – 곡성군 겸면 죽산
리 하느재(天峙) – 곡성군 오산면 선세리2 관음사이다.

6. 고경스님, 〈관음사 사적기와
   심청전〉 불교사상 제4호, 불
   교사상사 게재논문, 1974,
   106~107쪽 / 이종인, 「곡성
   관음사와 연기설화의 문화
   CONTENTS 활용 연구」, 51쪽

7. 이종인, 「곡성 관음사와 연기
   설화의 문화CONTENTS 활용
   연구」, 38쪽

17. 광주 권역 최초의 법회지, 창평

1. 1946년(원기 31년) 2월 10일 첫 출장법회, 1952년(원기 37년) 8월 8일 출장소 발족, 「원불교 창평교당 연혁」 『원불교 창평교당 창립 60년사』, 71쪽

▶창평은 광주 권역 가운데 소태산 대종사의 교법이 처음 소개된 곳(순교지巡教地)이자 처음으로 출장법회가 열렸던 곳이다. 창평은 장흥 고씨(일명 '창평 고씨'라고도 함)들의 세거지로, 김성덕과 그녀의 시댁 가족인 장흥 고씨 인연들이 소태산 대종사의 제자가 되는 과정을 엿볼 수 있는 곳이다.

박사시화의 방문순교에 의해 김성덕이 소태산을 친견한 후 제자가 되고 그로 인해 장흥 고씨들이 입교하게 된다. 소태산 대종사의 교법이 퍼져가는 교화의 한 사례인 것이다. 또한 창평은 광주 권역에 원불교 출장법회를 처음으로 개최한 곳이기도 하다.

창평에 소태산 대종사의 가르침을 처음 소개한 사람은 일타원 박사시화(1867~1946)이다.

일타원 박사시화의 방문 순교지는 예타원 김성덕의 자택으로 담양군 창평면 용수리 115(수곡길 120)이다.

▲ 일타원 박사시화

▲ 예타원 김성덕

◀박사시화의 방문 순교지인 김성덕의 집

◎ 창평 고씨 집안 김성덕과 박효진이 원불교와 인연이 된 이야기이다.

남원 인근 담양군 창평면에서 세거하는 장흥 고씨 집안이 원불교에 입문한 것은 남원 수지의 몽심재 안주인 정형섭의 막내딸인 박효진에 의해서다. 박효진은 박영식(큰오빠), 박장식(작은오빠), 박진오(언니) 등 다복한 집안의 막내로 생활하다가 창평 고씨인 고정진(정석)과 결혼하였다. 1935년(원기 20년) 박사시화의 연원으로 입교를 하고 이듬해 친정어머니(정형섭)를 따라 익산총부 갑술년 동선에 참가했다. 박효진은 만석꾼 부잣집 딸이라고 해도 신학문을 공부할 수 있도록 학교에 보내주지 않은 것과 일찍 결혼시킨 것에 항상 아쉬움이 있었다. 그런데 3개월 선을 나면서 그동안의 원망심이 봄 햇살에 눈 녹듯이 사라져 버렸다. 해제식이 있기 전 박효진은 소태산 대종사의 마지막 은부녀恩父女가 되는 영광을 얻었다.

▲ 두타원 박효진

박효진은 창평 시댁에 돌아와 불법연구회(원불교 전신)에 대한 말씀을 드리자 시어머니 김성덕은 새 회상(불법연구회)과 인연이 있었든지 바로 알아보고 대종사를 만날 날을 꿈꾸다가 42살이 되던 이듬해 박사사화 선진의 지도(방문순교)로 일가 7명과 함께 즐거이 입교하고 44살 때 익산총부로 가서 처음 뵈었다. 대종사는 "큰 일꾼 되겠구먼"하고 법명을 성덕成德이라고 지어 주셨다.

이때부터 김성덕은 원불교와 인연을 맺게 되었다. 그 이후 서울 돈암동에서도 대종사님을 뵈었고, 대종사님께서 열반하셨다는 말을 듣고는 총부까지 달려가 장례식에 참석했으며 창평면에 교당이 세워지는데 정신·육신·물질로 큰 공헌을 하였다. 김성덕은 4남 1녀를 두었는데 아들 자녀가 원불교의 큰 역할을 하는 인재로 자란다.

(『불보살의 땅 남원』, 127~128쪽)

〈 김성덕의 법명 〉

예타원 김성덕金成德이 총부에서 대종사님을 뵈니 법명을 주시며 말씀하셨다.

"앞으로 큰 인물 되겠습니다. 부지런하게도 생겼습니다. 한 평생 열심히 일만 하느라고 아플 시간도 없겠습니다. 여자이지만 남자보다도 더 큰 일꾼이 되겠습니다. 법명을 이룰 성成자 큰 덕德 자로 합시다."

그 후 김성덕은 창평교당 창립유공인과 겸면교당·담양교당 창립주로서 역할을 하였다.

(서문성, 『원불교 예화집』 1권, 94쪽)

◎ 다음은 창평출장소 창립의 주역인 권일경에 대한 이야기이다.

▲ 창립주 만타원 권일경 교무

2. 『원불교 창평교당 창립 60년
사』, 73~74쪽

광주 근교의 창평에 원불교가 처음으로 출장법회를 보게 된 것은 만타원 권일경의 특별한 신심과 노력 덕택이었다.

권일경은 이지일 교무와 친척으로 소태산 대종사 당대에 이지일 교무을 연원으로 입교한 교도였다. 처음부터 일원대도법을 알아보고 신심을 발하여 자신이 살고 있는 창평에 교당이 없는 것을 안타깝게 생각하고 있었다. 그래서 관촌교당 교무로 재직하고 있는 이지일 교무님의 인연을 따라서 참석하는 열성을 보였다. 물론 남편의 이해가 없어서 남몰래 다녔던 것이다.

권일경은 일찍이 결혼했지만 세상살이에 별 재미를 느끼지 못하던 중이 법을 만나 법열에 충만하게 되었다. 한동안 관촌교당 행사 때면 다니던 권일경은 이지일 교무님에게 창평에 출장법회를 권해 1946년(원기 31년) 2월 10일에 자신의 집에서 첫 출장법회를 보게 되었다. 이후 1952년(원기 37년) 8월 8일 광주권역 최초의 출장소로 발족된다.[2]

권일남은 1940년(원기 25년) 이지일 교무의 연원으로 입교해 '일경一經'이라는 법명을 받는다. 권일경(1918~1985, 법호: 만타원)은 창평에 사는 이훈택과 결혼해, 관촌교당 이지일 교무를 모셔다가 자신의 집에서 출장 법회를 본다. 6·25한국전쟁 때에 창평 우체국장이던 남편이 죽음을 당하자 당시 우체국이 권일경의 사가여서 우체국 사택에서 법회를 보게 된다.

권일경은 창평교당의 창립주였고 이후 전무출신하여 사비로 겸면교당과 담양교당을 일궈낸다.

(『원불교 창평교당 창립 60년사』, 75~76쪽)

창평교당은 광주 권역의 최초의 법회지이다. 1946년(원기 31년) 2월 10일 첫 출장법회가 옛 창평교당에서 열렸다. 그때의 초가 모습을 사진으로나마 엿볼 수 있다.

'원불교창평출장소'의 간판을 내건 초가의 모습(왼쪽 사진)과 이후에 지금

▲ 원불교 창평출장소　　▲ 원불교 창평지부

의 창평교당 내 성덕원 자리(창평읍 삼천리 2구 88)에 있던 기와집(오른쪽 사진)을 임대(원기 44년)하여 '원불교창평지부'를 마련한다. 간판이 '원불교창평출장소'에서 '원불교창평지부'로 바뀌어 있다.

첫 창평교당은 개인 가옥(파란 양철지붕)으로 남아 있는데 옛 모습과 달리 많이 바뀌어 있다. 옛 창평교당(창평출장소)이 자리해 있었던 곳은 현재 담양군 창평면 사동길 36번지이다.

▲ 옛 창평출장소 터(담양군 창평면 사동길 36번지)

▲ 1956년(원기 41년) 창평교당 제1회 강습

　　제1회 강습講習은 초가인 원불교창평출장소(현재의 사동길 36번지)에서 열렸다. 1959년(원기 44년) 지금의 교당 터를 임대하여 원불교창평출장소에서 원불교창평지부로 간판을 바꿔 달게 된다.

▲ '의병로 161~165'
　 안내판 내걸린 골목 입구

〈 최초의 창평교당 가는 길 〉

'의병로 161~165 도로주소' 안내판 내걸린 골목길로 들어선다. 갈래길에서 왼쪽으로 옛스러운 골목길을 지나면 옛 창평교당(창평출장소)의 가옥 입구 문에 이른다.

▲ 옛 창평교당(창평출장소)
　 가는 양 갈래의 왼쪽길

▲ 옛 창평교당(창평출장소)
　 가는 왼쪽 돌담길

▲ 옛 창평교당(창평출장소) 입구

창평교당의 출장법회는 해방 이후인 1946년(원기 31년)부터 시작한다. 아래의 자료는 1946년(원기 31년) 출장 법회부터 1952년 출장소 개소까지 역사 기록이다.

〈 출장법회의 역사 〉

원기 31년(1946) 2월 10일	관촌교무 이지일 초대출장
원기 31년(1946) 9월 15일	교무 이태연, 이지일 제2차 출장
원기 32년(1947) 4월 05일	교무 이지일 제3차 출장
원기 32년(1947) 8월 20일	교무 이태연, 이지일 제4차 출장
원기 33년(1948) 3월 25일	교무 이지일 제5차 출장
원기 34년(1949) 4월 15일	광주 교무 임선양 제6차 출장
원기 34년(1949) 5월 05일	교무 임선양, 김영신 제4차 출장
원기 37년(1952) 2월 15일	교무 이지일 제8차 출장
원기 37년(1952) 6월 15일	교무 임선양, 신제근 제9차 출장
원기 37년(1952) 8월 04일	교무 임선양, 순교무 박재권 출장
원기 37년(1952) 8월 08일	오후3시, 출장소 간판 게양식 거행 교무 이지일 선생 역임

출처 : 『원불교 창평교당 창립 60년사』 1.교당의 태동과 발전 1)설립, 73쪽

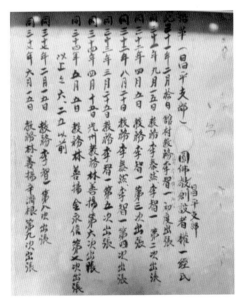

▲ 창평교당의 역사(1)

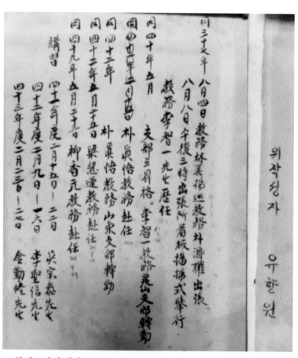

同三十九年　八月四日　教務林養悟巡教務朴澤權出派

八月八日午後三時出張所着板揭揚式擧行

教務李智一先生歷任

同四十年五月　支部昇格　李智一教務靈山支部轉勤

同四十一年三月　朴眞悟教務赴任

同四十二年　朴眞悟教務山東支部轉勤

同四十二年五月二十五日　梁愿運教務赴任

同四十九年五月二十三日　柳奇元教務赴任

講習　四十一年度二月二十日一二十二日　吳宗泰先生

四十二年度二月九日一十六日　李聖信先生

四十三年度二月二十一日一二十日　金勤修先生

위작성자　유향원

▲ 창평교당의 역사(2)

　* 유향원 교무는 권일경 교무의 구술을 총 6장으로 정리하고서 마지막에 '위 작성자 유향원'이라고 기록자를 밝히고 있다.

18. 함평 출신, 향산 안이정의 출가 이야기

▲ 안이정

▶ 안이정(安理正, 1919~2005)은 함평 월야면 예덕리 출신으로, 본명은 중태重泰, 법호는 향산香山이다. 향산 안이정의 고향인 예덕리는 고분군이 있는 유서 깊은 곳이며, 특히 예동은 죽산 안씨의 집성촌으로 독립운동가 석정 안후덕(1905.11.11~1946.11.25)의 고향이기도 하다.

안이정은 3·1운동이 일어나던 1919년 2월 21일 전남 함평군 월야면 예덕리에서 부친 안석구安錫龜 선생과 모친 박정업朴淨業 여사의 4남 2녀 중 막내아들로 태어났다. 어려서 서당에서 약 3년간 한문을 배운 후 장성 삼서보통학교에 입학(1928년)해 졸업하고, 이어서 광주 서중에 입학(1935년)하여 공부하다가 가정형편으로 2학년을 중퇴했다. 공부를 더 하고 싶은 마음에 강의록을 받아 중학과정을 마치고, 고등학교 과정도 중간쯤 공부했다. 한편 한문공부도 계속해서 사서四書를 모두 마쳤다.

안이정은 1940년 가을, 백양사를 찾아 입산하였으나 공부길을 잡지 못하고 방황하던 중 이모 박천시옥朴天始玉의 연원으로 불법연구회(원불교 전신)에 인도되어 입교(1940.12.24.)했다. 1941년(원기

▲ 안이정 『원명부』

▲ 예덕리 예동 표석

26년) 익산총부에서 동선을 마치고 전무출신하게 된다. 향산 안이정의 입교는 원명부에 No. 남1924로 나와 있다. 향산 안이정의 탄생지요 성장지는 함평군 월야면 예덕리이다. 다만 원명부의 주소지는 정성군 황룡면 옥정리로 기록되어 있다. 그러므로 백양사에서 집으로 되돌아간 곳이 어디인지 불분명하다. 함평군 월야면 예덕리 또는 장성군 황룡면 옥정리 중 하나이다.

원불교에서는 재가 생활을 거진출진居塵出塵이라 하고, 출가 생활을 전무출신專務出身이라 한다. 거진출진은 재가회원으로서 '진세의 향락을 끊고 오직 본회의 공부와 사업에 낙을 가진 이'라 칭한다면, 원불교의 출가 교역자를 총칭하는 '전무출신'은 초기의 '전무주력자專務主力者', '전무노력자專務努力者'라는 용어에서 유래해 발전한 개념이다. '오롯이 공도公道에 힘써 일하기 위해 원불교에 출가하여 헌신한다.'는 의미이다.
(『원불교대사전』)

◎ 향산 안이정의 전무출신 이야기이다.

향산 안이정은 20세 무렵(1938년) 부친이 세상을 떠나자 향산 종사는 인생무상을 느끼고 영원히 의지할 수 있는 신앙처를 찾아 영생을 개척할 수 있는 길이 없을까 하는 생각에 잠기게 됐다. 이 무렵 동네 어른들로부터 큰 도인을 만나 공부하면 상통천문上通天文 하달지리下達地理할 수 있다는 말을 들었다.
21세 되던 1940년(원기 25년) 가을, 안이정은 백양사를 찾았다. 당시 백양사에는 당대의 고승으로 선리禪理에 밝았으며 뒷날 조계종 종정을 역임한 송만암 스님이 주석하고 있었다. 백양사 입구에 들어서니 고요하고 맑은 분위기가 마음에 들었다. 수선修禪 대중이 읽는 금강경 소리가 청아하고 낭랑하였다. 향상 종사는 송만암 스님을 만나 큰 공부하고 싶어서 찾아왔다고 했더니 선방에서 공부해보라는 승낙을 받았다.

첫날밤에 향산 안이정은 이상한 꿈을 꾸었다. 검정 도포를 입은 준엄하게 생긴 노인이 나타나 크게 꾸짖는 것이었다.

"네 이놈! 왜 여기에 왔냐. 당장 떠나거라. 이곳은 네가 있을 곳이 아니다."

약 두 달가량 '수심결'과 '금강경'을 배우고 나서 또 첫날밤과 같은 꿈을 꾸었다. 향산 안이정은 집으로 돌아왔으나 마음은 방황하고 있었다. 모친이 이를 보고 말했다.

"네가 그처럼 큰 공부를 하고 싶다면 절로 찾아가는 것보다 이모를 한번 찾아가서 상의해 보아라."

향산 안이정의 이모 박천시옥朴天始玉은 당시 영광 신흥교당 교도였다. 안이정은 이모(입교 연원자)를 통해 신흥교당 형산亨山 김홍철(1902~1987) 교무를 만나 설법을 듣고 마음이 편안해졌다. 향산 안이정은 다시 영산성지를 찾아 정산종사(1900~1962)를 뵙고 도道와 덕德에 대한 법문을 들었다. 김홍철 교무의 말씀에 마음의 안정을 얻었고 정산 종사의 말씀에 뜻이 분명해졌다.

"내가 영생을 의지할 곳이 바로 여기구나. 내 마음을 다 바쳐 공부할 스승을 만났구나."

향산 안이정은 이런 생각이 들자 정산 종사에게 말했다.

"저도 이 공부를 꼭 하고 싶습니다. 무슨 좋은 방법이 없을까요?"

"며칠 후, 익산총부에서 동선冬禪 결제가 있으니 그때 총부로 가면 대종사를 뵈올 수도있고 큰 공부를 할 수도 있을 것이다."

향산 안이정은 기쁜 마음으로 익산 총부를 찾았다. 주산 송도성(1907~1946) 교무의 안내로 대종사를 뵈었다.

대종사를 뵈는 순간 깜짝 놀랐다. 백양사에서 꿈에 두 번이나 나타났던 검정 도포 입은 바로 그 분이었기 때문이었다. 며칠 후 대종사는 안이정이란 법명을 내리시며 말씀하셨다.

"안安 자는 정定이요, 리理 자는 혜慧이며, 정正 자는 계戒라, 곧 정신수양 사리연구 작업취사의 삼학三學을 요약한 것이다. 이대로만 공부하면 삼대력을 얻어 우리 회상의 대들보가 되고 우리의 주인이 될 수도 있다. 영원한 생명을 얻은 큰 불보살이 될 수 있을 것이다."

향산 안이정은 동선이 끝난 이듬해 봄, 1941년(원기 26년)부터 전무출신을 단행했다.

(『원불교법훈록』, 향산 안이정 편, 30~31쪽. 손정윤, 『원각성존 소태산 대종사 일화집』, 203~204쪽)

▲ 향산 안이정

향산은 전무출신으로 출가할 때 소태산 대종사로부터 안이정이란 법명을 받게 된다. 소태산은 안이정의 법명을 정신수양·사리연구·작업취사인 삼학의 뜻으로 지어주었다. 이러한 법명을 받은 안이정은 정기훈련 중 삼학을 가지고 강연을 하게 되었다. 안이정은 이때 소태산 대종사로부터 지적을 받은 일이 있었다. 향산 안이정은 그때 그 말씀이 잊혀지지 않는다고 회고한다.

안이정은 강연의 결론을 외쳤다.

"정력을 얻고 혜력을 얻고 계력을 얻어, 이 삼대력을 얻어 원만한 인격을 이루기까지 노력할 것을 다짐합니다."

그러자 소태산 대종사는 안타까워했다.

"에이 녀석, 계력이 무엇이냐 취사력이라 해라"

(안이정, 『원불교교전해의』, 443쪽)

소태산은 안이정에게 법명을 주면서 정신수양·사리연구·작업취사를 불교의 계·정·혜에 연계하여 설명해 주었다. 이는 계정혜를 실마리로 당신의 가르침인 정신수양精神修養·사리연구事理硏究·작업취사作業取捨의 삼학三學을 제대로 공부하여 수양력修養力·연구력硏究力·취사력取捨力을 실현하기를 바란 것이다. 그런데 계력戒力이라 하니 소태산은 실망한 것이다. 당신의 의도인 '취사력'이라고 주장하는 강연을 듣고 싶었던 것이다. 소태산은 계력을 취사력으로 고쳐준다. 결국 정신수양을 통해 수양력을, 사리연구를 통해 연구력을, 작업취사를 통해 취사력을 얻으라는 것이다. 전무출신으로 출가하는 과정에서 '안이정'이란 법명을 받게 되고, 이 법명대로 정신수양·사리연구·작업취사의 삼학으로 삼대력을 발현하는 것이 향산 안이정의 구도의 여정이었다. 삼대력三大力를 나투는 것이 향산 안이정의 전무출신 생활이요 수행이었다.

◎독립운동가 석정 안후덕과 함평 고분군
　향산 안이정의 고향마을 예동에는 같은 집안의 독립운동가 석정 안후덕(1905~1949)의 생가가 보존되어 있다.

▲ 석정 안후덕 생가(함평군 월야면 예덕리 예동길 103-26)

▲ 함평 예덕리 고분군 안내도

또한 향산 안이정의 고향인 예덕리 인근에는 세 곳의 고분군이 있다. 함평 예덕리 고분군, 함평 예덕리 신덕고분군, 그리고 함평 월계리月溪里 석계 돌방石室고분군이 그것이다.

함평 예덕리 고분군의 북쪽으로 약 0.4㎞ 떨어진 곳에는 함평 예덕리 신덕新德 고분군의 전방후원분前方後圓墳이 있으며, 서북쪽으로 약 1㎞ 떨어져 함평 월계리月溪里 석계 돌방石室 고분군이 있다.

함평 예덕리 고분군은 전남 함평군 월야면 예덕리 산170-3, 12, 13번지에 위치하고 있으며, 전라남도 기념물 제55호이다.(1981.10.20. 지정)

함평 예덕리 신덕 고분군은 전남 함평군 월야면 예덕리 산176·177·178번지에 위치하고 있는 삼국시대 고분이다. 전라남도기념물 제143호이다.(1992.03.09. 지정)

함평 월계리月溪里 석계 돌방石室 고분군은 전남 함평군 월야면 월계리 산 416-1에 소재하고 있는 삼국시대 백제의 돌방무덤, 석실분이다.

▲ 함평 예덕리 신덕 고분

예덕리 예동 마을의 안후덕의 활동과 함평 고분군은 향산 안이정의 어린 시절 성장에 직·간접적인 영향이 있었을 것이며, 또한 전무출신의 출가에 밑거름이 되었을 것이다.

19. 사타원 이원화의 출생지, 영산포

▲ 사타원 이원화 원명부(여 No 2)

▶ 사타원 이원화(李願華, 1884~1964)는 여자 전무출신 1호로, 소태산의 대각 전후에 구도의 뒷바라지를 했던 인물이며, 초창기 영산 공동체의 따스한 어머니였다.

이원화의 본명은 봉순奉順이요, 법호는 사타원四陀圓이다. 1884년 10월 3일 전남 영산포에서 부친 이씨와 모친 김시심화金是心華의 무남독녀로 출생하였

다, 첫 결혼 후 아들 한 명을 낳았지만 남편과 사별했다. 이후 재혼해 아들을 낳았으나 남편과 헤어졌다. 어렵게 인생의 전반기를 살다가 소태산과 인연이 된다.

원명부 상으로는 No 2. 원기 9년(1924년) 12월 21일, 소태산의 연원으로 입회하여 원화願華라는 법명을 받는다. 입회한 날이 전무출신으로 출가한 날이다.

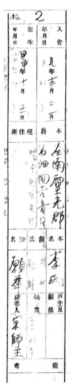

▲ 이원화 원명부

소태산 20세 때 구도를 후원해 온 부친이 열반하자 잠시 구도를 접고 부친이 남긴 빚과 가족의 생계를 위해 생업에 뛰어든다. 이 무렵 이원화는 재혼한 남편과 헤어지고 친정 격인 양부모집에 들어와 살고 있었다. 김성서는 소태산의 부친과 친구로 소태산의 딱한 사정을 알고 질녀인 이원화와 주막을 차리도록 주선한다.

그리하여 소태산과 이원화는 길룡리 용암마을 귀영바위 근처에 주막을 차리게 되어, 인연이 시작된다. 하지만 이마저도 실패하게 되자 이를 안타

▲ 귀영바위 주막 터(현 영산성지고등학교 정문 입구)

▲귀영바위 굴(소태산 수양지)

깝게 여긴 외숙 유성국(법명: 건)의 친구 이인명(법명: 순순)이 칠산 바다 탈이섬(신안군 임자면 대광해수욕장 앞 섬)에 가서 한철 장사하자고 권유한다. 탈이섬에 가게 된 소태산은 이곳에서 장사의 수완을 발휘하고 이윤을 상당히 남겨 빚을 청산하게 된다.

소태산은 빚을 청산하자 뒤도 안 돌아보고 다시 구도에 들게 된다. 소태산에게 구도는 무엇과도 바꿀 수 없는 숙명이었다. 이원화는 소태산의 눈물 나는 대각 전후의 과정을 곁에서 시봉하는 지중한 인연이 된다.

이 당시 소태산의 구도를 도왔던 외숙 유성국이며 외숙의 친구 이인명은 향후 소태산의 제자가 된다. 소태산은 가까운 인연과 고향에서 교화를 시작하는데, 이 점이 소태산의 교화 특징 중 하나이다.

이원화는 소태산의 대각 후 첫 여성제자요. 첫 여성 전무출신으로 인정받았다. 또한 방언공사와 최초의 교당인 구간도실 건축에 조력했다. 영산 공동체의 도량인 영산원 안살림의 주인이 되어 모든 노고를 다했다. 영산원은 돛드레미에 자리 잡고 있는 도량으로, 영산교당·영산사무소·영산학원의 모태이다. 이원화는 영산에서 감원·순교의 직으로 40여 년간 봉직했다.

『대종경』 변의품 2장에 등장하는 이원화는 소태산으로부터 "그 발원과 행실이 진급기에 있는 사람"이라고 칭찬받았다. 천성이 어질고 활발하여 사람들과 잘 화和했으며 학원생들과 영산 지역민들의 따스한 어머니 역할을 했다. 1964년(원기 49년) 2월 17일 세수 81세를 일기로 열반에 들었다.

(『원불교대사전』)

이원화는 2번의 결혼으로 만만치 않은 삶을 살았다. 이후 소태산과의 만남은 그녀에게 희망을 주었으며, 전무출신은 그녀로 하여금 떳떳하고 인간다운 삶을 살 수 있는 길이 되었다.

이원화는 어떤 인연으로 자신의 생부모를 알게 되었다. 소태산의 가르침에 따라 가슴 속의 회한을 녹여내어 낳아주신 영산포의 부모[1]도 부모요, 길러주신 영광의 부모도 부모라 여기었다. 결국 어린 시절의 악연도, 성장 과정의 어려움도, 결혼생활의 고단함도 다 녹여냈던 것이다. 소태산 대종사는 이러한 이원화를 '진급기에 있는 사람'이라 했다.

▲ 영산 공동체의 따스한 어머니. 사타원 이원화

◎ 사타원 이원화에 대한 교단의 기록이다. 부모와 생이별한 나이에 차이가 있다.

선생은 1884년 10월 3일 전남 나주 영산포榮山浦에서 …… 탄생하였다. 선생은 4세 때 때마침 흉년이던 어느 날 문밖에서 놀다가 엿을 사준다는 어떤 사람의 등에 업혀 영광읍에까지 오게 되었다. 그 사람은 부호인 김진사를 찾아가서 "이 아이는 어떤 미천한 집의 아이로 부모가 구몰俱沒하여 의지할 곳이 없으니 불쌍히 여기어 약간의 보상을 주고 기르십시오.」하매 김진사 그 사람에게 보상을 주고 돌려보낸 뒤 아이의 태도와 언어를 보니 미천한 집 아이도 아니요 몰부모沒父母한 아이도 아니라 자기 부인에게 친자식같이 양육하게 하매, 여기서 김진사 부부를 친부모로 알고 자랐으며 이씨李氏라는 성은 어렸을지라도 들었던 바를 기억하여 알았고 또 출생지가 영산포란 것은 장년이 되어서 어떠한 인연으로 그 내역을 알게 되었다 한다.[2]

(『원불교제일대창립유공인역사』 1권, 105쪽)

1. 이원화의 친모 이름인 시심화是心華는 법명인 듯하다. 이원화는 생모에게 법명을 주어 생이별을 녹여냈을 것이다. '이 마음을 꽃 피우고 빛내라'는 법명으로 원한을 녹여버린 것이다.

2. 『법훈록』에 공식 기재되어 있는 1884년 태생은 이원화가 나중에 친부모와 출생지를 파악하면서 알게 된 사실로 보인다.

사타원 이원화李願華는 대종사가 법명을 주기 전에는 이름이 없었다. 그녀의 출생과 성장 과정에 대해 잘 알려져 있지가 않다. 공식적인 기록에 의하면 이원화는 1884년(甲申) 10월 3일(음) 전라남도 나주군 영산포에서 태어난 것으로 되어 있다.[3]

어느 해 호남 일대에 몹시 흉년이 들었다. 어느 날 문밖에서 놀다가 엿을 사준다는 어떤 사람의 등에 업혀 영광읍에 오게 되었다. 그녀가 아홉 살 되던 해에 유괴되었다. 이씨라는 성은 어렸을지라도 들었던 바를 기억하여 알고, 또한 출생지가 영산포라는 것은 장년이 되어 어떠한 인연으로 그 내역을 알게 되었다고 한다.

슬하에 자식이 없는 영광 김진사 댁에 어떤 사람이 아이를 업고 와서 통사정을 하였다.

"이 아이는 어떤 미천한 집의 아이로 부모가 구몰하여 의지할 곳이 없습니다. 불쌍히 여기어 약간의 보상을 주고 이 아이를 거두어 주십시오."

이에 얼마의 돈을 주고 이씨 성을 가진 이 여자아이를 거두어 심부름을 시키며 부엌 동자치로 두었다.

하루는 아이가 진사어른이 갓 쓴 것을 보고 '저 갓 우리 할아버지하고 같다'고 하였다. 이를 보아, 아이의 태도와 하는 짓이 미천한 집의 아이도 아니며 부모가 없는 아이가 아니라는 것을 알고 김진사는 아이를 천덕스럽게 여기지 아니하고 수양딸로 키웠다.

(박용덕, 『구수산 칠산바다』, 106~108쪽)

이원화는 나주 영산포 출신으로 어린 시절 생이별을 당해 슬하에 자식이 없는 영광의 김진사 댁에 의탁하게 된다. 김진사의 수양딸로 어떤 대우를 받았는지에 대해서는 엇갈리고 있다.

첫 번째는 당시 생이별 당한 많은 사건들과 마찬가지로 그녀의 삶은 심부

216

름꾼 또는 부엌일 등을 거드는 하녀 역할을 벗어
나지 못했다는 해석이다. 두 번째는 아이의 태도
와 언어를 보고서 미천한 집 아이도, 몰부모沒父
母한 아이도 아니어서 자기 부인과 함께 친자식
같이 양육했다는 입장이다.

이원화가 수양딸이 되어서도 이름을 갖지 못
했다는 사실을 고려한다면 아무래도 심부름꾼
또는 부엌일하는 역할이었을 것이다.

▲ 사타원 이원화가 영산 공동체의 따스한 어머니 역할을 했던
영산원 도량

사타원 이원화가 생이별 당시의 나이는 사람
이름도 마을 이름도 기억할 수도 없고 인지할 수도 없는 4세 무렵일 것이
다. 9세라면 4세와 달리 사람 이름도 마을 이름도 기억했을 것이다. 이원
화는 소태산으로부터 법명을 받기 전에는 이름이 없어 동네 사람들이 큰
아들을 부르는 '바랭이'라는 호명을 따라 '바랭이네'로 불리었다.
들판 어디나 피는 들풀 바랭이가 그녀의 삶을 잘 나타내는 이름이었던 것이다.

그녀는 "일찍부터 심중에 도사를 만나 도를 배우고 도사를 후원하고 싶
은 남다른 서원이 있었는데 우연히도 대종사님를 만나
가까이서 구도를 돕고 회상 창립에 참여하여 행복을 누
렸다."고 회고한다. 소태산 대종사는 이러한 바랭이네의
원력에 따라 원할 願, 꽃필 華, 원화라는 법명을 준 것이
다. 바랑이네가 원화로 꽃 피운 것이다.

▲ 일제강점기 영산포 포구 모습

◎ 당시의 영산포는 내륙포구로서 익명의 많은 사람들
이 내왕하는 곳이었고, 육로와 해로를 통해 영광·법성포
등으로 빈번하게 거래하는 상업지역이었다. 이렇게 번잡한 곳이라 아동들
이 부모와 생이별을 당하기도 했다.

▲ 일제강점기 영산포 포구 모습

영산포는 19세기 말 이전에도 내륙 깊숙이 배가 들어오는 곳으로 남도의 젖줄이었는데, 1897년 목포항이 개항되면서 배와 사람들이 밀물처럼 몰려들기 시작하였다. 일제는 영산강을 통해 호남평야에서 생산된 쌀들을 목포항으로 실어갔다.

영산포는 삼한시대부터 교통의 요지로 고려와 조선시대에는 진과 영산창榮山倉이 각각 설치돼 있었다. 일제강점기에는 조선수탈의 기지지만, 70년대 영산강 하구언 건설로 인해 어업과 운송의 기능을 상실했다. 그 후, 영산포는 내륙 항구 역할을 더이상 할 수 없게 되었다.

▲ 영산포 전경

사타원 이원화는 영산포에서 부모와 생이별을 했지만 소태산의 마음공부법으로 영산포를 해원의 땅으로 승화시켰던 것이다.

20. 소태산의 법설 예화, '영암 덕진 다리'

▶ 영암 '덕진이 이야기'는 영광 구수미의 '최일양대 이야기', 변산의 '포수와 산돼지' 이야기, 김제의 흥복사의 '흥복 이야기' 등과 함께 소태산 대종사의 인과 예화 중 하나로 잘 알려져 있다.

소태산 대종사는 주변의 이야기를 적재적소에 사용했다. 영암 지방의 덕진 다리와 관련된 이 이야기는 소태산 대종사 주변 민초들의 소박한 꿈과 바람이 담긴 이야기였다. 이를 법설의 예화로 사용해 민초들과 이야기 나누며 지혜로 이끈 지혜문학의 산물인 것이다. 덕진 다리의 유래는 양산 김중묵의 『인과의 세계』에도 소개되어 있다.

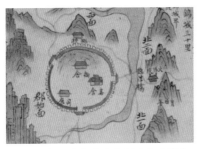
▲ 『해동지도』(영암)의 덕진면 (덕진교) 일대

덕진면은 전라남도 영암군 중앙부에 위치한 면이다. 이전에는 면내 용산리·장선리·덕진리 일부가 영산강의 해수면에 접하였으나 영암과 목포를 연결한 영산강 하구둑 축조로 인하여 내륙지역이 되었다. 덕진은 덕진다리德津橋 전설과 관련한 덕진리가 면 소재지라는 데서 유래하였으며, 덕진리는 영암군 북일면 지역으로서 덕지개가 있어 덕진개 또는 덕진포, 덕진이라 하였다.

전라남도 영암군 영암읍과 덕진면 경계에는 영암천(옛 덕진천)이 흐른다. 덕진교가 있었고, 다리의 서쪽은 덕진포 포구로, 덕진리 교변 마을과 영암읍의 역리 마을 사이에 덕진교가 있었다. 나주에서 영암읍에 이르기 위해서는 예나 지금이나 반드시 이 다리를 건너야 하는데 조선 시대 덕진교는 지금의 위치보다 약 60m 서쪽에 있었다. 한때 덕진 석교가 일부 복

1. "일명 '덕진이 이야기'로 전해지는 덕진다리의 유래는 양산 김중묵의 『인과의 세계』에도 소개되었다. 범산 이공전은 '대종사 사용하셨던 예화'를 말할 때 자주 소개하는 이야기다." 서문성, 덕진다리의 유래, 『원불교초기교단예화모음』, 원불교출판사, 36쪽

2. 덕진면[德津面, Deokjin-myeon], 한국지명유래집 전라·제주편 지명, [네이버 지식백과]

3. "덕진 다리에 얽힌 덕진 여인의 애환", 전라남도 영암군, 변남주, 한국향토문화전자대전, 한국학중앙연구원, 2013년, http://www.grandculture.net

4. "덕진 다리에 얽힌 덕진 여인의 애환", 징검다리로부터 오른쪽 둑길 위로 오르면 둑길 바로 앞에 덕대석교창주덕진지비각이 세워져 있으며 바로 왼쪽에 덕진재각이 있다. 덕진재각 안에는 덕진재 사당이 있다. 덕진다리, 덕진재각 소재지는 전남 영암군 영암읍 대신리 704-20 이다.

5. "덕진아씨 예쁜 다리", 『영암신문』, 2017.06.12. http://www.yasinmoon.com

원되어 있었으나 2009년 무렵 하천 공사 시 없어지고 대신 징검다리가 만들어져 있다.[3]

▲ 오늘날 영암 덕진다리[4]

덕진다리의 모습은 오늘날 징검다리 모습이 아니었다. 덕진천에는 나무다리가 놓여 있었지만 물이 차오를 때는 나무다리를 건너가기 어려웠고 간혹 무너지기도 했다. 나무다리를 건너지 않으면 덕진천 상류 누릿재까지 한나절이 걸렸다. 그래서 덕진천을 가로지르는 튼튼한 돌다리를 놓은 것이다. 다리 한가운데에는 작은 배가 지나갈 수 있는 커다란 통로를 두고, 강한 파도에 휩쓸리지 않도록 돌로 쌓은 무지개다리가 놓였다고 전해져 온다.[5]

▲ 영암에서 전해 내려오는 덕진다리의 모습 상상도

◎ 소태산 대종사가 법설 예화로 사용하신 '영광 관철네 마당'과 '덕진 다리'에 관한 이야기 이다.

〈 덕진다리의 유래 〉

영광에 가면 '관철네 마당'이라는 말이 있다. 실속 없이 넓고 크기만 한 마당을 가리키는 말이다. 조선말 일제강점기가 막 시작될 무렵 영광 법성에 관철이라는 사람이 살고 있었다. 그런데 이 사람은 한해 3천석이나 걷어 들이는 부자였지만 어찌나 성질이 고약하고 욕심이 많던지 혀를 내두르지 않는 사람이 없었다.

어느 정도 욕심이 많은가 하면 가을에 소작인들이 농사를 망쳐 소작료를 조금 감하자고 하면 "다른 사람은 농사를 잘 지었는데 왜 그대만 농사를 잘못 지어 그러느냐. 그렇게 농사 지으려면 논을 내 놓으라"고 야단을 치는 바람에 소작인들은 논을 빼앗길까 아무 말도 못하고 참고 있었다. 또 소작료를 가지고 가면 마쟁이[되나 말로 곡식을 되어주는 사람]를 시켜 말로 되게 하는데, 마쟁이에게 돈을 주고는 말을 듬뿍 듬뿍 되게 하였다. 그렇게 하지 않았다가는 마쟁이 자리를 빼앗기기 때문에 마쟁이도 할 수 없었던 것이다. 그런가 하면 또 풍구쟁이[곡물의 쭉정이·겨·먼지 등을 가려내기 위해 풍구질 하는 사람]를 시켜 곡식을 풍구질하는데, 쭉정이 하나 없이 깨끗하게 풍구질하게 하니 소작인들이 한 섬을 가져가면 한두 말 축나는 일이 예사였다. 그러니 억울한 소작인들이 그를 욕하기를 "죽어서 구렁이나 되라. 지옥에나 떨어져라."하는 말을 하곤 했다.

그런데 관철이가 시감을 앓게 되었다. 시감이란 감기 비슷한 증세로 열이 오르는 병이다. 그래서 약방에 가서 약을 지어 달여 먹었는데 그만 죽고 말았다. 의사가 감기인 줄 알고 약에 인삼을 넣었기 때문에 열병에 인삼이 들어가니 죽어 버리고 말았던 것이다.

죽은 관철은 청의동자[푸른 옷을 입은 남자 아이]의 안내를 받아 어디론가 가게 되었다. 한참을 가니 시퍼런 강물이 있고 그 강물 위에 외나무다리가 놓여 있었다. 동자의 뒤를 따라 조심스레 그 다리를 건너니 거기가 저승이라고 했다.

저승에 이른 관철이 동자의 뒤를 따라 당도한 곳은 재판정이었다. 재판정 안에는 염라대왕이 위의를 갖춰 앉아 있고 그 주위에 수많은 판관들이 앉아 있었다. 염라대장 앞에 이르자 관철을 본 염라대왕께서 "너는 아직 올 때가 아닌데 왜 왔느냐. 어서 나갔다가 8년 후에 오너라."하는 것이었다. 그러자 관철이 나오려고 생각하니 집에서 가지고 간 여비를 다 써버리고 없었다. 그것을 걱정하니 염라대왕께서 "네 창고에 가면 거기에 돈이 있을 것이니 거기 가서 가져가라"고 하는 것이었다.

안내를 받아 창고에 가보니 커다란 창고 앞에 '관철지고貫徹之庫'라 쓰여 있었다. '아 여기에도 내 창고가 있구나.' 싶어서 기쁜 마음으로 창고 문을 열어 보니 그 안이 텅 비어 있고 오직 주춧돌 세 개와 볏짚 다섯 다발이 덩그렇게 놓여 있지 않은가? 주춧돌 세 개는 사촌이 집을 지을 때 좀 도와 달라고 하니 다른 것은 아까워 주지 못하고 겨우 주춧돌 세 개 주었던 것이 거기에 있었던 것이요, 볏짚 다섯 다발은 이웃집 가난한 여자가 어린애를 낳고 굶주리고 있을 때 다른 것은 아까워 주지 못하고 나무(땔감)하라고 주었던 것이었다.

그래서 돈이 하나도 없으니 가지고 갈 것이 없었다. 할 수 없이 다른 사람의 창고에서 돈을 빌려가기로 하고 옆의 창고를 가니 '덕진지고德津之庫'라 쓰여 있는데 그 안에는 금, 은, 돈, 식량 등 할 것 없이 가득 차 있었다. '얼마나 부자이기에 이토록 돈이 많을까.' 생각하면서 노자를 좀 얻어가지고 돌아오다가 지난번에 건넜던 외나무다리에 이르러 깜짝 놀라 눈을 떠보니 자기 집에 누워 있었다. 그는 죽은 지 이틀 만에 되살아난 것이다.

지난 일을 생각해보니 꿈도 같고, 도깨비에 홀린 것도 같고 이상하였으나 너무나 역력하고 신기해 그 뒤 덕진이라는 사람을 찾아보기로 마음 먹었다. 그리하여 그는 여러 곳을 해매며 덕진을 찾았으나 좀처럼 찾을 수가 없었다.

며칠 후에 전주(나주라고도 함)[현 영암천(옛 덕진천) 일대] 어느 산모 퉁이를 지나는데 해는 지고 배는 고파오고 다리는 아파 쉬어갈 곳을 찾았다. 그때 마침 주막이 하나 있어서 그 집에 들어가 술과 음식을 청하는데 주인이 "덕진아. 손님 왔다." 하면서 덕진이를 부르지 아니한가? 귀가 번쩍하여 덕진이를 보니 지지리도 못생긴 처녀였다. 너무나 못났기 때문에 시집갈 생각도 단념하고 먼 일가뻘 되는 이 주막에 와서 밥도 하고 심부름도 하면서 사는 것이었다.

이윽고 밥상 차려오는 것을 보니 깨끗하고 정성스럽게 차려오는 것이었다. 식사를 끝낸 관철은 덕진이의 행동을 유심히 살펴보았다. 덕진이는 설거지를 깨끗하게 하고는 구정물에 들어간 밥풀, 무 조각, 나물 건더기 등을 조리에 받아서 꽉 짜더니 그것을 버리지 아니하고 자기 밥밥그릇에 덜어 그것과 한데 비벼서 먹는 것이었다.

얼마가 지나니 늦게 길을 가던 손님들이 "덕진이 있소." 하며 찾아오는데, 마치 친오빠나 친동생과 같이 정성스럽게 상을 차려 손님을 대접하는 것이었다. 이 주막에서는 손님들에게 밥을 파는데 돈 3전을 내면 밥을 큰 그릇으로 한 그릇 주고, 2전을 내면 작은 그릇에 밥을 담아주는 것이 이 주막의 장사 방법이었다.

그런데 손님 가운데 키는 크고 건장한데 돈이 없었던지 2전짜리 밥을 달라는 말을 듣고는 덕진이는 자기가 조금 전에 남겨두었던 밥을 더 담아서 상을 내다 주는 것이었다. 뿐만 아니라 손님들이 벗어놓은 감발(양말이 없는 때라 발을 감는 베)을 깨끗하게 빨아서 여기저기 널었다가 새벽길 떠나는 손님들이 신고 갈 수 있도록 해주었고, 밤늦게 찾아

6. 서문성 교무는 전주 또는 나주라고 하는 곳이 현재의 영암천 덕진다리 라고 밝히었다.

223

오는 손님도 반갑게 맞이하여 극진히 대접하는 것이었다.

이것을 본 관철은 속으로 크게 깨달았다. '세상에 나는 3천석이나 받는 부자인데도 지금껏 누구 밥 한 그릇 줘 본 일도 없으며, 돈 한 푼 준 일도 없고, 남 못할 일, 속 짠 짓만 하면서 살았다. 그런데 덕진이는 저토록 알뜰하게 복을 지으면서 살고 있으니 저승의 창고에 돈이 가득할 수밖에 없지 아니한가.'

이렇게 생각한 관철은 덕진이에게 저승 이야기를 하면서 저승에 있던 덕진의 창고에서 빌려왔던 돈을 내놓았다. 그러자 덕진이는 "그럴 수가 있느냐."고 극구 사양하는 것이었다. 그래서 하는 수 없이 돈을 주지 못하고 그 돈에 얼마를 더 보태 가지고 '덕진교'라고 하는 다리를 놓아주었다.

(김중묵, 『인과의 세계』, 153~156쪽. 서문성, 『원불교 예화집』 7집, 282~287쪽)

◎ 영암지방에서는 '영광 관철의 이야기'와 별개로 '덕진이 다리' 유래가 전해지고 있다. 영암의 덕진 이야기가 영광지역에서는 관철과 연계하여 변용된 이야기라 할 것이다. 덕진이 이야기는 신라 말기의 주막에서 일하는 덕진이가 오가는 손님들의 딱한 처지를 생각하여 다리 놓기를 염원하고 죽었다. 그 지방에 부임한 원님의 꿈에 덕진이가 나타나서 아무 곳에 가면 돈이 있으니 그 돈으로 다리를 놓아달라는 것이었다. 꿈속에서 가르친 대로 그곳에 가니 과연 돈 단지가 있으므로 원님은 돈을 보태어 돌다리를 잘 놓았다고 한다. 이를 기념하는 비가 지금도 영암군 덕진면 덕천 개울가에 있다.

(서문성 교무 이야기, 《원불교신문》 중에서)

이처럼 영광에서는 영암의 덕진이 이야기와 함께 관철의 이야기가 추가된다. 영암의 덕진 이야기가 확산·변용된 것이다. 이야기의 풍부함을 볼수 있는 대목이다. 이야기는 그 지역의 인심과 그 시대정신에 따라 전개되기 때문이다. 이야기에 지혜가 스며드는 것이다.

◎ '덕진 다리'에 대한『한국민속문학사전』의 자료이다.

덕진다리德津橋
집필자 : 김월덕金月德
정의 : 잘못 죽어 저승에 갔다 살아온 영암 원님이 다리를 놓게 된
　　　유래에 얽힌 전설.

7. 덕진다리, 한국민속문화사전 (설화편),『한국민속대백과사전』

줄거리 : 영암 고을의 원님이 갑자기 죽어 저승에 갔다. 염라대왕은 영암원님에게 죽을 때가 아니지만 그냥 돌려보낼 수 없으니 저승에 인정을 베풀고 가라고 했다. 저승에는 이승에서 적선한 것이 쌓여 있는 곳간이 있는데, 베푼 것이 거의 없었던 영암 원님의 저승 곳간에는 짚 한 단밖에 없었다. 저승사자가 덕진의 곳간에 노적이 쌓였으니 그것을 빌려서 인정을 베푼 후 이승에 돌아가서 갚으라고 했다. 영암 원님은 저승사자가 시키는 대로 하였고, 이승에 돌아와 덕진강 근처 주막집 중노미로 일하는 덕진을 찾아갔다. 원님이 자초지종을 이야기하고 쌀 삼백 석을 갚으려고 하자, 덕진은 자신은 모르는 일이니 안 받겠다고 끝내 사양하였다. 그래서 원님은 쌀을 갚는 대신 주민을 위해 덕진강에 다리를 놓고 덕진의 이름을 따서 '덕진 다리'라고 했다.

변이 : 덕진은 '덕진이', '덕진 처녀' 또는 '덕진 여인'으로 등장하기도 한

다. 저승에 갔다 온 원님의 사정 이야기를 듣고 덕진강에 다리를 놓아 달라고 청하거나, 덕진강에 다리를 놓기 위해 평생 돈을 모으다가 뜻을 이루지 못하고 죽어서 새로 부임한 영암 원님의 꿈에 나타나 다리를 놓아 달라고 소원을 말하기도 한다. 이처럼 덕진이 여성으로 그려지는 경우에는 덕진 다리가 놓이는 데 직접 관여함으로써 가난하고 착한 여인의 선행을 더욱 숭고하게 드러나도록 강조한다.

의의 : 이 설화는 많은 재물을 가지고도 인색한 사람과 가난하지만 선행을 베푸는 사람을 주인공으로 하여 어떻게 사는 것이 옳은 삶인가에 대한 판단을 내리도록 한다. 설화의 교훈적 기능을 잘 실현한 이야기라는 점에서 구비문학적 의의가 있다.

◎ 덕진포[德津浦]

덕진포는 고려시대에는 무안군에, 조선시대에는 영암군에 속해 있었다. 『고려사高麗史』 조운조漕運條에 의하면, 고려 시기의 덕진포는 전라남도 무안군의 덕포德浦에 있었다. '덕포를 이전에는 덕진포德津浦라고 하였는데 무안군에 있다'라는 기록을 통해서 알 수 있다.

그러나 조선시대에 들어와 영암군의 독나루개가 덕진포로, 무안의 덕진포는 덕포로 개명되었다. 관련 기록을 보면, "덕진포는 군의 북쪽 5리에 있다德津浦在邑北邊五里"[『신증동국여지승람新增東國輿地勝覽』], "해문은 북쪽 덕진강[현 영암천] 5리에 있다海門北至德津江五里"[『비변사 방안지도備邊司方案地圖』][8.

8. 한국향토문화전자대전/디지털영암문화대전-덕진포; http://www.grandculture.net

조선시대에 들어와 영암군의 방언 '독나루개'를 한자로 표기하면서 덕진포德津浦로 불리게 되었다. 전라남도 영암군 영암읍과 덕진면 사이의 포구로, 바다로 통하는 문海門 역할을 하였다. 근대 시기 덕진교 서쪽에는 모래사장이 발달하여 단오 축제를 열기도 하였지만, 퇴적으로 인하여 수심이 깊지 않아 큰 배는 다닐 수가 없었다. 덕진포는 일제강점기의 간척에 이어 1980년 영산강 하굿둑이 완공되면서 바닷물의 유입이 완전히 차단되어 포구 기능도 상실했다.

9. .선각대사비의 증언, 궁예는 폭군인가, https://blog.naver.com/

10. 옛날 고대 시절의 해안선을 간접적으로 추정할 수 있는 사이트, https://blog.naver.com/mginu/221620783818 / "영산강 유역의 大國, 내비리국 內卑離國(中)", 박해현 교수의 다시 쓰는 전라도 고대사 6, 무등일보, 2017.03.31. 최성락 외 공저, 『전남 서남해지역의 해상교류와 고대문화』, 전남문화재연구소 연구총서 시리즈 1, 2014. 12, Flood Maps(http://flood.firetree.net)

11. 덕진포 해전,영암의 숨결을 찾아(2), 영암신문, 2017.06.25. http://www.yasinmoon.com

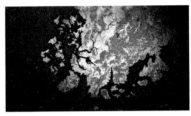

▲ (좌) 후삼국시대 영산강 수계 추정 지도[9]   ▲(우) 현재의 영산강 수계 지도

사진 좌측은 1000년 이전, 견훤과 궁예가 다투던 후삼국시대 영산강 수계의 추정 지도이며, 우측은 일제강점기 간척과 영산강 하구언 쌓기로 생긴 현재의 영산강 수계 지도이다.

1000년 전에는 내륙 바다가 있었으나 지금은 수심마저 아주 얕아져 버렸다. 이처럼 현재의 덕진천은 개천으로 전락해 과거의 덕진천과 상당히 다르다는 걸 전제해야한다. 그래야만 옛날에 덕진다리가 있던 덕진천의 규모와 모습을 알 수 있고 덕진교가 중요한 교통의 역할을 했다는 것을 이해할 수 있다.[10]

▲ 천川으로 변해버린 현재의 덕진 포구[11]

황포돛대도, 내륙바다도, 뱃길도 사라져버린 덕진포의 현재 모습은 개천에 가깝다.

12. https://www.krpia.co.kr. 덕진포에서 해상전투가 있었던 기록이다.[12]

> "...덕진포德眞浦에 이르기까지 머리와 꼬리를 서로 물고 수륙 종횡으
> 로 군사 형세가 심히 성하였다. 그것을 보고 우리 여러 장수들은 근심
> 하는 빛이 있었다. 태조(왕건)는 말하기를, "근심하지 말라. 전쟁에서
> 이기고 지는 것은 군대의 의지가 통일되어 있느냐 없느냐 하는 데 있는
> 것이지 그 수가 많고 적은 데 있는 것은 아니다."라고 하면서 곧 진군하
> 여 급히 공격하니 적선... (...德眞浦首尾相銜水陸縱橫兵勢甚盛諸將患
> 之 太祖曰 勿憂也師克在和不在衆 乃進軍急擊敵船稍却 乘風縱火燒溺
> 者大牛斬獲五百餘級萱以小舸遁歸 初羅州管內諸郡與我阻隔賊兵遮絶
> 莫相應援頗懷虞疑至是挫萱銳卒衆心悉定 於是三韓之地裔有大牛 太祖
> 復修戰艦備糧餉欲留戍羅州金言等自以功多無賞頗解體 太祖曰 愼勿怠
> 唯戮力無貳心庶可獲福 今主上恣虐多殺不辜讒諛得志互相浸潤 是以在
> 內者人不自保莫如外事征伐勤力勤王以得全身之爲...)
>
> 《고려사》제1권-세가 제1, 태조1년, 정인지 외 저, 허성도 역)

이 기록에 따르면 영산강 일대 덕진포구는 해상 전투가 벌어질 정도의 해
역을 가지고 있었다.

21. 조옥정의 '목포-완도' 기행문

▶ 옥정沃政은 경산 조송광이 스스로 붙인 도호道號이다. 그는 자신의 생애를 연대기 형식으로 『조옥정 백년사』를 썼는데, 이 중에 '목포-완도'의 기행문이 있다.

조송광은 불법연구회(원불교 전신) 2~3대 회장으로 원평 일대에서 이름난 의원이면서 시와 가야금을 즐기는 풍류객이었다. 조송광은 '목포-완도' 기행을 통해 완도 주민인 김매헌金梅軒, 김곡천金谷泉, 이춘헌李春軒 등의 벗들과 시를 주고받으며 완도의 산수를 감상했다. 김매헌金梅軒은 본명이 김상두金相斗로 당시 군외면 원동리에 살았고, 김곡천金谷泉은 본명이 김홍기金弘基로 완도면 군내리에 거주했다.[1] 군외면에도 머물고 군내면 김홍기 집에서도 하루 머문다. 주고받는 시 속에 삼박三宿이 나오니 완도기행은 3박 4일의 여정이었다.

경산 조송광은 1929년(원기 14년) 음력 3월 26일 불법연구회(원불교 전신) 총회를 마친 후 광주와 완도 여행을 떠난다. 병자를 치료할 겸 산수 풍경을 감상하기 위한 풍류여행이었다.

먼저 호남선 열차로 광주역에 내려 무등산이 전망되는 경양호를 찾아 감상한다.[2] 오후엔 다시 호남선을 타고 목포역에 이른 후 유달산儒達山은 유구한데 유도儒道가 쇠퇴되어 감을 안타까워한다. 조송광은 완도행의 출발지인 목포항(現 목포항 선착장으로 추정)에서 기선氣船으로 완도 원동항에 다음날 아침에 도착한다.[3]

원동에서 자동차로 5리를 가서 바다 건너 해남의 달마산이 바라보이는 숙승봉 산자락 아래의 해안 동산을 따라 찾아온 벗과 함께 등산하며 시를 짓고 풍광을 감상한다. 이후에도 완도에서 벗들과 시를 주고받으며 또한 병자들을 치료한 후 다시 기선으로 목포로 향한다.

1. 金梅軒[본명 김상두金相斗, 당시 군외면 원동리], 金谷泉[본명 김홍기金弘基], 당시 완도면 군내리]; 지왕식, 『청해음사시집오제상설淸海吟社詩集五 詳說』, 완도 청해진 전통한학서예 연구원, 110쪽(김매헌), 35쪽(김곡천), 2018년

2. 경산 조송광의 약력은 〈4. 경산 조송광과 무등산 전망지〉 참고

3. 1914년에는 호남선 철도가 개통되면서 대전-목포 간 철로가 개설되었다. 목포 개항은 1897년 10월 1일로 부산과 인천에 이어 세 번째로 상당히 빨랐다. 일제강점기에 목포는 후쿠오카나 나가사키와 중국 대륙 간의 항로에서 중간 경로이자 호남의 물산 집결, 유출시키는 항구였다. 목포항을 중심으로 철도, 조선, 수산가공업이 본격화하면서 '목포~완동' 뱃길 노선도 함께 발달하였다: (대한민국의 항구도시/전라남도의 도시/목포시, 위키백과)

돌아가는 배 위에선 선장을 치료해주고 명량해협鳴梁海峽의 이순신 장군의 전적지를 보고 크게 감탄하면서 다시 목포항에 도달하는 노선이었다. 이처럼 목포-완도간 노선에서 느낀 감상담도 눈여겨봐야 할 것이다.

완도 기행문 중의 '우후청강雨後淸江'은 신학천 또는 군외천으로 추정되며, 이곳으로부터 5리 정도의 대문리 모감주 군락지를 탐방한 것으로 여겨진다. 달마산과 홍일도(백일도) 흑일도에 관한 내용이 나오는 것으로 보아 이곳 대문리 모감주 군락지 동산에 올라 해안을 따라 거닐며 바다를 감상했을 것이다.[4]

1929년(원기 14년) 경산 조송광이 다녀왔던 완도 숙승봉 기슭에 원불교 소남훈련원과 청소년수련장을 건립하는데, 완도청소년수련원은 1991년에 대한민국 제1호 청소년 수련원이다.

◎『조옥정백년사曹沃政百年史』에서 목포-완도 기행 관련 내용이다.

1. 장구長久한 시간을 경과 후에[오랜 시간 광주 경양호에서 도덕에 대해 토의한 후] 다시 목포로 향한즉 오후 2시 반이라, 잠시 두류逗 [머물러 묵다]하다가 절승絶勝[경치가 빼어나게 좋은]한 유달산儒達山[5] 바라보니 기암괴석 중첩하여[거듭 포개져] 태고시절[아득한 옛 모습] 뛰어나되 오직 감탄할 바, 유도儒道는 어찌 저 산과 같이 완전치 못하고 쇠패衰敗한고[약해지고 무너졌는가?] 박모어초병수입薄暮漁秉水入[6]이라.

〈글쓴이 풀이〉
무등산 전망지인 광주의 경양호에서 장시간 대화를 나눈 후, 다시 열차를 타고 목포를 향하니 오후 2시 반이었다. 기암괴석이 겹겹으로 있는 태고의 모습을 간직한 유달산을 바라보며, 유달산은 유학이 사통오달

한다는 뜻인데 어찌 유학은 태고의 모습을 간직
하고 있는 저 산과 같이 지속하지 못하고 세력이
쇠약해져 가는가?

"뭐든지 오래되면 해가 서녘에 지듯, 기울어가는
해질녘에 바다 속으로 침수하는 물고기 같구나."

2. 일본기선으로 범피중류泛彼中流 내려가니[망
망한 바다를 유유히 떠가니] 운무雲霧[안개구름]
는 자욱하고 시우時雨[때 맞추어 오는 비]는 몽몽 [비나 안개가 끼어
흐릿한]한데 적막한 깊은 밤에 풍랑전성風浪轉聲[풍랑이 치면서 울리
는 소리] 뿐이라. 지척난분咫尺難分[아주 가까운 거리도 구별할 수 없
는] 수중水中 안에 수백 생명이 다못[다만] 선장 손에 달렸다. 무변대해
無邊大海[가없이 넓은 바다] 순풍 역풍 다 겪어서 굽이굽이 실패 없이
운전하니 우리의 수양·연구·취사[7] 아니면 너도 또한 어이할꼬. 아느냐
모르느냐 또한 일생 백년의 만리장정萬里長程[군대가 매우 먼 거리에
까지 출정] 흥망도 이와 같이 틀림없으리라. 오호라, 나는 10여 성상星
霜[세월] 천만 교법[8] 받았으되 방향로를 상금尙今[이제까지] 미각未覺
하니[깨닫지 못하니] 난재難裁로다[어렵도다].

〈글쓴이 풀이〉
동력선인 일본기선을 타고 완도를 향해 바다를 떠가는데, 안개구름은
자욱하고 출항에 맞춰 내리는 비로 흐릿하다. 적막한 밤바다는 풍랑이
치는 소리만 울릴 뿐이다. 지척도 구분할 수 없는 바다 한가운데에 떠
있는 수백 탑승인의 생명은 저 선장의 손에 달려 있다.
넓디넓은 바다의 온갖 풍랑을 다 겪으며 운행하는 것도 소태산 대종사

7. 소태산의 수행법인 정신수
양·사리연구·작업취사의 삼
학공부.

8. 조송광은 어린 시절엔 동학
에 장년엔 기독교에 귀의한
다.

231

의 가르침인 수양·연구·취사의 삼학 공부가 아니면 실패 없이 운전할 수 없는 것이다. 이뿐이랴, 우리 인생 항해의 운전도 마찬가지인 것이다. 그런데 송광은 소태산의 삼학공부를 알지 못하여 10여 년 동안 온갖 가르침을 받았으되 이제까지 방향로를 깨닫지 못했으니 난재로다.

9. 디지털부산문화대전-일제 강점기, 네이버 지식백과, 한국향토문화전자대전

10. 제주환경일보.http://www.newsje.com

일제강점기에 목포항~완도 원동항을 정기적으로 운행한 일본 기선은 동력선이었다.[9] 아래 왼쪽 사진의 배는 부산항에서 이용된 기선이며, 오른쪽 사진의 덕남호는 1963년부터 제주-목포를 오가던 나무배이다. 목표항의 기선도 이런 종류의 기선일 가능성이 높다.[10]

▲ 부산항에서 이용된 기선(왼쪽)　　　　▲ 나무배 덕남호(오른쪽)

◎ 완도 원동항에 도착한 후 조송광은 완도 여행을 시작한다.

3. 동방미명東方未明[해 뜨기 전 아직 날이 밝지 않을 때]에 완도莞島 도착하니 번쩍번쩍 화광火光[불빛]은 전등電燈[전기불]이 성렬星列[별처럼 늘어서 있고][11] 하고 쭝긋쭝긋 주즙舟楫[배와 삿대]은 피안彼岸[항구 안 한쪽]에 안식安息[정박] 한다. 여차如此[이와 같이] 심심도중深深島中[육지와 멀리 떨어진 깊고 깊은 섬]까지 발전되었는데 언제나 우리 삼강대도三綱大道[정신수양·사리연구·작업취사의 삼학]도 땅 끝까지 전파傳播될꼬[12] 조반[아침식사] 후에 창문을 반개半開하니 선장

11. 완도 원동 항에는 전등불이 시설되어 있었다.

12. 바다 건너 완도까지 전기가 보급되었듯이 소태산 대종사의 교법이 땅끝까지 전파되기를 바라는 마음

강지무궁羨長江之無窮[길이 흐르는 장강은 끝없이 흘러가는데 인생은 짧아 부럽다]이라, 중중重重[거듭거듭]이 놓인 암석 기국碁局으로[바둑판 같이] 벌려 있고 첩첩히 두른 청산영병青山 [청산 병풍]으로 환재環在하며[둘러있으며] 호전유탄배회자芦田流灘徘徊者[갈대가 펼쳐진 여울에서 무언가를 잡기위해 돌아다니는 사람]는 생활 찾는 여자요 사풍취적왕래자斜風吹笛往來者[비껴 부는 바람에 피리를 불며 이러 저리 돌아다니며 호객하는 사람]는 상매商賣하는 선객船客이며, 망기忘機한[때를 잊은] 금린어金鱗魚[햇살에 물든 물고기]는 대석양帶夕陽에 출몰하고 무심한 백우구白羽鷗[갈매기]는 청만경淸萬頃[넓고 푸른 바다]에 오유 遊[노닐다]로다.

〈글쓴이 풀이〉

아직 해가 뜨기 전 이른 아침에 완도 원동항에 도착하니 번쩍번쩍 전등불이 켜있고 배들은 항구에 정박해 있다. 육지에서 멀리 떨어진 이곳 완도에도 전기 같은 물질문명이 들어와 발전되었듯이 우리의 정신수양·사리연구·작업취사의 삼학공부는 언제 저 땅 끝까지 전파될꼬. 바다 건너 완도까지 전기가 보급되었듯이 소태산 대종사의 교법이 저 땅 끝

▲ 완도 원동항의 옛 선착장 터

까지 전파되리라. 아침을 먹고 배 안의 창문을 반쯤 열고 바라보니 길게 이어 흐르는 냇물이 부럽다. 인생은 짧기만 한데 저 냇물은 길이 흐르고 흐르니 어찌 부럽지 않을쏘냐. 겹겹이 놓인 암석 바둑판처럼 벌려 있고 첩첩이 두른 청산은 병풍처럼 둘러있다. 갈대가 무성한 여울에서 뭔가를 잡고자 돌아다니는 사람은 살림하는 여자요. 바람이 부는 가운데도 피리를 불며 이리저리 내왕하는 사람은 무언가를 팔기 위한 선객

이다. 때를 잊은 금린어는 석양 같은 아침햇살에 출몰하고 갈매기는 넓고 푸른 바다에 노닐도다.

13. 완도는 전기가 들어왔을 뿐만 아니라 자동차가 있을 정도로 경제적으로 부유한 곳이었다.

4. 우후청강雨後淸江[비온 뒤 맑은 계곡물] 흥興을 따라 자동차[13] 로 5리 장정長程[길게 이어진 길] 내려가서 달마산 내려 보고 숙승봉하宿僧峰下 정차停車하여 3간초당三間草堂 안에 춘곤春困을 잠식暫息하고 [잠시 쉬고] 천연 취미로 동벽춘벽冬碧春碧[겨울에도 푸르고 봄에도 푸른] 고은 가지 부여잡고 뒷동산을 나가니 옥반玉盤[옥쟁반]의 금배金杯처럼[금잔처럼 찬란하게 빛나는] 해중개국海中開局[바다가 펼쳐진 풍광] 되었으니 어찌 아니 좋을까.

▲ 완도 대문리 모감주나무 군락,
   전남 완도군 군외면 대문리 129

〈글쓴이 풀이〉

비 갠 뒤 물이 넘실거리는 맑은 냇물, 신학천과 군외천. 맑게 흐르는 냇물의 정취를 느끼면서 자동차로 5리(2km) 쯤 가니 달마산이 내려다보이는 숙승봉 자락 아래에 차를 세우고, 그곳의 3칸 초가집에 들어가 때가 봄인지라 춘곤의 피로가 밀려와 잠시 쉬고서, 겨울이나 봄이나 잎이 푸르기는 마찬가지인 동백가지를 붙잡고 뒷동산에 오르니 옥쟁반의 금배처럼 찬란하게 빛나는 바다가 펼쳐져 있어 아니 좋을 수 없구나.

자동차로 5리를 간 곳은 숙승봉 자락 아래의 바다가 전망되는 동산으로, 이곳은 바다 너머 해남의 달마산이 전망되는 대문리 모감주 군락지로 여겨진다.

5. 산수풍경 주인되어 자문자답自問自答 소창[消暢: 심심하거나 갑갑한 마음을 풀어주기 위한 것]하니 객래문아흥망자客來問我興亡者[손님으로 와서 나의 흥망변천을 물어보는 것. 오늘 어떻게 지냈냐고 안부인사 묻는 것]는 즉 원동院洞 김매헌金梅軒이라.[김매헌은 이미 알고 지낸 지기知己인 듯하다. 완도 방문도 매헌 등의 벗을 찾아 간듯하다] 휴수등산携手登山[손을 잡고 이끌어 산에 올라] 두견화杜鵑花[진달래꽃]로 作○하니[시를 지으니, ○자는 詩자일 듯] 호주呼酒[술 가져와라 청하는]하기 분명하다. 차기此機를 잠피暫避하여[술 마시기 좋은 기회를 접어 두고] 사양완보斜陽緩步[해 기우는 가운데 천천히 산보하며]로 해안정공海岸停 하니[바다를 바라보기 좋은 해안에서 지팡이를 짚고 정자처럼 멈추어 서니],

조시퇴조朝時退潮[아침에 조수가 물러나가는]는 수기신이자래隨其信而自來하고[그 믿음 따라 스스로 올 것이고] 석벽로파石壁怒波[석벽에 치는 성난파도]는 인풍세이장명因風勢而長鳴하니[바람세기를 인연해 길게 우니] 서자逝者도 미상왕未嘗往이요[가는 자도 일찍이 가는 바가 없으며] 성자聲者도 자연적이라[파도소리 절로 그러하다]. 청사탁탁사탁淸斯濯濁斯濯[맑은 것도 씻고 탁한 것도 씻는]은 어부사漁父詞[조선 중기에 이현보李賢輔가 지은 시가로 자연에 은거하는 어부의 생활을 노래함]로 화답하고 홍일도紅日島·백일도白日島는 의내성疑乃聲[의심의 소리]에 부탁하자. 차부천지간天地間[그런데 천지간]에 오직 사람은 최령자最靈者로 순환이치를 어사가지於斯可知로다[이에 가히 알리로다]. 의심 없이 생사지리生死之理[생사의 이치]를 깨닫고 다시 강상江上[강기슭] 청취淸趣[맑고 깨끗한 흥취] 따라 재월재우만선載月載友滿船[달도 벗도 태운 만선]이 귀래歸來하다.

〈글쓴이 풀이〉

산수풍경을 감상하는 주인공이 되어 자문자답으로 심심함을 풀고 있
는데 손님이 와서 인사말로 지금까지 어떻게 지냈는지 나의 흥망을 묻
는다. 그는 원동에 사는 지기知己 김매헌이었다. 그와 손을 잡고 산에
올라 진달래를 보며 시를 지으니 술 청하기 그만이라. 허나 이는 잠시 접
어두고 해가 지는 가운데 천천히 산보하며 해안에 이르러 멈추어 섰다.
아침에 밀물이 물러난다는 것은 스스로 다시 돌아온다는 믿음이요, 석
벽에 치는 성난 파도는 거센 바람으로 인하여 그 파도소리가 길게 우는
것이다. 그러니 조수내왕처럼 가면

다시 오듯 가는 것도 일찍이 가는 것이 없다. 바람세기에 따라 파도소
리 울리듯 파도치는 소리 스스로 그러할 뿐이다. 파도가 청탁을 다 섞
어버리듯 맑은 것도 탁한 것도 씻어내는 청사탁탁사탁은 어부의 노래
로 화답하고, 홍일도 백일도 그곳이 어딘지 궁금해 하는 의내성(의심
소리)도 파도에 맡겨 부탁하자. 그런데 천지 사이에 오직 사람은 최령
한 자로 순환이치를 조수내왕과 파도소리로 가히 아는 도다. 의심 없이
생사의 이치를 깨닫고 다시 비온 뒤의 맑은 신학천과 군외천 계곡물의
흥취 따라 달과 벗[송광과 매헌]을 태우고 만선하여 돌아가다.

6. 〈한시 풀이〉

차가운 파도에 백발 머릿결 흩날리니	白髮滄浪上	백발창랑상
옳고 그름을 다 잊었어라.	忘却是與非	망각시여비
몸이 뜬 듯 땅을 보기 어렵고	身泛難看地	신범난간지
그림자 잠기나 옷은 젖지 않네	影沈未濕衣	영침미습의
바람을 타고 술을 사러 가니	乘風沽酒去	승풍고주거
달을 싣고 뱃전 두드리며 돌아오네	載月叩船歸	재월고선귀

| 저 새[송광]는 지금 천지를 활보하여 | 鴬今天地闊 작금천지활 |
| 마음대로 이리저리 날아다니누나 | 任意鴬飛飛 임의작비비 |

매헌에게 贈 梅軒

참새(송광)와 매화(매헌)가 이 해를 함께 하니	鴬鴬梅梅共此年 작작매매공차년
매화 피어 땅 향기롭고 새는 하늘 날아다니네	半開香地半飛天 반개향지반비천
며칠을 서로 어디에 있는지 알 수 없으나	未知幾日相何在 미지기일상하재
예나 지금이나 만나고 헤어지는 것은 자연에 붙이려네	逢別古今付自然 봉별고금부자연

◎ 흑일도黑日島·백일도白日島

조송광이 언급한 백일도와 홍일도는 일제
강점기 당시 백일도와 흑일도를 가리키고 있
다. 일제강점기 당대의 신문에서 백일도와 흑
일도로 거명하고 있기 때문에 홍일도紅日島
는 흑일도의 별칭이거나 혹은 잘못 쓴 것으로
보인다.

▲ 흑일도·백일도·동화도

1928년 7월 30일 동아일보 기사에서는 백일도, 흑일도, 동화도라는 이
름으로 분명하게 거명되고 있다.[14]

동아일보 기사의 원문을 옮겨 적으면 아래와 같다.

14. "도서순례島嶼巡禮-진도해
珍島海 방면方面[5]", 동아
일보, 1928.07.30

"어룡도도 지나간 지가 오래 됐고, 흑일도, 백일도, 동화도, 소화도도 꿈속에 동쪽 바닷가를 거쳐 오는 아침에 햇빛이 동망산의 봉머리를 물들이기 시작했다. 발동기의 요란한 소리가 숨죽인 바다 위에 퍼져 가는 대로 비 개인 하늘은 맑고 팔을 벌리는 완도항은 가까워진다. 굽이치는 바다 속에 왜몰도가 여기란다. 수천 패졸의 피눈물도 여기 있었고 충무공의 호령도 이에 높았거늘 허! 국방의 대임은 누구에게 주고 동망과 서망의 봉수대만 높다는 말인가!"

◎조송광이 백일도와 흑일도를 지나 완도 원동에 내려서 향했던 곳은 군외면 대문리 모감주나무 군락지 인근이었다. 이곳은 해안가에 주막이 있는 선착장이 있었고 바로 인접해 숙승봉 자락의 동산이 있다.

▲ ● 백일도, ● 동화도, ● 흑일도.
해남 땅끝에서 바라본 백일도·흑일도의 모습이다.

흑일도 오른쪽 너머로 보이는 섬들은 소안도, 노화도와 횡간도, 마삭도 등이다.[15]

15. 땅끝마을에서 만난 '완도의 섬들', https://blog.naver.com

백일도와 흑일도가 완도보다는 해남에 훨씬 더 가까이 위치하는데다가 모감주 군락지가 완도 안에서도 백일도, 흑일도와 더 떨어져 있어, 여기서 백일도, 흑일도는 보일 듯 말 듯 아주 멀게 촬영되었다. 사진에 보이는 돌담 안의 터에는 주막과 선착장이 있었던 것 같다. 돌담은 방풍 역할을 했던 것으로 보인다.

주막과 선착장 터에서 조금만 올라가면 조송광이 김매헌과 함께 오른 동산으로 추정되는 곳이 있다. 해남의 달마산도 그 앞바다도 펼쳐지며 멀리 백일도·흑일도(홍일도)도 전망되는 곳이다.

▲ 백일도·흑일도가 전망되는 선착장 터

7. 수일 동안 여러 사람의 대우를 받고 자동차 머리 세세한 정별情別이며 다시 완도군 김곡천金谷泉 가家[본명 김홍기金弘基, 당시 완도면 군내리에 거주]에 휴식休息하니 마침 시붕詩朋[조송광, 김곡천, 이춘현 등]이 모였도다.

▲ 백일도·흑일도가 전망되는 해안 동산

조송광 曺頌廣
그대에게 묻노니 이전 가을 한스럽지 않은가
북쪽으로 향하는 귀선은 이 물길(항로)을 얼마나 다녔는가
서로 만나고 이별한 뒤에 서로 보려 한다면
다른 날 밤 서로 생각이 나면 이 동네를 상사몽하리
問君恨不以前秋　문군한불이전추
向北歸舟幾水流　향북귀주기수류
相逢別後如相見　상봉별후여상견
他夜相思夢此州　타야상사몽차주

김곡천 金谷泉
예리한 노래 슬픈 지팡이 이미 가을 깊어 가는데

바닷물은 무정하게 저절로 흘러가네

종신토록 불우하고 만나지 못함은 죽음보다 더한데

끝없이 펼쳐진 섬에서 동쪽 고을(완도) 멀어지는구나

釰歌悲笳已多秋　일가비공이다추

海壘無情水自流　해루무정수자류

不遇終身死而已　불우종신사이이

無端○島遼東州　무단○도요동주

이춘헌 李春軒

나를 알아주는 사람을 만나려함이 얼마였던가

늦은 봄 오랜 바람(벗) 바다 건너 왔네

이별 후 돌아갈 길 너무도 아쉬워

남주(완도)에서 세 밤을 꺼리지 않고 머물렀네

欲逢知己幾千秋　욕봉지이기천추

晚春風古渡流○　만춘풍고도류○

惜別聊憶歸去路　석별료억귀거로

不嫌三宿在南州　불혐삼숙재남주

8. 그 익일翌日[다음날, 이튿날]에 관민간官民間에 병자가 많아서 환영이 적지 않다. 얼마 후에 다시 기선氣船으로 오는데 마침 선장이 진찰을 청하는 고로 많은 위안과 상등[높은 등급] 대우를 받고, 석일昔日[옛날, 지난 날] 이순신李舜臣 씨 전공처戰功處[명랑해협]를 해중海中에서 역력히 구경하니 어찌 감히 개구開口할까[입을 열까] 망망대해를 먼저 추측한 후에 심심소곡深深小谷[깊고 깊은 협소한 해협]에다 분명 설계한 것이니 혼천동지渾天動地[천지를 뒤흔듦]할 능력과 협산초해挾山

超海[산을 옆구리에 끼고 바다를 건너뛴다][16] 할 포부라 무수히 탄복하고 순풍 따라 목포에 당도하니 어떤 여자는 이리이리 하고 어떤 순사는 여차여차히 형편대로 처리하고 무사히 올라오다.

<글쓴이 풀이>

그 다음 날 관과 민의 병자가 많이 찾아와 치료할 사람이 적지 않았다. 그들은 치료받을 기쁜 마음에 의원을 반가이 맞이하였다.

치료를 마친 후 다시 완도에서 목포로 돌아가는 배에 올랐다. 때마침 선장이 진찰을 청해서 치료를 해주었더니 대우가 좋았다. 옛날 이순신 장군의 명량해전 전공처戰功處 울둘목을 구경하니 어찌나 감격스러운지 입을 열 수가 없었다. 울둘목의 협곡이며 이순신 장군의 전술과 능력에 무수히 탄복하며 순풍 따라 목포에 당도하였다. 목포에서 완도로 갈 때는 안개와 가랑비가 끼어 흐릿해서 볼 수 없었는데 완도에서 목포로 올 때는 날이 좋아 볼 수 있었던 것이다.

풍류에도 일가견이 있는 조송광은 가는 곳마다 시를 읊조렸다. 『조옥정백년사曺沃政百年史』에 실린 한시만도 19편, 가사는 8편이 되고, 불법연구회 《회보》에도 5편의 가사가 실려 있다. 그가 광주·목포·완도 풍류 여행을 다녀온 뒤 소태산으로부터 "송광은 만고대의를 경륜하는 사람으로서 어찌 일개 풍류 두자에 좋은 정신을 희생하느냐"는 꾸중을 들은 뒤에 자택에서 예회를 보기 시작하여 1년 뒤에 원평지부를 창설했다. 그는 풍류와 의술과 교화를 아울러서 빛을 내었다.[17]

16. 불가능함을 비유함.
   출전 : 맹자孟子

17. 박용덕, 경산연대기 『조옥정백년사曺沃政百年史』 고考, 정산개벽 6집, 68쪽

도다

問君恨不以前秋　　桐達別後如相見
何北歸舟幾水流　　他意相思多此州　○

釣牧悲流之又我　　不遇終身死南已
海屋多情水自流　　들淚??遠東州　金春泉

欲達?已幾千秋　　惜別聊德得吉院
吹到春風方邊流　　不得工宿在南州　李春軒

某聖日에官邸間外病者가부닥이니橫道에서지삳때
淺州에다시沈船으로오날에서以發船長이?管을놋코잣때
北懸安라上芽得過事씨고昔日李舜臣北戰功薦章을海中

돌을매러測測한淺의浮른小杏。다今明設作하얏人大海
신이換天動地할能方과珠山超海할措實가음耘의新
服務을烈風불며木浦을李新하니吴면女子을이러
그나又?한山몽을如此오그러便利로養理하
고多엿車山宮中各?牧目噂本地方의外서들니모이會貴
모은四?色店留하나武器灣國僑??몸入이不能이밀
武市僑責라心右가産?하고武?酒者不小部가리우北此
家老敎育가全鮮中義普地와指導하가이習프다
心中?惋을부리라記录하리으先輝을張?予임

4장
독립·민주·평화

22. 남도의 독립운동가와 원불교

▶ 소산 김정광(소남 김영현, 1883~1971), 미산 오석균(오석균, 1889~1973), 근산 지해원(지형석, 1912~1986), 선산 변중선(변극, 변중화, 1903~1980)은 남도 출신의 독립운동가들이다. 오석균, 김영현, 지형석, 변극은 말년에 소태산의 가르침에 귀의한다. 오석균과 김영현은 같은 해인 1958년에 완도에서, 지형석은 1950년에, 변극은 1965년에 광주에서 각각 원불교에 입교해 인생의 귀의처로 삼은 것이다.

일제강점기에 미산, 소남 및 근산은 교육운동과 사회운동 등 항일독립운동에, 선산은 상해 임시정부의 항일독립운동에 각각 매진한 바 있었다. 항일 독립운동을 온몸으로 밀고 나갔던 이들이 인생을 뒤돌아 볼 때 소태산의 가르침은 당신들의 삶을 정리해주는 마무리 지점이었다. '강자·약자 진화상의 요법', '자리이타의 도' '물질이 개벽되니 정신을 개벽하자' 등 소태산의 교법은 시대정신의 선도자들이었던 남도의 지성들에게 지혜의 영성소였고 은혜의 보금자리였다. 자연스러운 귀의라 할 것이다.

미산은 1958년 입교하여 1961년 전무출신으로 출가했다. 절체절명의 구도정신으로 중앙총부 예감 등의 역할을 하면서 법회와 교리훈련 등에 열성을 다했다.

소남은 1958년 원불교에 귀의하여 불목교당을 설립하였고 1964년에 전답 1만 6천 평을 원불교에 희사하여 현재의 소남훈련원을 만드는데 기여하였다. 곁에 있는 청소년 수련장은 우리나라 청소년 수련원의 시원이 되었다.

근산은 1950년 광주교당에 입교하여 이듬해 전무출신으로 출가했다. 출가한 이후에 일생을 수계농원에서 봉직하며 농원의 발전과 수행에 철저하면서도 인재육성에 심혈을 기울였다. 수계농원을 이사병행 하는 선도량으로 가꾸었고 인재육성 도량으로 만들어 수계농원 출신의 전무출신이 수십 명에 달했다.

선산은 1965년(원기 50년)에 광주교당에서 입교하고 1969년(원기 54년)에 출가했다. 선산의 입교와 활동은 원불교의 위상을 많이 높였으며 원광대학교 초대 한의과대학장의 책임을 맡아 한의대 설립과 발전에 크게 공헌했으며, 법은사업회 회장과 법은재단이사회 이사장으로서 전무출신(출가교역자)들의 건강관리에도 기여하였다.

미산, 소남, 근산, 선산은 원불교에 귀의하기 전에 교육운동, 사회운동, 해외독립운동 등처럼 항일독립운동을 공통적으로 추구한 인물들이었다.

미산은 기독교 단체에서 활동했지만 천도교 등 다른 종교의 청년회와 연합해서 활동을 전개하였다.

소남은 소득증대를 위해서 농어촌 근대화를 장려하였다. 소비조합 운동이 대표적이다. 그리고 미풍양속과 효행을 후진에게 몸소 보였다. 미산과 소남은 교육계몽운동을 통해 항일의식의 고취와 교육을 통한 형평을 함께 추구했다. 이런 교육계몽운동은 많은 후학들을 배출해냄으로써 완도 곳곳에서 일어난 독립운동의 주역으로 성장시켰고 나아가 광주학생독립운동을 일으킨 중심으로 등장하였다.

근산은 일제강점기에는 완도, 서울, 광주를 오가며 식민지교육 철폐운동을 추구했고 이후에 완도 각지를 순회하며 농촌문맹퇴치운동을 전개했으며 일본에서 노동조합운동을 펼치기도 하였다. 해방 후에는 건국준비위원회(건준)의 활동을 하다가 정치적 소용돌이 상황에서 광주로 활동무대를 옮기면서 선친이 물려준 소작답 백여두락을 소작인들에게 무상으로 분배해주는 형평의 이타적인 실천가이기도 했다.

선산은 청년시절 중국으로 건너가 독일인이 경영하는 상해의 동제대학 의학부 산부인과에 다니면서 독립운동에 투신하여 상해임시정부에서 의

▲ 근산 지해원(왼쪽)
　선산 변중선(오른쪽)

▲ 대산종사와 함께 한 선산(왼쪽) 미산(오른쪽)

정원議政院 위원으로서 10년간 활동했다. 또한, 중국 유학생 300명을 규합하여 독립운동을 목적으로 한 '해외청년동맹'을 조직하고 이 단체의 상임위원장을 10년간 맡기도 했다. 해방 후 정치를 단념하고 교육계에 투신해서 화순 이서북국민학교를 설립하고 대학교수로서 독립운동사와 전통의학 강의에 매진했다.

▲ 미산 오석균(오미산)

1. 『원불교대사전』, 오미산

2. 미산의 출생지는 고금면 영창리가 아니라 완도군 군외면 영풍리인 것 같다. 김희태와 정영래 모두 군외면 영풍리로 언급하고 있다.
김희태, "완도지역 원불교와 독립운동 오미산, 김영현, 지해원을 중심으로-", 『원불교와 독립운동 공동학술대회』, 원광대학교 원불교사

1. 완도 출신 독립운동가

1) 미산 오석균 (彌山 吳彌汕, 1889~1973)

본명 석균錫均, 법호 미산彌山. 전남 완도 출신으로 원불교 초창기의 전무출신이다. 1910년 완도에 군외사립보통학교의 교사로 교육 사업과 독립운동에 앞장섰다. 1958년(원기 43년) 고희를 맞아 목포 교도인 은산 김현관金玄觀의 인도로 중앙총부를 방문하여 정산종사를 배알하고 입교했다.

미산 오석균이 전무출신을 서원하여 이를 실행하는 과정에서 원불교 창립의 반백년인 개교반백년사에 소태산 대종사보다 연상의 노령으로 공중생활이 가능한가 등의 많은 논란이 일었으나, 종법사(정산종사)의 특인으로 1961년(원기 46년) 71세에 전무출신으로 출가했다.

이후 '미칠십迷七十을 벗어나 각칠십覺七十을 산다.'는 절체절명의 구도정신으로 중앙총부 예감 등의 역할을 하면서 법회와 교리훈련 등에 열성을 다했다. 1973년 열반하니, 세수 84세, 법랍 12년이었다.[1]

미산 오석균은 완도군 군외면 영풍리 출신[2]이다. 오석균은 황준성의 항일민병대에 가입하여 활동하였다. 황준성은 1907년 일제의 군대 해산에

반발한 죄로 유배당해 완도에 왔다가 항일민병대를 결성하여 활동하는데 오석균은 1908년 당시 이 항일민병대에 속했다.[3] 오석균은 항일민병대 활동 이후에 1914년 3월 경성고등보통학교[4]의 1년짜리 임시 교원양성소 제2부를 졸업했고[5] 1914~1919년 사이 완도공립보통학교[6]에서 부훈도와 훈도로 활동하였다.

▲ 완도공립보통학교 전경 (1911.0301, 12:00 촬영, 당산리)[7]

오석균은 1920년 5월 15일에는 목포기독청년양성회 설립 기념강연회에서 강연을 하고나서 동년 9월 2일에는 목포청년회, 기독청년회, 천도교청년회 등 새 단체가 합동으로 주관한 청년회연합회 강연회에서 또 강연을 한다.[8] 또한, 1921년 4월 20일 경성부에서 열린 예수교청년연합호 목포 대표로 참여하며. 또한 1922년 4월 13일에는 경성 경운동 천도교당에서 입학난구제회 발기인으로 참여한다.

1923년에는 군외 사립교인학교 교사로 참여하는데 설립자는 소남 김영헌이었다. 미산이 이렇게 사립하교 교사로 참여하게 된 것은 1910년대부터 완도에서 교육·계몽사업을 활발하게 전개했기 때문이다.[9]

미산은 1927년 4월 1일에는 완도중학교 개교식 사회에, 1927년 7월 13일

상연구원. 74쪽 / 정영래, 불교계의 항일운동가 완도 출신 '응송 박영희, 『완도신문』, 2019.06.09

3. 이때 영풍리 미산과 더불어 황준성의 항일민병대에 가입한 대표적인 사람이 불목리 김재천, 죽청리 박영희였다; 정영래, "앞의 글"

4. 1900년에 관립중학교가 설립되었는데 1906년 9월 1일 관립한성고등학교으로 바뀌고 1911년에 경성고등보통학교로 개칭된다. 한국 최초의 중고등학교이다; 한국향토문화전자대전 디지털강남구문화대전 경기고등학교, http://www.grandculture.net

5. 경성고등보통학교 임시 교원양성소는 1913년 3월에 최초로 부설되었다. 경성고등보통학교 부설 임시교원양성소규정에 의거해서 1부는 고등보통학교 1년 수료 정도, 2부는 고등보통학교 졸업 정도의 학력을 가진 자를 입학자로 받아들여 초등교원을 양성하였는데, 수업 연한이 1부는 3년, 2부는 1년이었다; "교원양성소", 『한국민족문화대백과』, 한국학중앙연구원. 미산 오석균이 경성고등보통학교 부설 임시교원양상소의 졸업자임은 『조선총독부관보』 제512호 1914년 4월 17일 휘보彙報 학사學事 관립학교졸업생에서 확인된다.

에는 김영현의 사회로 개최되는 완도교육협회 창립 발기총회에서 총 10명의 집행위원에 선임된다. 집행위원 외에도 규칙 제정위원 2명과 지방순회위원 6명이 선임된다.

오석균은 완도의 교육·계몽사업에 이어 신간회에도 참여한다. 1927년 8월 28일에는 완도 중학원에서 오석균의 사회로 신간회 완도군지회 창립총회가 열렸다. 이 창립총회에서 임원 선임을 했고 송내호의 연설은 명연설로 회자되었다.

6. 완도공립보통학교는 1906년 전라남도 완도군 완도읍 당산리에 세워졌던 원래 3년제 사립육영학교였다. 1910년 4월 완도육영보통학교로 개칭하고 수업연한을 4년으로 연장하였다. 1911년 6월 공립으로 개편하고 교명도 완도공립보통학교로 개칭하였다; "완도초등학교", 『한국민족문화대백과』, 한국학중앙연구원, 1996 3. 미산 오석균이 부훈도와 훈도로 활동했음은 『조선총독부 및 소속 관서직원록』 1914~1919 (국사편찬위원회 한국사데이터베이스 / 직원록자료)에서 확인된다. http://db.history.go.kr

7. 1906년에 완도읍 당산리에 건립한 이래 그대로 위치하다가 1929년 4월에 보습과를 부설하였고 학생수가 증가함에 따라 다음해인 1930년에 현재의 위치인 완도읍 군내리로 교사를 신축·이전했다. http://www.wando.go.kr/photo/module

8. 첫 번째 강연회 : "木浦基督靑年會 設立코 講演會開催 : 靑年과 前途(金寶鉉), 奴隸와 自由(吳錫均)", 《동아일보》 1920.05.20. / 두 번째 강연회 : "木浦靑年會 基督靑年會 天道敎靑年會 등 靑年會聯合講演會 開催 : 時代 와 靑年 (朴錫洪), 畏天者生之(車用鎭), 天兆와 覺醒(吳錫均)"; 《동아일보》 1920.09.06. / 한국사데이터베이스

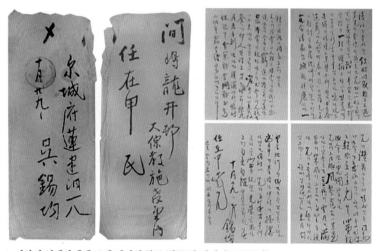

▲ 미산이 임재갑에게 보낸 편지의 봉투(왼쪽)와 편지지(오른쪽)[10]

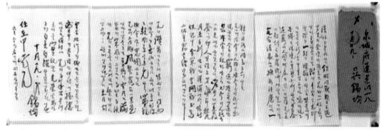

▲ 석균 친필 편지. 수신인 임재갑 〈신지항일운동기념관 전시〉 사진 제공, 완도군청

완도에서는 1910년대부터 활발하게 전개해온 완도의 교육·계몽사업을 1920년대에 더욱 확장하고 있었다. 여기에 신간회의 활동까지 펼침에 따라 일제는 완도의 교육·계몽사업에 대해서 탄압하기 시작하여 1924년 사립신지학교를, 1927년 사립소안학교를 강제 폐쇄했다. 1934년에는 오석균이 교사로 있던 군외 사립교인학교도 강제 폐쇄했다.[11]

이 같은 조치에 대해 오석균은 김영현과 함께 행동했을 것으로 보인다. 김영현이 "나라는 빼앗겨도 정신만은 뺏기지 않는다."며 제자들의 앞날을 위해 교인학교를 뜯어서 군외면 불목리에 동명학교를 개교했는데, 함께 해온 그간의 세월과 활동을 보면 능히 동행했을 것이기 때문이다.

동명학교는 고구려 동명성왕의 이름을 딴 것이라 하여 못쓰게 했기 때문에 군외영창간이학교라 개명했다. 동명학교 역시 1943년 옮긴 지 9년 만에 다시 강제 폐교를 당했다.[12] 일제의 노골적인 탄압으로 인해 오석균은 지금껏 해온 교육·계몽사업과 다른 형태로, 다른 방식으로 활동해야만 했다. 비공개 활동과 은둔 활동을 병행하는 세월의 연속이었을 것이다.

해방을 맞이하고 정치에 참여해서 활동한다. 1945년 한국민주당 발기인, 1946년 사로당 감찰위원, 1947년 근로인민당 준비위원회 정치협의회 위원으로 참여해 활동하다가 6.25를 거친 다음 1958년 원불교에 입교한다.[13]

2) 소남 김영현

김영현(金榮炫, 1883~1971)의 자는 사봉四鳳, 호는 소남小南, 법명은 정광正光, 법호는 소산小山이며 본관은 김해 김씨이다. 1883년(고종 20년) 4월 16일 현재의 완도군 고금면 청룡리 용지동(당시 전라도 강진군

9. 완도에서는 1925년 사립교인학교 설립 이전부터 1913년 사립소안중화학원, 1916년 사립노화영흥학원, 그 사이에 사립고금학교, 1921년 조약도 사립약산학교, 사립신지학교를 세웠고 사립교인학교 설립 이후에도 1926년 하도학원, 방축리일신학원, 횡간학원 등을 설립했으며 1932년 사립노화대성학교, 사립금당학교, 모도학원, 완도대신학원/유치원, 노화중통학원, 노화충도학원을 세워서 운영했다.정병호, "완도군 항일운동", 『완도군 항일운동사』, 사단법인 완도군항일운동기념사업회, 2000년, 79쪽

10. 김희태, "1922년, 오석균(미산) 선생이 임재갑 선생에게 보낸 편지", 『원불교사상과 종교문화』82, 원광대학교 원불교사상연구원, 2019.12, 488-506(19쪽)

11. 정병호, "완도군 항일운동", 『완도군 항일운동사』, 사단법인 완도군항일운동기념사업회, 2000년, 79쪽

12. 박주성, "완도는 완도인의 완도지! 타인의 완도가 아니다", [완도 근현대사 인물열전 3, 완도 항일교육의 아버지, 소남 김영현 선생], 완도신문, 2017.04.02

13. 은산 김현관(본명 기석, 1893~1963)은 평남 중화에서 출생하여 상해 등지에서 독립운동에 참여했다. 광복 뒤 목포에서 염전을 개발해 염전왕의 칭호를 받았다. 1957년 원불교에 입교했다. 1958년 오미산(석균)의 원불교 입교 인도를 한다.

고금도 용지동에서 부친 침천 김광선(枕泉 金光善, 1860~1936)과 모친 밀양박씨 박신례(1859~1907) 사이에서 6남 가운데 차남으로 태어났다.

1894년 2월 20일 부친이 현재의 완도군 군외면 불목리(佛目里) 308번지로 옮기자 이곳에서 주로 생활하였다. 부친 김광선은 유배와 있던 이도재(1848~1909)를 만나 글을 배웠다. 이도재는 해배 뒤 전라관찰사가 되어 완도군 설치에 결정적인 역할을 하였다. 김광선은 향도유사가 되어 완도군 설군과 완도향교 건립을 주도한다.[14]

김영헌은 융희학교 제1기로 입학하여 1910년 졸업하였다. 1910년 광주교원강습소를 수료한 뒤 1911년 고금보통학교에서 신교육을 실시했다. 1920년에는 동아일보 목포지국 사무원으로 근무한 뒤 완도로 돌아와 소비조합운동을 벌였다.[15]

김영헌은 독립사상 고취, 일본 배척이라는 죄목으로 장흥과 대구에서 재판을 받았는데, 대구에서 미결수로 있으면서 대지주 출신인 조태연(趙泰衍, 1877~1934)을 알게 되었다. 조태연의 고향 상주로 가서 1920년 조명강습소를 세워 계몽교육 활동도 하고 결혼도 했는데 1924년에 고문 후유증이 재발하여 치료를 위해 고향 완도로 돌아온다.[16]

김영헌은 완도에서 군외면 교인리에 사립교인학교를 세우는데 오석균을 교사로 초빙한다. 1934년 교인학교는 일제의 강제폐쇄로 군외면 불목리로 옮겨 동명학교를 개교했다가 고구려 동명성왕의 이름을 딴 것이라 하여 못쓰게 해 영창간이학교라 개명한다. 김영헌이 오석균과 더불어 배출한 2천여 문하생 가운데 많은 이들이 완도와 광주의 항일독립운동에 적극 참여한다. 관련자들은 고금의 이기홍, 박노호, 이홍세, 김옥도, 최창규 등이 전남운동협의회에 활동했으며, 광주학생독립운동에는 교인사립학교 출신 황상남, 문승수, 오문현과 고금출신 정남균, 유치오, 박노기, 이기홍 등이 있는데, 이들은 함께 적극 활약하였다.[17]

14. 김희태, "완도지역 원불교와 독립운동 오미산, 김영현, 지해원을 중심으로-", 『원불교와 독립운동' 공동 학술대회』, 원광대학교 원불교사상연구원, 77~78쪽

15. 김희태, "앞의 논문", 78쪽

16. 김희태, "앞의 논문", 78~79쪽

17. 박주성, "완도는 완도인의 완도지! 타인의 완도가 아니다", 완도신문, 2017.04.02

김영헌과 더불어 교육계몽사업의 중추를 담당했던 오석균은 앞서 언급한 대로 황준성의 항일민병대에서 응송 박영희(1893-1990)[18] 와 함께 활동했다. 박영희는 1919년 기미년 3월 1일 탑골공원 독립선언 현장에서 부상을 입고 바로 완도로 내려와 독립선언문과 태극기를 오석균과 송내호에 전달하면서 3월15일 완도보통학교에서 거사할 것을 부탁하고 해남으로 돌아갔다.[19] 박영희, 오석균, 송내호와 이사열 모두 같은 연배로 친한 사이였던 것으로 보인다. 송내호가 세브란스병원에 입원해서 작고하였던 것도 오석균 부인이 그 병원 수간호사였기 때문이다. 김영헌과 오석균이 배출한 문하생 가운데 항일독립운동에 적극적인 이들이 있었는데 그들 중에는 이사열의 아들 이기홍도 있었다. 이사열의 아들 이기홍이 오석균의 사위이다. 따라서 당시 완도에서 항일운동을 하였던 사람들은 서로 인맥으로 결속되어 있는 비밀결사조직이었다.

황준성의 항일의병대에 함께 속한 박영희, 오석균이 있었고 오석균과 완도 교육계몽사업을 이끈 김영헌이 있었다. 이들 옆에는 송내호와 이사열이 있었는데, 송내호는 완도와 서울을 오가며 나중에 신간회에서 전국적으로 활동하는 인물이었으며, 이사열은 당시의 완도 항일운동과 나중의 광주학생독립운동 양쪽 모두 참여한 이기홍을 사위로 둔 장인이었다. 이기홍은 일제강점기 광주학생독립운동이나 4.19운동, 5.18항쟁, 6.10항쟁 등 한국현대사 변혁기에 광주에서 학생으로서, 변호사로서 중요한 역할을 수행했는데 이런 이기홍의 항일운동, 형평운동을 직접적으로 고취한 장인을 포함한 인물들이 원불교에 귀의했다는 것이다. 나중에 광주 민족민주운동사에서 이기홍의 독자적인 위치와 지위를 검토하기 위해서는 항일운동과 형평운동을 둘러싸고 광주의 이기홍과 원불교에 귀의한 완도 선구자들 간의 관계를 발굴하고 재발견하고 평가하는 게 중요하다.

이후 김영헌은 청해비사, 진한국마한사 등을 저술하였다.

18. 김구 선생의 측근이었으며, 불교계의 지도자 만해 한용운과는 3.1만세운동을 같이 한 사람으로 완도읍 죽청리 사람이다.

19. 그로 인하여 남도지역에서 3.1만세운동은 하동 쌍계사에서 3월 13일에 있었고, 다음으로 완도보통학교에서 만세운동을 하였다. 모두 응송에 의해 시도되었으며 전남에서 완도가 가장 빠르다.

▲ 청해비사

▲ 진한국마한사

1958년 김영현은 원불교에 귀의한다. 소산 김정광(소남 김영헌)은 1958년 원불교에 귀의한 뒤 원불교 불목교당을 설립하였고, 1964년에 자신의 전답 16천 평을 원불교에 희사하여 현재의 소남훈련원을 만드는 데 앞장섰다. 청소년수련장도 건립하였는데 1991년에 대한민국 1호 청소년수련원으로 공식 인정받게 되어 우리나라 청소년수련원의 시원이 되었다.

〈 * 오석균과 김영헌의 교육운동과 원불교에 귀의 〉
오석균과 김영헌은 교육운동과 사회운동에 함께 참여한다. 김영헌은 1910년~1919년 고금학교에서 교육활동을 한다.

김영헌이 주도한 완도소비조합(완도상회) 운동은 1920년 8월 17일 완도면 당산리 완도공립조통학교에서 완도청년회 개최를 할 때 "우리 완도는 완도인의 완도이지 타인의 완도가 아니다. 모름지기 완도인이 이를 지배하지 않으면 안 된다. 우리는 다만 권리의 명령에만 따르지 말고 자진해서 교육·경제의 개량할 것은 개량하여 완도의 발전·진보를 계획해야 한다."는 연설을 한다.

소비조합운동이 뜻대로 되지는 않아 완도상회로 변경하고 김동현 외 35명으로부터 280원의 출자를 얻어 주임이 되어 제 잡화의 판매를 개시한다. 그러다가 완도 청년회 연설과 소비조합, 완도상회 등이 독립사상을 고취하고 일본인 관리 및 일본인을 배척하도록 교사·선동하였다는 죄로 잡혀가 재판을 받게 된다. 광주지방법원 장흥 지청 1심에서는 징역 3월, 대구복심법원 2심에서는 무죄를 받는다.

1920~1924년 사이에는 경북 상주 낙동면 양진당에 설립된 조명강습소에서 신교육을 한다. 1924년 보통학교가 설립되지 않았던 군외면에 사립교인학교를 설립한다. 김영헌이 중심이 되었고 학생들은 170명이었다. 1934년까지 운영하다가 일제에 의해 강제 폐교되자 군외면 불

목리로 옮겨 영창 간이학교를 설립하여 졸업생을 672명 배출한다.

1926년 4월에는 중등학교 설립운동이 전개되어 1927년 4월 80명 정원으로 완도중학원이 설립되고 오석균이 교사로 참여한다. 1927~1934년에는 해남 북평면 서흥리에 동명학원, 북평면 이진리에 동광학원을 세워 운영한다.

신간회는 최대의 민족운동단체로 1927년 2월 25일 조직되었는데 완도 출신 송내호가 참여했다. 신간회 완도군지회는 1927년 8월 28일 완도중학원에서 오석균의 사회로 창립총회를 가졌다. 회장은 임재갑, 부회장은 곽동식이고 김영헌은 간사로 참여한다.

이처럼 항일독립운동은 시대를 앞서간 선지자들이 당대의 시대정신을 온몸으로 부대끼며 극복해 나가는 과정이었다고 하겠다. 그 같은 에너지가 자연스레 종교운동으로 전환되어 원불교 귀의가 종착이었던 것으로 보인다.

(김희태, "완도지역 원불교와 독립운동–오미산, 김영현 지해원을 중심으로–", 『원불교사상연구원 공동학술대회 원불교와 독립운동』, 87~89쪽)

2. 광주교당 입교의 독립운동가

1) 선산 변중산

선산의 본명은 동화東華이고 후일 외자 이름 극極으로 개명하였다. 법명이 중선衆船이며 선산禪山은 법호이다. 1903년 전남 장성군 북일면 월계리에서 부친 변복연邊復淵과 모친 심평촌沈平村 사이에서 장남으로 태어난 지 7일 만에 모친을 잃었다. 변동화의 집은 북일면에서 상당한 중농이었고 한학을 숭상해온 근방에서 알아주는 학자 집안이었으며 부친은 가난한 자에게 무료 진료를 해주는 한의사였다.[20]

변동화는 고향에 소학교가 설립되어 신학문을 배우고 싶었지만 부모가

20. 원광대학교 원불교사상연구원 편, 『구국과 개벽의 길을 찾다. 선산 변중선』, 근대한국 개벽종교 인물 총서 1, 도서출판 모시는 사람들, 18쪽

▲ 선산 변중선

21. "앞의 책", 18쪽

22. "앞의 책", 18~19쪽, 205~206쪽

23. "앞의 책", 19쪽, 22~23쪽

24. "앞의 책", 208~209쪽

25. "앞의 책", 20쪽, 36쪽

26. "앞의 책", 39~40쪽, 213쪽

27. "앞의 책", 214~.215쪽

신학문을 절대로 받아들이지 않고 한학을 강권하는 완강한 입장을 갖고 있었기에 한학을 배우는 도리 밖에 없었다. 전국적으로 명성 높은 전우(田愚, 1841~1922)라는 한학자가 전북 부안군 계화도에 거주했는데 1914년 12세부터 1919년 19세까지 이 저명한 한학자한테 한학을 배우게 되었다.[21] 변동화는 한학을 배우는 동안에 부친의 뜻에 따라 1916년 14세 나이에 전주이씨 규수 이순녀(16세)와 조기 결혼을 하였다. 한학을 배우고 있었지만 신학문에 대한 미련을 버리지 못하고 있었다. 이러한 가운데 3·1운동이 반발하자 이를 계기로 신학문을 배우고자 상경했지만 2~3개월 만에 그치게 되었다. 부모의 극성으로 결국 귀향했기 때문이다. 변동화는 낙심한 나머지 사찰에서 수도생활을 하며 의지를 포기할 줄 모르자 부모는 신학문을 배우도록 허락했다.[22]

변동화는 몇 개월간 중동고보를 다니다가 휘문고보로 편입했고 민족주의사학자 황의돈, 저명한 한글학자 권덕규 등의 가르침을 받아 민족적 자각을 통해 장차 독립운동에 투신할 수 있는 민족의식을 고양할 수 있었다.[23] 1921년 중국 상해로 건너간 그는 의학을 공부하는 한편 독립운동에 참여하였다.[24] 상해에서 전개한 선산의 독립운동의 최고봉은 1927년 말 한인청년단체인 중국본부한인청년동맹의 중앙집행위원장을 맡아 활동한 것이다.[25] 이로 인해 1928년 일경에 피체되어 3년형을 선고받고 평양감옥에서 옥고를 치렀다.[26] 이러한 공적으로 1990년 애국장에 추서되었다.

변동화는 1929년부터 1932년까지 옥고를 치른 뒤 1932년 6월 10일 만기 출옥했다. 일경의 감시를 받고 사회주의자 친구들이 감시도 피할 겸 금광채굴을 함께 하자는 권유를 하자 이를 받아들여 금광채굴을 하였다. 금광채굴 외에 민의사 등 활동에도 나서지만 피폐한 심신을 치유하고자 원래의 본적이 있던 화순 이서로 가족 모두와 함께 1933년 이사를 한다.[27]

이사 후에도 처음부터 모든 통로를 닫고 아예 은거하려는 것은 아니었던 것 같다. 광주 계림동과 화순 이서 두 군데에 한약방을 열어 생계를 이어갔기 때문이다.[28] 변동화의 이 같은 생활에 차질이 생긴 것은 오른쪽 다리를 절단당하는 사고 때문이었다.[29] 1934년 2월 22일 고창에서 정양하던 중에 전북경찰부 고등형사에 의해 피체되어 전북경찰부로 압송되던 도중 급행열차 바퀴에 오른쪽 다리를 참혹하게 절단당해버린 것이다. 결국 변동화는 한약방 운영, 수양 정진 그리고 교육계몽에 점차 더 힘썼던 것 같으며 이런 세월 속에서 해방을 맞이한 것으로 보인다.

그렇기에 해방 후에 변동화는 '민의사'라는 정치단체를 결성해서 활동하기도 하지만 교육계 쪽에서 자신의 자질과 역량을 발휘해내는 모습을 보이게 된다. 1947년에 화순 이서면에 이서북국민학교를 설립하면서[30] 서울정치대학에서 한의학과 문화사와 관련된 교양 강의를 시작한다. 이리농과대학과 광주농과대학에서도 강의를 했으며 전남대학교 농과대학에서 계속 강의를 했다. 1957년 9월 30일에 전남대학교 문리과대학 사학과 교수로 채용되어 지금까지의 교양 강의 외에도 더 강의할 수 있게 되었다.[31]

변동화는 이 시기에 독립운동 역사가 갖는 당위성, 가치와 효율성에 대해 가장 먼저 깊은 신뢰를 가졌던 인물이다. 곧 그는 6·25전쟁이 끝난 뒤의 혼란한 정국상황에서 난국을 타개하고 단결과 화합을 도모하는 데 필요한 학문적 가치와 효용성을 깊이 인식하여 독립운동사를 강의하였다.

상해임시정부 김구 주석, 김구 독립군 총사령관이 어떤 직책도 인정받지 못한 채 개인자격으로 귀국해야 하는 것을 목격한 변동화로서는 안중근 의사의 의거, 윤봉길 의사의 의거를 더욱 더 강조해 강의해야 했고 상해임시정부와 항일독립투쟁의 생생한 경험담을 바탕으로 독립운동사에 대해 더 열변을 토할 수밖에 없었을 것이다.

변동화는 1955년부터 전남대학교 문리과대학에 교수로 채용되어 봉직한다. 문리대 건물과 중앙도서관을 오고가는 연구와 강의의 생활을 했을

28. "앞의 책", 「선산 변중산 연보」, 459쪽에 '광주 무등산 은신수양, 한약방(계림동) 생계'라고 언급하고 있어 계림동에 한약방을 열고 있음을 언급하고 있으며, "앞의 책" 다른 데서는 화순 이서에서 한약방을 열었음을 언급하는 대목이 나온다.

29. "앞의 책", 459쪽

30. 현 화순초등학교 이서분교장으로, 소재지는 화순군 이서면 규봉로 979, "앞의 책", 460쪽

31. "앞의 책", 460쪽

것이다. 연구하고 강의하는 중심은 문리과대학 건물이겠지만 변동화 교수가 머무르며 연구를 한 또 다른 곳은 중앙도서관이었을 것이다.

1950년대 하반기부터 변중화 교수가 전남대학교 문리과대학에서 실시한 독립운동사 강의는 1945년 해방 후 대학강단에서 최초로 이루어진 독립운동사 강의였다. 변중화 교수가 강의용 교재로 집필한 『한국독립운동약사』는 해방 후 독립운동사 연구와 관련하여 중요한 연구사적 의의를 가진 저술이다.

변중화 교수는 약사를 저술하고 간행한 시기가 1960~1961년이지만 그가 실제로 집필을 결심하고 관련 자료를 모으기 시작한 시점은 1955년 전남대 문리대에서 강의를 시작한 직후로 짐작된다. 그는 전쟁 직후 혼란을 극복하고 고통을 치유하기 위한 역사 자산으로 독립운동사의 참된 당위성, 가치와 효용성을 깊이 인식하였던 것이다. 선산의 독립운동사 강의와 『약사』 저술은 그와 같은 인식의 소산이라는 점에서 진정한 가치가 있다. …중략…

『약사』에는 독립운동 가운데 의열투쟁과 순국투쟁 두 가지 방략이 상대적으로 부각되었다. 안중근 의사의 하얼빈 의거의 경우 별도의 장을 설정했을 만큼 상당한 지면을 할애하여 기술하고 그 의의를 매우 높게 평가하였다. 특히 선산은 안중근이 연해주 의병으로 활동한 이력을 중시하고, 金都世라는 인물이 안중근의 직속상관이라고 기술함으로써 팔도총독 金斗聖 문제를 가장 먼저 제시한 학자이기도 하다. 의열투쟁과 함께 선산은 또 지사들의 순국투쟁에 대해서도 상당한 비중을 두어 그 의의를 자세히 기술한 것과 1910년 경술국치에 항거한 순국지사 27명의 명단을 낱낱이 열거한 것이 선산의 역사정신을 그대로 보여준다. 그가 이처럼 순국투쟁을 역살한 것은 이들이 지닌 역사성이 민족자

존을 상실한 수치심과 국망에 대한 책임감의 상징으로 인식한 결과였다. 곧 선산은 순국지사들이 민족의 새로운 역사를 창출하는 희망으로서 원동력이 된다는 신념을 가졌던 것이다.

무릇 선산은 해방과 전쟁으로 점철된 난국상황을 타개하는 데 고심혈통, 풍찬노숙의 독립운동사가 진정한 효용성과 가치를 발휘할 수 있을

▲ 1950년대 후반 전남대학교 교정 전경 항공사진[32] 가운데 건물(대학본부),
로타리에서 왼쪽 가는 길 첫 번째 건물(도서관), 맨 끝 건물(문리과 대학)

▲ 전남대학교 문리과 대학 전경

▲ 1955년 중앙도서관(금호각) 조감도[33]

32. 홈 〉 여론 〉 기고 '종합 대학의 면모를 갖추다', 전남대 역사를 찾아서 ① 전남대학교 초창기 역사, 전남대역사연구회, 전대신문, 2020.03.30.

33. 홈 〉 여론 〉 기고 '전남대 중앙도서관, 금호각錦湖閣을 아시나요?', 전남대 역사를 찾아서 ③ 전남대 중앙도서관, 전남대역사연구회, 전대신문, 2020.05.26.

것으로 믿었고, 이를 실천하기 위해 그 역사를 강의하고 또 저술로 남긴 한 시대의 선각자였다. 해방 후 그가 원불교에 안착한 것은 독립운동에 투신했던 그의 삶의 전력 그리고 그 역사에 기울였던 성력과 결코

무관할 수 없다. 이런 점에서 선산의 일생은 독립운동사의 가치 구현에 있었고, 이것은 또한 원불교에서 지향하는 이타적 삶과 직결되어 있었다고 할 수 있다. 요컨대 선산은 민족종교로서의 원불교와 독립운동의 역사 양자를 연결시켜주는 통로인 동시에 가교 역할을 수행한 역사적 인물이었다.

(박민영, 「일제강점기 원불교와 독립운동」, 원불교사상연구원 공동학술대회 『원불교와 독립운동』, 20~22쪽)

변중화 교수는 1959년에 '변극'으로 개명을 했기 때문에 『한국독립운동사략사』의 저자는 아래의 표지에서 확인되는 것처럼 변중화가 아니라 변극으로 나온다.

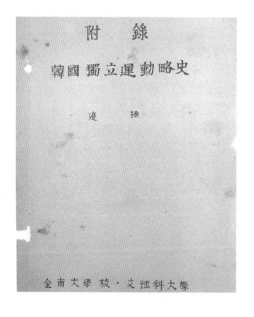

2) 근산 지해원

근산 지해원(根山 池海元, 1912~1986)의 본명은 형석洞析이다. 1912년 8월 12일 전남 완도군 청산면 청계리 1통 9호(오늘날 515번지)에서 부친 지상호池尙鎬와 모친 이성의화李聖義華의 3남 2녀 중 장남으로 출생했다. 5세 때부터 큰아버지 지명호池命鎬에게서 한문을 수학했다.[34]

어려서부터 성품이 강직하고 총명하여 옳은 일에 용감하고 특히 불우한 이웃에 대한 사랑과 관심이 많았다.

▲ 근산 지해원

▲ 지형석의 생가(청계1번길 25-2)

▲ 지형석의 고향집(성장 및 결혼)

34. 지형석의 독립운동은 청산도에 널리 퍼진 절의정신에 뿌리를 두고 있다. 지형석의 첫째 아들 지형표의 구술 증언에 의하면, 지형석의 큰아버지 지명호에게서 배운 한학과 절의정신은 노사 기정진의 40년 제자 귤은 김유(金瀏, 1814~1884)가 청산도에 서당을 세워 널리 가르친 한학이자 절의정신이었기 때문이다.

▲ 서당터와 생가, 고향집(생가 아랫집)

지형석이 다닌 서당 터와 자신의 생가는 지근거리에 있었다. 지형석의 생가는 마을의 맨 오른쪽 맨 뒤의 집이다. 지형석이 다닌 서당은 생가 왼쪽에 있는 파란색 지붕의 집 왼쪽에 있는 별채와 숲 사이에 있는 빈 터에 있었다.

완도공립보통학교에서 4년간 수학하면서 근산 지해원은 당시 일제의 식민지상황에 처한 민족의 현실에 울분하면서 조국과 민족에 대한 사랑을 현실로 구현하기 시작했다. 완도공립보통학교 5학년 재학 중에 식민지교육 철폐를 위한 동맹휴학을 선도하기에 이르렀다.

기존의 기록을 보면 완도공립보통학교와 보성고등보통학교의 양쪽 재학기간을 모두 4년 동안이라고 쓰고 있으며 양쪽에서 동맹휴학을 선도한 것으로 서술하고 있다. 완도공립보통학교 5학년 재학 중에 동맹휴학을 선도했기 때문에 재학기간 4년은 완도공립보통학교 재학기간을 의미할 수밖에 없다. 완도공립보통학교와 보성고등보통학교 양쪽의 재학기간을 모두 합해서 4년이 된 것 인양 쓰는 것은 맞지 않다.

완도공립보통학교를 최소한 5학년까지 다녔고 보성고등보통학교도 다녔기 때문에 지형석이 완도공립보통학교에서 보성고등보통학교로 진학하는 데는 아마도 두 가지의 가능성이 있다. 동맹휴학을 선도했지만 어찌됐든 완도공립보통학교를 졸업한 후에 보성고등보통학교에 진학할 수도 있고 동맹휴학으로 완도공립보통학교를 그만두고 보성고등보통학교에 진학할 수도 있겠다.

그 후 이른바 광주학생독립운동이 일어나자 학생독립지하조직에 가담하여 적극적으로 참여하다가 1931년(원기 16년) 일경에 체포되어 보성학교 퇴학은 물론 잠시 옥고를 치르게 되었다.

지형석은 출감한 후에 고향으로 내려와 뜻 있는 동지들을 모아 농촌문맹퇴치를 위한 계몽운동에 주력하였다. 이마저도 일경의 탄압으로 무산되자 1932년 일본에 건너가 노동조합운동에 참여했으나 건강이 악화되어

귀국하여 고향으로 돌아왔다.

지형석은 귀국해 고향으로 돌아온 직후에 소비조합운동으로 미취학 아동교육자금을 마련하는 등[35] 민족의 해방과 자존을 위해 투신하였지만 일경의 감시와 탄압이 심해 도피하게 되는데 청산도의 범바위, 범기미(큰기미와 상서리 사이) 등에서 도피하면서 계속 활동을 하였다. 그러다가 청산도 주민 가운데 일경의 앞잡이가 지형석의 은신처를 알아내어 신흥리 지서에 밀고하고 범기미까지 길을 안내하는 바람에 결국 지형석은 체포되었다. 지형석은 잡힌 현장에서도 심하게 구타당했으며 지서 안에서도 모진 고문을 당하였다.[36]

범바위는 여서도 위쪽에 있으며, 범기미는 큰기미(상도가 보이는 돌출부 끝단)와 상서리 사이에 있다. 지형석은 범바위와 범기미 일대에서 피신한다.

범바위에 오르면 정면의 바다도 양쪽의 옆도 뒤쪽의 내륙도 사방이 훤히 잘 보인다. 그렇기에 지형석은 여기를 숨으면서 활동하기 좋은 피신처로 생각했던 것 같다. 또한 큰기미와 상서리 사이는 범바위 일대처럼 은신하기에 좋은 조건을 갖고 있다. 지형석은 이런 이점이 있는 범기미 일대에서 피신을 하면서 활동했다.

지형석은 건덕리 마을 쪽에 있는 범바위에서 피신하였다가 매봉산 자락의 깊숙한 범기미로 옮겨 피신하던 중 체포된 것이다. 지흥표 증언자에 따르면 같은 집안의 춘희 고모가 먹을 것을 가져다주고 가져오고 했는데, 그런 과정에서 일경日警의 앞잡이인 주민한테 꼬리를 잡혔다는 것이다. 결국 지형석은 큰기미와 상서리 사이의 범기미 쪽에서 체포되어 그 자리에서 심하게 구타당했고, 신흥리 지서로 이송되어 일경과 조선인 순경에게 모진 고문을 받았다.

근산 지해원이 피신했던 범바위는 오늘날에는 산행과 관광의 주요 코스

35. 상산포와 상도의 어장사용권을 양도받아 교육자금을 마련한다.

36. 지형석의 항일운동과 일경의 지형석 추적과 체포에 대해서는 지형석의 아들인 지흥표(1934년생)와 손자인 지현관 원불교 교무로부터 직접 구술 받아 채록한 기록 자료에 의거한 것이다. 구술 채록 기록자료에는 지형석의 피신과 일경의 지형석 체포에 대한 것으로 이루어져 있다.

263

로 자리 잡고 있다. 범바위 전망대의 범바위 유래와 전설에 대한 소개이다.

▲ 범바위의 유래 안내판

▲ 범바위 굴이 보이는 반대쪽 모습
지형석이 피신했던 굴 입구가 보이는 범바위 전망대 반대쪽의 모습이다.
이쪽은 전망대 쪽과 달리 잘 알려져 있지 않다.

지형석은 해방 이후에 주민들과 규합하여 건국준비위원회를 조직하고 치안유지에 노력하던 중 미소의 강대국 분할점령과 민족 간의 이데올로기 대립으로 분단이 기정사실화 되자 이에 크게 실망하였다. 허탈해진 근산 지해원은 선친이 물려준 소작답 백여 두락을 소작인에게 무상으로 분배한 후 고향을 떠났다.

일경이 노리는 체포 대상자에 들어 있어 범바위와 범기미 등에서 피신할 수밖에 없는 사실, 체포 직후에 심하게 구타당하고 지서로 끌려와 심한 고문을 받았다는 사실부터 건국준비위원회를 조직해서 치안유지에 노력을 기울였다는 사실, 해방 후에 고향을 떠났다는 사실까지 종합해서 검토해보면, 지형석은 김영현, 오석균과 다른 방향의 항일운동을 해왔고 해방 이후의 친일세력의 득세 같은 분위기 속에서 고향 청산도를 떠날 수밖에 없었던 것으로 보인다.[37]

지형석은 광주로 활동지를 옮겨 광주에 머무는 동안 1950년(원기 35년) 4월 궁타원 정성의행鄭聖義行의 연원으로 광주교당에서 입교했다. 정성의행은 지형석의 고모와는 6촌 인척이었으며 두 아들을 잃어 해방 전부터 광주 산수동에 자리 잡고 홀로 살고 있었다. 그래서 지형석과 정성의행은 일반인들이 정성의행을 '군수 할머니'로 호칭하는 것과 달리 '누님'으로 부를 정도로 서로 잘 알고 지내는 사이였다.[38]

지형석은 광주교당에 입교하여 '해원'이라는 법명과 이후 '근산'이라는 법호를 받았다. 지해원은 곧 익산총부를 방문하여 정산종사를 뵙고 크게 환회심을 내었다. 정산종사는 법기法器라며 반갑게 맞아주었다. 마치 숙세의 지중한 인연인 듯 일순간에 마음이 연하고 문하에 들어 전무출신으로 출가 수도하고자 하는 발원이 생겼다. 자신이 젊음을 불살랐던 독립 운동에 미련을 두지 아니했다. 정산종사를 만난 후 이듬해 출가하여 전무출신했다.

37. 사단법인 완도군항일운동 기념사업회가 펴낸 『완도군 항일운동사』에는 지형석과 지형석 항일운동에 대해서는 아무런 언급이 없다는 점이다. 구술증언을 했던 지형석의 아들 지홍표는 이를 건국준비위원회의 활동을 좌익계열의 것으로 치부하는 완도의 분위기 탓으로 지적했다.

38. 지형석과 정성의행의 관계는 지형석의 아들인 지홍표(1934년생)와 손자인 지현관 원불교 교무로부터 구술증언에 의해 새롭게 밝혀진 것이다.

「수계농원은 대종사님께서 점지한 곳이니 자네가 책임을 지소」
근산 지해원은 가까이서 정산종사를 모시고 공부하고 싶었으나 한편
스승님의 命인지라 기꺼이 따랐다. 당시 수계농원은 황무지여서 땅에
콩을 심으면 깍지만 열리고 열매가 결실이 안 되는 넓은 땅덩어리에 두
말의 쌀이 있었다. 양계를 하면서 사료를 채로 걸러 싸래기로 죽을 끓
여 먹는 험한 생활이었다.

그러면서도 정산종사가 내려주신 「신심信心, 공심公心, 공부심工夫心」
을 원훈으로 삼고 직원들과 열심히 황무지를 개간하고 양계　양돈
양잠 등과 인삼재배 등으로 자립의 길을 찾기에 혈성을 다했다. 그러면
서도 수행 정진의 정성을 쉬지 아니했다. 수계농원은 이사병행理事竝
行하는 선도량禪道場으로 이름이 났다.
고생은 이루 말할 수 없었으나 농원은 차츰 자립이 되어갔고 특히 이곳에
서 전무출신을 서원한 많은 인재들을 길러낸 것은 참으로 큰 공덕이었다.
건강이 악화되어 몇 차례 수술을 계속하면서도 정산종사의 부촉을 실
현하기 위해 순직을 각오하며 지키고 키워온 수계농원. 그러나 험난한
과정은 참으로 많았다. 한때 수계농원이 자립의 희망이 보이지 않자 총
회 때마다 농원을 팔아야 한다는 여론이 높았다. 자신의 무능이 가슴
아팠고 스승님의 부촉을 지키지 못하는 자신이 큰 죄인처럼 느껴졌다.
그때마다 정산종사와 대산종사는 위로와 격려를 아끼지 않으며 용기
를 북돋아 주었다.

근산 지해원은 수계농원의 자립기반이 갖춰지자 초급교역자들을 훈련
하는 산업훈련도량으로 가꾸어 대산업大産業, 대훈련大訓練 기관으로
가꾸었다. 정산종사와 대산종사의 크신 은혜에 다소라도 보은을 했는

가 싶어 마음이 흐뭇했다.

꿋꿋한 의지와 인고의 전무출신 37개 성상. 밤낮을 모르고 일해야만 하는 실정에서도 불구하고 한치도 구도자의 자세를 흐트러짐 없이 엄정했던 근산 종사는 유일하게 한 기관에서만 외길을 걸으며 혈심혈성을 다한 생애였다.

근산 지해원은 원기 71년 일선에서 퇴직하여 수양에 전념하다가 71년 4월 거연히 열반에 들었다.

원기 73년 9월 124회 수위단회에서는 2대말 성업의 결산기를 맞아 그의 공덕을 높이 기리면서 대봉도의 법훈을 추서 했으며, 원기 76년 3월 제11회 수위단회에서는 소태산 대종사 탄생100주년 성업봉찬 기념대회를 맞아 법위를 출가위로 추존하고 宗師의 법훈을 추서키로 결의했다.

(『원불교법훈록』)

......

1950년(원기 35년) 광주에서 정성의행鄭聖義行 연원으로 입교하여 정산종사를 만난 후 이듬해 출가하여 전무출신했다. 출가 후 산업부원으로 근무하다가 "수계농원은 대종사님께서 점지한 곳이니 자네가 책임지소"하는 정산의 명을 받아 수계농원 근무를 시작했다. 정산이 내려준 신심·공심·공부심을 원훈으로 황무지개간·양계·양잠·양돈·양토·인삼재배 등 농원을 운영하면서 이사병행 하는 선도량禪道場으로 가꾸었다. 아울러 이곳을 원불교 인재를 육성하는 인재육성 도량으로 만들어 수계농원 출신의 전무출신이 수십 명에 달했다.
이와 같이 그는 전무출신 후 일생을 수계농원에서 봉직하며 농원의 발

전과 인재육성에 심혈을 기울였다. 수행에 철저했고 특히 성리연마性
理鍊磨에 크게 적공하다가 1986년(원기71)에 퇴직, 그 이듬해 3월 7
일에 세수 75세로 열반했다. 1991년(원기 76년) 종사위로 추서되었다.

(『원불교대사전』. 김희태, 완도지역 원불교와 독립운동,

『원불교와 독립운동』, 82·88쪽)

23. 광주교당의 비롯과 5·18

◎ 원불교 광주교화는 궁타원 정성의행 교도가 입교하여 영산성지에 재임 중인 주산 송도성 교무를 뵙고 발심하여 중앙총부를 방문하게 된다. 이때 종법사 정산종사의 유지를 받들어 광주지역에 교당설립의 염원을 세우게 된다. 그리하여 광주시 양림동 자택을 임시 법회장소로 제공하여, (원불교 출장소 간판을 내걸고) 1947년(원기 32년)부터 영광교구 도양교당(교무 조일관)의 출장법회(월 2회)로 시작하여 일원대도의 정법이 전하게 되었다.

(『원불교 72년 총람』, 교구·교당 1, 18쪽, 49쪽)

1. 임무열화는 《회보》 제17호 '각지상황' 중 영광의 '행상급 재가순교'로 등장하며, 원기 42년도에 양타원이란 법호를 받는다. '역대법호보', 『교고총간』 6권

<정성의행과 임무열화> 의 『원명부』

정성의행은 본명은 용애龍愛로, 1944년(원기 29년) 2월 27일 임무열화의 연원으로 입교(입교번호 여7809)하여 성의행聖義行이란 법명을 받는다. 입교 교당은 총부로 입교당시 주소는 전남 광주부 양림정 248번지이다.

정성의행의 연원인 임무열화林茂悅華는 1933년(원기 18년) 4월 11일 소태산 대종사의 연원으로 입교(입교번호 여1323)하며 입교 시 주소는 전남 영광군 군서면 신하리이다.[1]

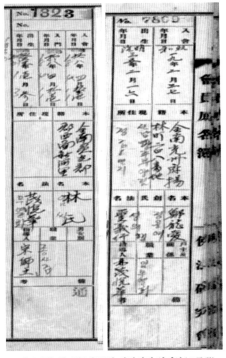

▲ 임무열화 원명부(왼쪽)와 정성의행 원명부(오른쪽)

◎ 원불교 광주교당은 한국 민주화의 중심지인 옛 전남도청과 금남로 가까이에 위치해 있다. 5·18 당시 시민들과 함께 민주화운동에 제일선에서 또는 제2선에서 직간접으로 참여하였고 뒷바라지 하였던 현장이다. 알게

모르게 시민들과 협력했던 원불교 교도들의 손길을 기억해야 할 것이다.

창립주 정성의행 회장

1. 광주교당은 1947년(원기 32년) 영광교구 도양교당의 출장법회로 시작한다.

광주지역에 출장법회를 볼 수 있었던 것은 궁타원 정성의행 교도가 양림동 자택을 법회의 공간으로 제공했기 때문이다. 출장법회 당시의 정성의행 자택은 양림정 248번지이다.[2]

양림정 248번지는 도로 양변에 접해 있다.

2. 양림정 248번지는 현재의 양림동 248번지로 여겨진다. 양림동 250-1번지인 허철선 선교사 사택 아래가 양림동 249번지이다. 그렇다면 양림동 249번지 아래쯤이 248번지일 것이다.

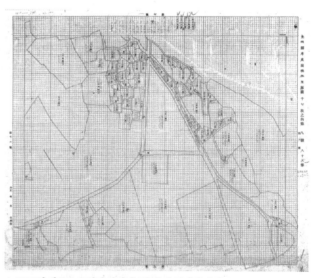

▲ 1915년 광주군 효천면 양림리 248번지 표기된 지적도
(오른쪽 위쪽 흰선 표시: 광주천)

파란색 부분은 249번지로 전田 73평이며, 그 아래로 이어지는 빨간색 부분은 248번지로 대垈 70평이다. 현재 지도의 249번지를 기준 한다면 249번지 동북쪽 아래 인근으로 추정된다.

『원불교연혁』[3]과 『원불교72년총람』[4] 중 양림동 출장법회에서 호남동에 교당을 마련하고 이어서 궁동에 안착하는 과정이다.

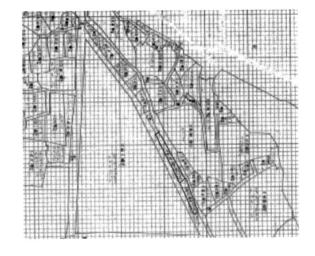

광주지소光州支所

(전남 광주시 호남동湖南洞 432)

연혁 : 당지當地는 정성의행鄭聖義行씨(지소장支所長) 시창始創 31년(병무丙戊) 2월에 입회[5]한 후 영산지부靈山支部에서 내왕하며 본교 교리도 들었고 또는 도양지부道陽支部 교무 조일관씨의 출장교화로 다소의 알뜰한 동지도 만나게 되었다. 그리하여 광주에도 교당하나 창설할 것을 상의하던 중 양림동楊林洞 지소장 사택을 임시 빌려 교당형식을 밟기로 하고 동 34년(을축乙丑) 5월에 총부에서 지소인가支所認可와 더불어 교무 임선양林善揚씨가 정식으로 부임하였다. 점차 교도수가 증가됨에 따라 장소 협착狹窄으로 말미암아 교당 별립別立 문제가 시급하게 되자 동 35년(경인庚寅) 2월에 총부 교무부장 이공주씨를 초청하여 일주일간 단기강습을 마치고 교당건축기금 의연을 수합하여 보았던 바 근50만원에 달함으로 거기에 힘을 얻은 요인제씨要人諸氏는 사방에 가옥을 물색하던 중 6·25사변을 당하여 먼저 계획은 일시 수포화 되었던 것이다 그 중간에도 가지가지의 파란곡절이 많았으나

3. 『원불교연혁』은 1953(원기 38년) 4월 제1대(36년) 원불교 성업봉찬 편찬사업의 일환으로 교당창립 36년 동안에 설립된 40개 지부와 10개 지소 및 12개 기관의 설립과정 및 발전상황을 정리하여 발행된 책이다. 저자 겸 발행인은 구타원 이공주 선생이다. 내용에는 교조 소태산 대종사의 약력과 각 지부·지소와 기관의 창립유공인 및 창립 당시 상황이 자세히 기술되어 있다. (『원불교연혁』 서문)

4. 원불교 개교로부터 1대를 36년으로 삼는 연대 기준에 따라 제2대말인 원기 72년까지의 원불교 창립 및 발전과정의 현황과 자료를 수록한 책이다. 총 3권이다.

5. 『원명부』에는 원기 29년 2월 27일 임무열화의 연원으로 입교. 입교번호 여 7809이다.

271

이를 단연돌파斷然突破하고 동 36년(신묘辛卯) 봄부터 개최하였던 요인회(34인) 끝에 정성의행씨의 특별희사금 50만원을 기초로 교무 임선양씨와 전 교도의 총력을 기울여 시내 호남동 가옥 1동을 매입 수리 후 동 36년 6월에 광주지부 간판을 옮겨 붙이는 동시에 오늘의 발전을 보게 된 것이며, 앞으로는 창평과 송정리에도 발족發足의 세勢가 보이어 일반 동지의 기대는 자못 큰바 있다.

(이공주 저著, 『원불교연혁』, 광주지소, 20~21쪽)

중앙총부로부터 초대 임양선 교무가 부임하여 정성의행 교도 댁에서 거주하며 교화를 펴 오다가 6·25를 만나 갖은 수난을 겪고 1951년(원기 36년) 광주시 호남동에 목조 4간 가옥 1동을 매입 수리하여 법당을 마련하고 지소인가와 더불어 일원의 법음을 전하는 기반을 갖추게 되었다.

(『원불교72년총람』, 광주교당 설립, 49쪽)

1951년(원기 36년) 호남동의 목조 4간 가옥에서 교화를 시작한 광주교당은 1952년(원기 37년) 궁동 40번지(대지 409평) 일제강점기 사찰 전남교무원(영광사) 자리였던 전남체육관을 매입하여 이전한다. 광주지역의 모체교당으로서 터전을 갖추었다.

(『원불교72년총람』, 광주교당 교화, 49쪽)

광주교당은 원기 31년(1946) 영광 김무열화씨의 발원에 따라 도양교당 조일관 교무의 출장법회로 시작된 곳이다.

임선양林善揚 교무가 부임했을 때는 시내 양림동[6]에 선교소 간판이 붙어 있었다. 정산종사는 임 교무가 광주 교무로 떠나려 할 때 "너는 남녀 문제에 대해서는 내가 잊어버린다." 하시어 마음속으로 과연 내가 그

6. 임양선 교무의 시각으로 양림동을 시내권으로 본 듯하다. 광주천 너머의 양림동은 광주천만 넘으면 호남동이나 궁동과 쉽게 다다를 수 있기 때문이다.

럴 수 있을까 하는 자신감 없는 생각을 하면서 떠나왔다.

날마다 초창교당 교화를 위해 임 교무는 순교에 나섰다. 낯선 거리 아
는 사람도 없었지만 행여 제복[원불교 교무 복장]을 보고 만날 수 있지
않을까 해서였다. 이렇게 교화에 열중하기 1년이 되었을 때 원기 35년
(1950) 6·25가 일어났다. …… 한동안 전쟁의 소용돌이가 가시고 1년
이 지난 후 다시 광주로 가게 되었다. 전쟁의 피해로 광주교당은 거의
파괴가 되어 엉망이었다. 교당을 일으키지 못할라나 하는 생각으로 심
난해 있는데 그곳 창립주가 총부로 가라고 했다. 상황이 이렇게 되자
임 교무는 죽어도 이 현장을 떠나서는 안 되겠다는 결심이 생겼다. 죽
었으면 죽었지 간판을 떼고 돌아갈 수는 없다고 생각되어 그때부터 장
사하는 교도집에 있으면서 순교를 하고 희사금도 얻어 집을 하나 사게
되었다.

"그때 산 집이 지금의 교당 자리였던가요?"

"그렇지요. 6·25 이전에는 교무원이라 하여 부처님을 모신 건물이 있
었는데 동란 후에 가보니 부처님은 다 없어지고 그 자리가 체육관이 되
어 있었습니다. 심란하게 뼈만 남다시피 한 건물을 사라고 하여 샀습니
다. 그때 성금은 구타원 이공주 교무님 모시고 강습을 난 후 적극적으
로 모금하였습니다. 그리고 구타원님께 빚을 주시라 하여 어렵게 불하
를 받게 되었습니다. 물론 연보로 지불해야 되는 과제를 남기고 등기이
전을 하게 되었지요."

(임양선 교무 편, 『함께한 서원의 세월』, 116~117쪽)

『원불교연혁』과 『원불교72년총람』의 내용을 종합하면 광주교당은
1947년(원기 32년) 양림동 정성의행의 자택(양림정 248)에서 월 2회 영
광교구 도양교당 조일관 교무의 출장법회로 시작된다. 이후 1949년(원기

7. 『광주교당반백년사』에서는
'1947년(원기 32년) 4월부
터'라고 명시한다.

34년) 5월에 임선양 교무가 파견되고 지소 인가를 받으며, 1951년(원기 36년) 6월 호남동湖南洞(432번지)에 법당을 마련하여 교당을 이전한다. 1 년 후인 1952년(원기 37년) 궁동으로 다시 이전하여 광주지역의 모체교당 으로서 자리 잡게 된다.

이와는 달리 『광주교당반백년사光州教堂半百年史』에는 이 외 다른 언 급들이 나오고 있다. 향후 『원불교연혁』과 『원불교72년총람』의 기록과 대 조하여 정리할 필요가 있겠다.

◎ 『광주교당반백년사』(66~67쪽과 283~284쪽)의 서로 다른 서술
1) 66~67쪽에서는 호남동 소재 교당은 1952년(원기 37년)에, 궁동 소재 교당은 1954년(원기 39년)에 각각 마련했다고 서술
⑴ 1952년(원기 37년) 7월에 호남동 소재 목조 4칸 가옥 1동 매입수 리, 법당마련 기술
⑵ 호남동 소재 교당에 대한 중앙총부의 정식 광주지부 승격허가 언급
2) 283~284쪽에서는 호남동 소재 교당도 궁동 소재 교당도 모두 1952년(원기 37년)에 마련했다고 서술
⑴ 호남동 소재 교당은 앞 단락에서, 궁동 소재 교당은 뒤 단락에서 각 각 기술하고 있음.
⑵ 궁동 소재 교당을 기술한 단락의 다음 단락에서 "원기 38년(1953 년) 7월에 낡은 기존 목조법당을 수리해 사용했다"고 기술함으로써 궁 동 소재 교당이 1952년에 마련되었음을 암시하고 있음.

◎ 『원불교연혁』 및 『원불교72년총람』과 『광주교당반백년사』의 다른 서술
'호남동 소재 교당'은 『원불교연혁』과 『원불교72년총람』에서는 1951 년(원기 36년)에 마련한 것으로 나오나, 『광주교당반백년사』에서는

1952년(원기 37년)에 마련한 것으로 기술하고 있다.

'궁동 소재 교당'은 『원불교72년총람』에서는 1952년(원기 37년)에 마련되었다 하나, 『광주교당반백년사』에서는 1952년(원기 37년) 또는 1954년(원기 39년)에 마련한 것으로 기술하고 있다.

『원불교연혁』 중 '호남동 광주지소'의 위치에 대한 내용이다.

광주光州는 전남全南 수부소내首府所在의 일대웅주一大雄州로서 자고이래自古以來 광명光明 찬란燦爛한 지역이다. 전면前面은 하늘높이 솟아있는 무등산無等山에 연접連接하여 조선대학 즉 문화전당이 건립되어 있으며 그 바로 밑 평원광야平原廣野에 만호도시萬戶都市를 좌우로 끼고 이소성대以小成大와 제생의세濟生醫世의 대이상大理想을 실현코자 시내 중심지인 호남동에 자리 잡은 유격有隔 한아閑雅한 일동一棟의 건물은 곧 우리 원불교 광주지소光州支所이다.

남南으로 효천孝泉 楊林의 맑은 냇물은 주야불식晝夜不息 흐르고 흘러 진세악취塵世惡趣를 씻어주고, 북北으로 호남 전라 양선兩線의 기적汽笛 소리는 지옥귀신을 깨우쳐주며, 서西으로 유림柳林 송정松汀의 넓은 평야에는 춘맥추도春麥秋稻의 금파만경金波萬頃을 이루워 보기만 하여도 배가 부른 듯, 후면 방직紡織공장에서는 사시절의 피륙을 짜아 내어 우리의 의복감을 제공하고 있다. 그리고 또 울울창창鬱鬱蒼蒼한 삼림森林 속에 금벽영롱金碧玲瓏한 신구식 건물들은 우리 지소支所의 외관을 단장하고, 조석으로 울리는 청아한 종소리와 은근한 법고성法鼓聲은 욕심중생의 악몽을 깨워주며 참회심을 일으켜 준다. 아~ 거룩할 사 무상대도無上大道의 일원도광一圓道光은 광주에도 분명 비치시온 듯 하여라.

호남동은 당시 광주시내였고, 뜰이 있는 한가하고 아름다운 건물 한 동이 바로 호남동 광주교당이었다. 당시 주소는 전남 광주시 호남동湖南洞 432번지로, 광주천이 흐르는 곳이다.

종합하면 광주교당은 양림동 출장법회를 거쳐 6·25 한국전쟁 이후 호남동에 1동 건물의 교당을 마련하였으나, 1년이 채 안 되어 현재의 궁동에 자리 잡게 된다. 아마도 좋은 입지의 도량이 나와 급히 호남동에서 현재의 궁동으로 교당을 이전한 것으로 보인다.

정성의행 교도회장이 광주교당을 창립하는데 크게 기여한 이래 광주교당은 여러 가지의 주요 활동은 교리강습, 법회, 청년법회, 정산종사 열반추모식, 법호 수여식, 학생법회, 특별기도, 어린이법회 등이다.

행사명	원기 년월일	행사내용
교리강습(제1회)	40.	강사:이공주교무, 100여명이 교리강습
교리강습(제2회)	42.	강사:김영신교무, 70여명이 교당에서 교리강습회를 개최
법회실시	45.	매주 일요일에 실시
청년법회실시	49.	청년법회를 일반법회에서 분리실시
정산종사님 열반	47. 1	교도일동 추모식 참석
법호 수여식	47. 1	법호수여식(13인)
학생법회실시	47. 7. 20	시내 중고등학생을 따로 모아 법회실시
특별기도	47. 7	특별기도 실시 (1월, 7월)
어린이법회실시	49. 7	어린이를 따로 모아 법회실시
유공인 열반	48. 4	유공인 정용숙교도 열반
교리강습	46.	청년학생 교리강습

▲ 교당내 중요행사 및 활동의 일부(『광주교당반백년사』, 223쪽)

정성의행 교도회장의 창립활동과 교당발전을 위한 이후의 주요 활동은 광주교당이 걸어온 주요 연혁을 보면 잘 알 수 있다.[9]

9. 원불교광주교당, 『光州教堂半百年史』, 50~51쪽

광주교당은 광주·전남 지역의 교당들을 세우는 연원교당의 역할을 수행

한다. 1964년(원기 49년)도에 오인선 교도를 중심
으로 서광주교당을 세운 이래 7년 동안 12개의 교
당을 설립했다.

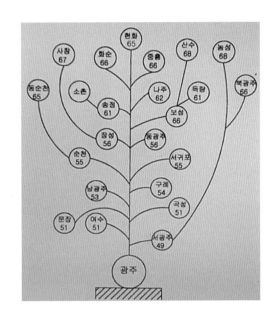

　1965년(원기 50년)에는 김차시화 교도 인연의
이성훈 교도를 중심으로 한 여러 교도들이 여수에,
1966년(원기 51년)엔 추영택 교도를 중심으로 곡
성에, 정남혁 유성남 교도를 중심으로 해보에 교당
을 세웠다.

　1968년(원기 53년)엔 황청원 변진복 교도의 중심
으로 남광주교당을, 1969년(원기 54년)에는 김일주
교도를 중심으로 구례교당을 만들었다. 이어 김광준
교도와 김영진 교도를 중심으로 서귀포에, 1970년
(원기 55년)에는 김광준 김영수 교도를 중심으로 순천에, 또한 이광석, 황화
영, 김도명 김순옥 교도 중심으로 장성에, 1971년(원기 56년)에는 계림동에
각각 세웠다.

　이어서 최도정 교도 등을 중심으로 나주에, 또 박정덕 교도 등을 중심으
로 보성에 각각 만들었다. 이로써 총 12개 교당을 새로 설립한 것이다.

　광주교당은 12개 교당을 설립하는데 그치지 않고 최순원, 조영진, 정영
석, 고현성, 김현, 변중선, 김양문, 김정덕, 조도천, 최승철, 최승원, 변성묵
등을 전무출신으로 배출하였다.

　이렇듯 광주교당이 지역의 여기저기에 교당을 세우고 전무출신을 배출
한데는 궁타원 정성의행 교도의 지극한 발의와 당시 도양지부 조일관 교
무의 출장법회의 공로가 있었다.

▲ 정성의행 교도회장과 교도들의 교당 밭갈이 모습

이어 1948년(원기 33년) 임선양 초대교무, 송원철 2대 교무의 역할이 있었고, 오종태 3대 교무, 김법종 교무, 1963년(원기 44년) 이성신 4대 교무의 기여가 있었다. 여기에 문동현, 송주성, 김광준 지부장과 변중선 요양재단이사장의 공로도 함께 있었다.[10.]

10. 원불교신문 호수
    48, 1971.05.15.
    http://www.wonnews.
    co.kr

2. 광주교당 교도는 5.18 민주항쟁의 핵심주역이었을 뿐 아니라 시위대 적극 이끈 주도자였다. 5.18 이후에는 40년 동안 한결같이 해마다 희생영령을 추모해왔다.

5.18과 원불교에 대해 소개하는 것은 앞으로 광주교당을 포함한 광주지역 여러 교당들의 5.18 민주항쟁 시 행하였던 이야기를 널리 알리고, 또한 알려지지 않은 역할에 대해 있는 그대로를 드러내고자 함이다.

특히 광주교당이 금남로에 가장 가까이 위치해있어 목격 또는 관찰 또는 지원 혹은 참여 등과 같이 다양하게 5.18을 경험했고 역할 했음에도 불구하고 타 종교계의 활동과 역할의 선명도에 비해 원불교의 5.18 민주항쟁의 역할은 상대적으로 가려지고 덜 알려져 있기 때문이다.

원불교 교당, 교무, 교도들이 5.18 민주항쟁에 적극적으로, 조직적으로 참여하고 역할을 수행했음은 다음과 같이 확인되었다.

〈첫째〉, 성직자인 교무와 일반교도가 나뉘지 않고 일심동체로 시위대에 적극적으로 참여하거나 시위현장에 매일 함께 했다는 사실이다.

〈둘째〉, 교당에서도 교무와 교도들이 합심하여 학생을 피신시켜주거나 식사를 제공했다는 점이다.

〈셋째〉, 광주교당에서는 매일 타종을 하는데 총알이 날아 오는 상황에도 불구하고 목숨을 걸고 타종을 하여 시민들의 불안을 달래준 일이다.

〈넷째〉, 광주교당의 교무와 교도들은 도청 상무관에서 희생영령에 대한 천도재를 민주항쟁기간 내내 거행했다는 점이다.

〈다섯째〉, 80년 당시 전남대 학원자율화추진위원회가 전남대 학생운동을 주도하여 박관현 총학생회장을 등장시키고 있었는데, 바로 학원자율화추진위원회 위원장을 맡은 인물이 원불교 서광주교당 한상석 학생교도였다는 점이다. 80년 당시 광주는 전두환 반란군부의 국가전복 기도에 대해서 초지일관 저항하여 민주화의 선봉에 서서 5.18 민주항쟁을 전개하였데, 전남대학교 총학생회가 전두환 반란군부에 대한 항쟁을 총체적으로 기획하고 최초로 조직적 저항을 전개한 주체였다.

〈여섯째〉, 당시 전남대학교 총학생회장으로서 5.18 민주항쟁의 중심인물이었던 고 박관현 열사의 어머니가 영광 불갑교당 교도였고, 둘도 없는 친구인 한상석 전남대학원자율화추진위원장이 서광주교당 교도였다는 것이다. 다들 원불교 가족이었다.

5.18 민주항쟁의 총체적 기획, 조직적 저항을 통해 5.18 민주항쟁을 만들어낸 전남대학교 총학생회에는 원불교 가족이 핵심중의 핵심으로

앞장서고 있었다. 즉, 전남대학교 학생운동의 핵심중의 핵심이 원불교 가족이었다. 바로 한상석 전남대학교 학원자율화추진위원회 위원장과 박관현 전남대학교 총학생회장이었다. 한상석 위원장도 박관현 전남대학교 총학생회장도 모태신앙의 원불교 가족이었다. 한성석 위원장과 박관현 총학생회장은 영광 동향 출신의 친구로 아주 가까운 사이였다. 학원자율화추진위원장, 총학생회장에 이어 동아리연협회장도 원불교 학생교도였다.

〈일곱째〉 80년 이 당시 학생운동의 중심은 학과가 아닌 동아리였는데 전남대 원불교학생회 회장이 전남대 동아리연합회 회장을 맡았다는 점이다. 전남대 원불교학생회가 전남대 학생운동에 적극적으로 참여하였다는 사실이다.

〈여덟째〉, 원불교 학생교도들이 학생운동을 주도하고 있었기 때문에, 원불교학생회의 학생교도들이 광주교당을 거점으로 연락하거나 모여서, 다른 동아리 학생들에 비해 5.18 민주항쟁 시위대에 매일 다수가 조직적으로 참여하였다는 점이다.

또한 원불교 교도들 특히 학생교도들은 금남로, 충장로, 광주천, 전남여고 앞 도로, 동계천, 계림 로타리 등의 여러 지역에서 5.18 민주항쟁에 적극 참여했다. 광주교당, 동광주교당, 서광주교당 등의 교도들이 적극적으로 많이 참여하였다.

80년 당시 전두환 반란군부의 국가전복 기도에 대해 광주 원불교 교도 특히 학생교도들은 항쟁의 중심에 서서 적극적으로 저항하였다.

이처럼 원불교 가족이 5.18 만주항쟁을 발발시킨 주역이었고 광주 시내권 여기저기 많은 곳들에서 시위대를 주도하거나 적극 참여했는데 이런 주도와 이런 적극 참여를 만들어낸 배경은 세 가지로 언급할 수 있다.

〈첫 번째〉 배경은 원불교 마음공부와 도덕 생활의 활동을 통해 정의와 불의에 대한 사무여한 정신이 서려 있었다는 점이다.

〈두 번째〉 배경은 당시 학생회 교도들이 『정산종사법어』 국운편 공부과 시국 토론을 하고 있었다는 사실이다. 광주지역 여러 교당의 학생교도 출신 분들은 '국운편'에 대해 공부하면서 시국문제를 토의함으로써 5.18 민주항쟁에 참여하게 되었다고 증언하고 있다.

〈세 번째〉 배경은 한상석 위원장을 중심으로 오래 동안 맺어오고 쌓아온 원불교 인적 소통관계이었다. 원불교는 한상석 위원장이 주로 소통하고 협력하는 역할을 맡고 있었기 때문에 당시 광주의 여러 교당 교도들은 서광주교당 교도인 한성석 위원장과 소통하고 만나고 함께 일을 하곤 하였다.

사무여한死無餘恨

정당하고 가치 있는 일을 위해서는 죽어도 아무런 한이 없다는 말. 이 말의 유래는 1919년(원기 4년)에 구인제자가 법인기도를 올릴 때, 8월 21일 저녁에 죽여도 여한이 없다는 '사무여한'이라는 최후증서를 쓰고 세계의 구원과 교단의 창립을 위해 생명을 희생하리라 결심한 데서부터 시작된다. 이 사무여한의 정신은 원불교의 창립정신으로 확립되었고, 사사로움 없이 공익을 위하는 무아봉공無我奉公의 정신으로 계승 발전되고 있다.

(『원불교대사전』)

『정산종사법어』 국운편國運編

『정산종사법어』 제3편으로 33장의 법문이 수록됨. 『건국론』의 요지는 정신으로써 근본을 삼고, 정치와 교육으로써 줄기를 삼고, 국방 건설

경제로써 가지와 잎을 삼고, 진화의 도로써 그 결과를 얻어서 영원한 세상에 뿌리 깊은 국력을 잘 배양하자는 것이다.

건국의 정신은 첫째 마음의 단결, 둘째 자력 확립, 셋째 충의 봉공, 넷째 통제 명정, 다섯째 대국 관찰이다. 우리나라의 국운에 대하여 예측하기를 "이 나라는 세계의 정신적 중심지가 되리라"(『정산종사법어』국운편 32장)라고 했다.

(『원불교대사전』)

▲ 『건국론』 표시(왼쪽) ▲ 『건국론』 일부(오른쪽)

이같은 세 가지 배경을 놓고 보면 광주지역의 여러 교당 교도들 특히, 학생교도들이 5.18 민주항쟁에 참여하고 지원하고 목격하게 된 것은 자연스러운 것이었다. 이런 교도들은 광주지역 여러 교당에 많이 있을 것이다. 광주교당만 놓고 보더라도 많이 보인다. 여기서는 광주교당의 참여자 가운데 몇 분들만 우선 소개해드리고 나중에 기회를 빌어 많은 광주교당 포함해서 광주지역 여러 교당 교도들의 5.18 활동상, 경험담에 대해 구술증언이 절실하다. 지역, 교당, 소속, 직업별로 수집하여 재구성하는 것이 시급히 추진해야 할 것이며, 원불교의 교리와 교당 활동으로부터 어떠한 영향을 받았는지 심층 인터뷰가 필요하다.

◎ '5·18 민주화 운동' 참여자의 약사 (광주권역 원불교 교도)

(1) 김현 (영산성지사무소장, 교무, 김봉진)

원불교 사회운동을 적극적으로 펼쳐온 대표적 인물이다. 전라북도 고창에서 태어나 80년 당시 원불교 영광 영산 성지에서 활동했다. 80년 이전부터 원불교 내에서 개혁적인 입장을 갖고 있던 교무였다.

김현 교무는 개혁적인 교무였기에, 광주 미국문화원 방화사건에 연루된 정순철 학생을 피신시키고 보호하는데 관여하게 된다. 이로 인해 김현 교무는 신군부의 악랄한 모진 고문을 당하게 되며 이를 계기로 한국사회에 대한 더욱 개혁적인 시선을 갖고 한국사회를 바꾸어가는 사회운동을 전개하였다. 김현 교무가 원불교에 미친 영향은 지대하였다. 원불교 사회운동을 주도하여 원불교 내에서 사회운동의 등대와 같은 역할을 함으로써 원불교 성직자 및 교도들이 꾸준하게 그리고 한층 더 사회운동을 전개할 수 있도록 도왔다. 김현 교무의 사회운동 활동으로 원불교는 사회운동에 소극적이라는 이미지를 불식시키기에 이르렀다.

(2) 이선조 (광주교당 부교무, 이순주)

전라북도 익산에서 태어나 80년 당시 원불교 광주교당에서 이선조라는 법명의 교무로 활동하였다. 이선조 교무는 80년 당시 5.18 민주항쟁의 현장을 지키면서 새로운 세상을 열어가는 인간교육의 중요성을 터득하고 이를 계기로 한국사회에 대한 개혁적인 시선을 갖고 한국사회를 바꾸어가는 사회운동을 전개하였다.

원불교 광주교당의 교무와 교도들이 계엄군의 잔인무도한 피의 학살에 분노하였으며, 금남로 시위대 등 5.18 민주항쟁 시위대에 적극 참여하고 행동했다.

또 광주교당이 5.18항쟁의 금남로와 도청 가까이 위치해 있었기에 광주교당을 항쟁 시위대와 시민들의 피난처로, 주먹밥을 만드는 곳으로 앞세웠고 상무관 장례를 치르기 위한 준비 장소로 삼았다.

또한 계엄군의 유혈살상에 불안해하는 시민들이 마음의 위안을 주는 범종을 쳐달라는 요청에 총알이 날아드는 속에서 5·18 민주항쟁 동참 타종을 했다. 상무관에 시신을 안치해놓자 시신이 들어올 때마다 상무관에서 지극정성으로 천도재를 지냈다.

⑶ 故 임균수 열사 (학생, 원광대 한의대)

고 임균수 열사는 전라북도 순창에서 태어나 80년 당시 원광대학교 한의과대학 본과 2학년에 재학 중인 대학생이었다. 고 임균수 열사는 원불교 가족의 영향 속에 독실한 원불교 교도로서 평소 사회적 불의에 비판적인 자세를 갖고 있었다.

사회정의를 실현하고 불의에 항거하라는 원불교 교리의 가르침대로 5.18 당시 계엄군의 잔인무도한 유혈진압에 적극적으로 항거하였다.

고 임균수 열사의 형이 구술한 바에 따르면, 고 임균수 열사는 계엄군의 잔인무도한 피의 학살에 대단히 분노하였으며 이에 따라 5.18 민주항쟁 시위대에 참여하여 카톨릭센터 등의 금남로, 광주MBC 방송국 등의 일대에서 계엄군에 항거하였다. 고 임균수 열사는 도청 앞에 집결한 비무장 시위대에 참여하여 계엄군과 대치 중에 예고 없는 계엄군의 발포로 운명을 달리하였다.

(4) 한상석 (학생, 서광주교당)

한상석은 전라남도 영광에서 태어나 80년 당시 전남대학교 학원자주화 추진위원회 위원장을 맡고 있던 대학생이었다. 한상석은 원불교 모태신앙을 가진 원불교 교도로서 평소 사회적 불의에 비판적인 자세를 갖고 있었고 이에 따라 전남대학교에 입학해서는 자연스럽게 학생운동에 참여하고 80년 당시에는 전남대 학생운동의 중심에 서 있었다.

한상석은 고 박관현 전남대학교 총학생회장이 전면에 나서기 전까지 사실상 전남대 학생운동을 이끌었으며 서울지역 학생운동 진영이 서울역에서 회군한 것과는 정반대로 광주지역의 학생운동 진영이 진군하는 데 중요한 역할을 하였다.

(5) 김광제 (학생)

김광제는 전라남도 무안에서 태어나 80년 당시 전남대학교 3학년에 재학 중인 대학생이었다. 김광제 구술대상자는 원불교 가족의 영향 속에 독실한 원불교 교도로서 사회정의를 실현하고 불의에 항거하라는 원불교 교리의 가르침에 따라 5.18 당시 계엄군의 잔인무도한 유혈진압에 적극적으로 항거했다. 계엄군의 잔인무도한 피의 학살에 대단히 분노하였으며 이에 따라 5.18항쟁 시위대에 참여하여 카톨릭센터 등의 금남로, 광주MBC 방송국 등의 일대에서 계엄군에 항거했다.

⑹ 양석호 (대학원생, 서광주교당)

양석호는 전라남도 완도에서 태어나 80년 당시 전남대학교 대학원에 재학 중인 대학원생이었다. 양석호 구술대상자는 고등학교 때 원불교에 입교한 독실한 원불교 교도로서 평소 사회적 불의에 비판적인 자세를 갖고 있었다.

양석호 구술대상자는 사회정의를 실현하고 불의에 항거하라는 원불교 교리의 가르침대로 5.18 당시 계엄군의 잔인무도한 유혈진압에 적극적으로 항거하였다. 계엄군의 잔인무도한 피의 학살에 대단히 분노하였으며 이에 따라 5.18항쟁 시위대에 참여하여 카톨릭센터 등의 금남로, 광주 MBC 방송국 등의 일대에서 계엄군에 항거하였다.

⑺ 정무삼 (정도행, 광주교당)

정무삼은 전라남도 무안군에서 태어나 일찍이 부산에서 직장생활을 하였다. 1978년 형님이 운영하는 충장로 1가 정근당의 업무를 형님 대신 전담하면서 전남대를 비롯한 각급 학교와 상무대, 31사단, 도청, 시청, 그리고 여러 종교단체와 사회 지도층 등과 거래하면서 많은 인맥을 가지고 있었다.

1979년 말부터 학생들의 민주화 열망이라든가 일반 군 간부들이나 종교계를 비롯한 사회 각계 지도층들의 나라 걱정하는 마음들을 잘 알아볼 수 있었으며, 특히 1980년 초부터 정근당에서는 날마다 각 대학 임원들, 학생회간부들, 종교인들과 사회 지도층, 도청 임원들, 군 간부들의 의견이랄지 정보를 중간에서 주고받는 역할을 하였다.

더욱이 5.18민주화운동 과정에서 학생들의 각종 시위용품 등과 5.18의 상징인 도청 앞 분수대 태극기(2m*3m)를 특별 제작(규격은 정도행이 결정)하여 납품하였다. 이러한 인연으로 5.18 당시 학생들을 비롯한 시위자들 중 군에 끌려간 단순 가담자들을 구제해준 일도 있었으며, 도청 앞 최초

발포하는 그날도 대모 대열에 합류하여 총소리와 함께 죽어가며 신음하고 부상당해 겨우 다리를 끌고 피해가는 모습을 목격하며, 오후 늦게까지 시위에 동참하였다

(8) 박현승 (박태범, 광주교당)

5월 18일 오후 1시경 공수부대 구인들이 유동사거리에서 금남로 방향으로 돌격, 학생들이 대인동 시외버스터미널 대합실(현재 광주은행본점과 롯데백화점 위치)로 피신하자, 곤봉으로 시민들을 위협하며 학생들을 찾아다니는데, 군인들에게 술 냄새가 진동했다.

옛 신영극장 북동쪽(당시 공용터미널 부근)에는 술집이 많아 술집 종사 여성들이 많은 곳이었다. 학생들이 그 일대에서 군인에게 쫓기며 곤봉으로 마구잡이로 맞아 피투성이가 되자, 여성들 이 군인들에게 악을 쓰며 달려드니 여성의 윗옷을 잡아채어 나체가 되었고, 이를 본 동료 여성들이 합세하자 군인들이 총 끝의 칼로 가슴 등을 찌르는 일이 있었다.

5월 18일~5월 21일 사이 상고머리를 하거나 말씨가 조금 이상해 보이면 간첩이라고 간주, 시민들이 잡아 경찰서에 신고하기도 하였으며, 현재 농성역 사거리에서 군인쓰리포터차가 조그만 냇가로 추락했는데 군복을 입은 상고머리의 군인들이었다.

5월 21일경부터는 매일 도청 앞 분수대에서 집회가 있었고, 뒤쪽에는 정보쪽 형사들이 예의주시하던 상황을 목격하였다. 광주에서 시외로 운행하는 버스는 일체금지령이 내렸으며, 오후 3시에 막차가 되었다. 광주로 들어오는 모든 버스는 동부지역은 화순, 남부지역은 영산포, 북부지역은 장성에서 통제되었다.

나주로 운행하던(광주-영산포 경유, 동창행) 옛 한일여객 7314호 기사가 허겁지겁 되돌아와 죽을 뻔했다고 하였으며, 버스를 살펴보니 앞쪽에

총탄 3발의 구멍이 뚫려 있었다. 당시 버스기사의 이야기로는 헬기가 비행하더니 버스 앞으로 총탄이 들어와 기겁하여 차를 돌렸다고 회고했다. 당시 5·18 총격으로 피해를 본 버스는 전남도청 운수과에 신고하여 보상처리를 받았다.

⑼ 정도현 (학생, 정지광, 광주교당)

5.18은 저에게 또 다른 생명이다. 80년 4월부터 도청 앞 분수대에서 박관현 전남대 총학생회장의 집회에 대학생으로 주도적으로 참여했다. 80년 5월 17일 일요일 친구들과 우체국 앞 충금다방에서 차를 마시다가 오전 10시경 전두환을 타도하자는 외침을 듣고 친구들과 일제히 밖으로 나가 스크럼을 짜고 금남로, 충장로, 장동 로타리 등 광주시내를 다녔다. 오후 4시경 장동 로타리에서 인질로 잡힌 학생들과 시골서 착출된 순경들과 서로 인질 교환하자고 협상 도중 광주에 처음으로 공수부대가 투입되어 풍지박살 났다.

그 다음 얘기는 안 해도 광주시민이라면 상상도 못할 끔찍한 만행을 목격했다. 5.18을 직접 겪었고 행동했기에 이렇게 민주시민으로 살아간다는 게 꿈만 같다.

⑽ 이상술 (학생, 이양덕, 광주교당)

이양덕은 전라남도 고흥에서 태어나, 원불교 입교는 1986년(원기 71년도)이며 청년회장, 원빛회 회장, 현재는 청운회장을 맡고 있다.

1980년 당시 광주에서 학교를 다니며, 광주도청 근처(갑을탕 온천) 구, MBC 골목에서 살고 있었다. 어느 날 (날짜는 모름) 대학생들에게 계엄군이 곤봉으로 구타하는 모습을 목격했고 많은 희생자가 속출하는 장면을 보았다. 전남여고 앞에서는 MBC쪽 대학생과 시민들이 전남여고 쪽 계엄군들과 총으로 교전 중이었다. 총을 쏘는 형들 옆에 엎드려서 총알을 가져다주는 역할을 했다. 다음날 오후 늦게 MBC가 불에 타고 있어 MBC 골목에서 살고 있다가 불을 피하면서 목격하였다.

비가 오는 어느 날, 친구와 함께 도청으로 들어가 보니, 많은 시체들이 가마니로 덮어 놓은 채 눕혀져 있고, 시체 얼굴들은 코·입·귀를 솜으로 막아 놓은 상태였다. 어린 마음에 너무 충격을 받아서 한동안 밥을 못 먹고 힘들어했다. 며칠이 지나서 새벽에 운동을 하러 상무관으로 들어갔는데 상무관 체육관 안에는 죽은 사람들의 관이 많이 있었다.

그 외도 여러 가지 참상을 보면서, 어린 마음에도 그 당시 계엄군의 잔인무도한 행위에 분노를 감출 수가 없었다.

⑾ 윤치욱 (윤성욱, 광주교당)

고향은 해남. 입교 시기는 1969년(원기 54년), 어머니의 권유로 입교했다. 광주교당 학생회, 수원교당 청년회, 이후 분당교당 단장, 분과장 거쳐, 양천교당 부회장, 광주교당 단장, 부회장 지내고 지금은 교도회장 맡고 있다.

5.18 당시 현대건설 소속으로 리비아 데르나라는 도시에서 현장개설 준비하고 있었다. 어느 날과 다름없이 저녁을 먹고 호텔 포치에 앉아 아름다운 지중해의 저녁놀을 즐기고 있는데, 갑자기 호텔종업원이 뛰어나오며 "꼬리 꼬리" 외치며 손을 잡아끌었다. "꼬리"는 코리아의 리비아식 발음이다. 로비의 TV를 보니 평양공항을 비추다가 바뀐 장면은 금남로의 시위대 모습이었다. 어설프게 무장한 시민군이 탄 찜차에는 '전두환 찢어 죽여라'라고 쓰인 깃발이 보였다. 무슨 큰일이 있구나, 하는 생각으로 일주일에 한 번씩 들어오는 NEWSWEEK지를 찾아 온 시내를 헤매 사서 보니 3페이지에 걸친 광주특집이 게재되어 있었다. 그 기사 내용 중 지금도 잊지 못하는 사진이 석장이다. 뒷결박되어 무릎 꿇고 있는 청년을 계엄군이 발로 머

리를 차서 넘어가는 연속촬영 사진이다. 물론 그 사람이 누구인지, 생사도 모르지만 그날 밤 하늘의 별을 보며 계속 피웠던 담배 생각이 지금도 생생하다.

◎ 오늘날 5.18과 원불교는 되살아나고 있다. 원불교가 만들어낸 다양한 5.18은 이제야 소개해하는 활동 이야기이고 경험 이야기이다.

한상석 전남대 학원자율화추진위원장의 활동, 박관현 전남대총학생회장의 활동, 전남대동아리연합회장의 활동, 이선조 교무의 활동 뿐 아니라 광주지역 많은 교도들의 활동을 통해 5.18과 원불교를 새롭게 찾고 알려내고 있다.

5.18 항쟁 기획, 최초저항, 시위대 참여, 상무관 시신안치 천도재, 목숨 건 종각 타종, 주먹밥 나눔, 시민들 피신 지원 등 풍부한 스토리를 되살려낼 수 있고 감동을 선사하는 풍성한 이야기로 만들어갈 수 있다.

5.18 당시 희생된 영령들을 위한 원불교 위령재는 5.18 만주항쟁 때부터 행해온 36년째의 행사다. 민주묘지를 조성한 후에는 매년 5월 18일 당일 오후 2시에 민주묘지에서 위령재를 거행해오고 있다.

5.18 당시의 원불교 항쟁활동에 대해서 오늘날 여러 측면에서 되살려내고 있지만 원불교 전체 차원에서 가장 의미 있는 추모 및 기념행사는 5.18 당시 죽음을 무릅쓰고 광주교당 종각에 올라 시민들을 위해 타종소리를 널리 들려준 '민주의 타종'이라고 하겠다. 또 하나는 5.18 이후에 한해도 거스르지 않고 5.18 희생자들을 추모해온 '위령제 행사'라고 할 수 있다. 여기에 5월 18일 당일 국립묘지에서 거행하는 5.18 추모행사를 묶어서 원불교의 5.18 역할을 널리 알리고 체험, 향유 코스에 포함하여 5.18기념재단, 5.18민주화운동기록관, 동구, 광주시청, 광주시교육청 등과 협력하는 게 필요하다.

교당에서 죽음을 무릅쓰고 종각에 올라 타종한 것은 시민들이 계속 타종해 주기를 바랐기 때문이다. 광주교당에서는 총알이 또 언제 날아올지 모르는 상황이어서 타종을 할 수 없었는데 '시민들이 계엄군의 무지막지한 유혈살상으로 불안해 못 견디겠는데 그나마 광주교당의 타종 소리 듣고 마음의 위안을 받고 있었다. 그런데 마음의 위안을 주는 타종을 듣지 못하니 불안해서 힘들다. 타종을 해줬으면 좋겠다.' 이렇게 요청을 해와 결국 교당에서는 여러 얘기를 한 끝에 죽더라도 타종하다 죽겠다는 심정으로 종각에 올라 타종을 했던 것이다.

종각에 올라 시민들을 위한 타종 소리를 울린 현장은 사진의 종각이자 범종이다.

▲ 1973년 리모델링하기 이전의 종각(왼쪽)

▲ 1973년 리모델링한 이후 1980년 당시 종각(오른쪽)

◎ 광주교당에는 5.18을 지켜본 종각, 대법당 건물 외에도 광주지역의 근현대문화유산이 있다. 광주천, 금남로, 동계천 구역 내에 유일하게 남아 있는 한말 이래의 우물이 있다. 또한 일본인 승려들이 남기고 간 몇 가지 사찰관련 석조품도 남아 있다.

▲ 광주천, 금남로, 동계천 구역 내에 유일하게 남아 있는 한말 이래의 우물

▲ 일제강점기 일본사찰 관련 석조품(선종 표석)

부록

1. 호남가와 소태산

함평咸平 천지天地 늙은 몸이 광주光州 고향故鄕을 보랴하고

제주濟州 어선漁船 빌려 타고 해남海南으로 건너올 제

흥양興陽(고흥)에 돋은 해는 보성寶城에 비쳐있고

고산高山에 아침 안개 영암靈巖을 둘러 있다.

태인泰仁하신 우리 聖君 예락禮樂을 장흥長興하니

삼태육경三台六卿은 순천심順天心이요 방백수령方伯守令은 진안민鎭安民이라

고창성高敞城 높이 앉아 나주羅州 풍경風景을 바라보니

만장萬丈 운봉雲峯 높이 솟아 층층層層한 익산益山이요

백리百里 담양潭陽 흐르는 물은 굽이굽이 만경萬頃이라

용담龍潭에 맑은 물은 이 아니 용안처龍安處며

능주陵州에 붉은 꽃은 골골마다 금산錦山이라

남원南原에 봄이 들어 각색各色 화초花草 무장茂長하니

나무나무 임실任實이요 가지가지 옥과玉果로다

풍속風俗은 화순和順하고 인심人心은 함열咸悅이라

이초異草는 무주茂朱하고 서기瑞氣는 영광靈光이라

창평昌平한 좋은 세상 무안務安을 일삼으니

사농공상士農工商 낙안樂安이요 부모父子 형제兄弟 동복同福이라

강진康津에 상가선商賈船은 진도珍島로 건너갈 제

금구金溝에 금을 일어 싸놓으니 김제金堤로다

농사農事하는 옥구沃溝 백성百姓 임피성臨陂城을 둘러 있고

정읍井邑에 정전법井田法은 납세納稅 인심人心 순장淳昌하고

고부古阜 청춘靑春 양유색楊柳色은 광양光陽 춘풍春風 새로워라

곡성谷城에 묻힌 선배 구례求禮도 하거니와

흥덕興德하기를 나날이 시습時習하니

부안扶安 국가國家 보국補國 충신忠臣 아닌가

우리 호남湖南 좋은 법성法聖 전주全州 백성百姓을 거느리고

장성長城을 널리 싸고 장수長水로 돌렸는데

여산礪山 돌칼을 갈아 남평루南平樓에 꽂아 놓으니

어느 외방지국外方之國이 경거輕擧할 뜻을 둘까 보냐[1]

원기 70년 (1985) 5월 8일, 대산종사 법설

한국의 지명을 지나가신 성현님들께서 내신 것은 우연한 일이 아닙니다. 대종사님께서 대각을 하신 뒤 우연히 떠오르는 가사를 외우셨는데 팔산八山 김광선께서 이 가사를 듣고 이 가사는 예전부터 전해 오던 것이라고 말씀드리자 대종사님께서는 '아! 나보다 먼저 깬 분이 있었구나?'라고 하셨습니다. (그 뒤에 끝에 "우리 호남, 좋은 법성法聖, 전주 백성을 거느리고"는 대종사님이 더 붙이셨다.)

정산종사께서도 어느 날 나를 오라 하시더니, '대종사님께서 대각하시고 호남가를 외우셨는데 호남가가 참으로 좋다.'고 하시기에 그 뜻을 오래 두고 음미해 보니 참으로 호남가가 좋습니다.

1. 호남가(湖南歌)는 판소리 단가로 중모리장단으로 되어 있다. 판소리 단가인 호남가는 단가 계통과 가사 계통이 있다. 단가 계통에서는 제주도에서 호남지역으로 건너와 각 고을을 두루 둘러보는데 비해 가사 계통에서는 호남의 각 고을을 두루 돌아다니다가 제주도로 건너가 한라산 등을 둘러본다. '호남가' 명칭은 사설의 내용이 50여 호남지역에 관한 것이어서 붙여진 것이다. 호남가의 내용은 신재효(申在孝, 1812-1884)의 사설집에 남아 널리 불리지고 있다. (한국전통연희사전, 2014. 12. 15. 전경욱)

2. 기타 남도 관련 인물

▲ 동산 문정규

○ 문정규 文正奎, 1863~1936

전남 곡성군 곡성면 장선리 출생으로 52세 시 전주로 이사하여 한의업을 경영하다가 58세 시 친구 송적벽의 인도로 봉래정사에서 소태산을 뵙고 제자가 된다.

▲ 영산 박대완

○ 박대완 朴大完, 1885~1958

전남 여천군 삼일면에서 출생하여 기미년 전후 항일독립운동에 투신했다. 그 후 목포지방법원에 이송되어 옥고를 치른 후 전국을 유람하다가 불법연구회를 찾아 소태산에게 귀의한다.

▲ 제산 박제봉

○ 박제봉 朴濟奉, 1888~1957

울산 출생이나 원적은 전남 목포로[2], 1936년(원기 21년) 49세 때 이재철의 인도로 소태산에게 귀의한다.

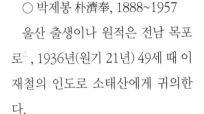
2. 일산 이재철 추모문집 『영산회상의 둥근 빛』(141쪽)에는 "1888년 1월 15일 전남 목표시 대성동 50번지에서 출생하였다."고 기술되어 있다.

▲ 향타원 박은국

○ 박은국 朴恩局, 1923~2017

전남 장성읍 출생으로, 어린 시절 이사하여 법성 또는 와탄리로 그곳에서 성장하다가 17세때 정연국 교도의 인도로 영산학원을 찾아가 학원생이 된 후 전무출신의 길에 들어선다.

〈참고문헌〉

- 『사진첩 소태산대종사』, 원불교출판사, 1991
- 『원불교교고총간』 1권(월말통신,월보), 원불교정화사, 1968
- 『원불교교고총간』 2·3권(회보), 원불교정화사, 1969
- 『원불교자료총서』(《월말통신》·《월보》·《회보》), 원불교출판사, 1984
- 원불교사상연구원 편, 『원불교대사전』, 원불교100년기념성업회, 2013
- 송규, 『불법연구회창건사』(『한울안한이치에』, 원불교출판사, 1982)
- 『대종경』
- 『대종경선외록』, 원불교출판사, 1985
- 『대산종사 수필법문』, 원불교백년기념성업회, 2014
- 『불법연구회 원명부』
- 『법훈록』
- 『조옥정 백년사』
- 『원불교72년총람』 Ⅰ, Ⅱ, Ⅲ, 1991
- 『원불교제일대창립유인역사』 권1, 부록, 1986
- 『삼산·육타원 종사 문집』, 원불교출판사, 1982
- 박정훈, 『정산종사전』, 2002
- 박용덕, 경산연대기, 「조옥정백년사」考, 정산개벽 6집, 1988
- 박용덕, 원불교 초기교단사 1, 『소태산의 대각, 영산방언조합 운동 전개』,
  원불교출판사, 1997
- 박용덕, 원불교 초기교단사 4, 『금강산의 주인되라』, 원불교출판사, 2004
- 박용덕, 원불교 초기교단사 5, 『천하농판』(개정판), 원불교출판사, 2008
- 박용덕, 『대장부』(증보판), 원광대학교 중앙도서관, 1997
- 박용덕, 원불교 선진열전 5, 『정녀』 上, 원불교출판사, 2003
- 서문성·문향허 엮음, 『원불교초기교단예화모음』, 원불교출판사, 2004
- 서문 성, 『원불교 예화집』 1권·3권·4권·9권, 원불교출판사, 2010
- 대마교당 66년, 『대마, 그 복스런 들마을』, 원광사, 2000

- 원불교교화연구회,『한국근대사에서 본 원불교』, 원화, 1991

- 남원교당80년사편찬위원회,『불보살의 땅 남원』, 원불교출판사. 2018

- 원광대학교 원불교사상연구원 공동학술대회,『원불교와 독립운동』,
  원불교사상연구원, 2019

- 원불교신보 신서 2,『구도역정기』, 원불교출판사, 1988

- 박혜명,『함께한 서원의 세월』, 원불교출판사, 1989

- 손정윤, 원각성존 소태산대종사 일화집, 1995, 원불교출판사

- 한정석,『원불교대종경해의』上, 동아시아, 2001년, 374~5쪽.

- 원불교사상연구원 편,『구국과 개벽의 길을 찾다. 선산 변중선』, 모시는 사람들, 2018

- 원불교광주교당,『光州敎堂 半百年史』, 원광사, 2002

- 전이창,『죽음의 길을 어떻게 잘 다녀올까』(개정판), 2000

- 이공주, 청하문총 1,『금강산의 주인』, 청하문총간행회, 1984

- 김중묵,『인과의 세계』, 동남풍, 1999

- 장도영 엮음,『두 하늘 황이천』, 원불교출판사, 2017

- 송인걸,『대종경 속의 사람들』, 1996

-『원불교 창평교당 창립 60년사』, 2012

- 방길튼,『소태산 대종사 숨결따라』(개정판), 원불교출판사, 2017

-『증산천지공사기甑山天師公事記』

- 국립광주박물관 개관30주년 기념 특별전 도록, 유구한 문화의 도시 '광주', 2008

- 박선홍,『광주 1백년』, 2권, 재단법인 광주광역시 광주문화재단, 2014년(증보판)

- 주요한,『안도산 전서』, 범양사, 1990

- 완도 청해진 전통한학서예 연구원,『청해음사시집오제상설』, 2018

- 김종영, 曼庵 宗憲의 생애와 활동   1927년까지의 활동을 중심으로
  (大覺思想 제19집, 2013)

- ≪원불교신보≫ 제112호

- ≪원불교신문≫ 제937호

-『원광』52호, 531호

〈후기後記〉

『원불교 남도와 만나다』는 남도와 관련된 원불교 초기교단의 자료를 수집 정리한 후, 이와 관련된 남도 역사를 찾아 논증하는 작업이었다. 원불교의 자료를 수집·정리하는 과정도 수차례를 거쳤다면, 이와 관련된 남도의 역사와 그 관련성을 연결시키는 작업은 더욱 어려운 과정이었다. 남도와 관련된 원불교의 초기 교단 자료는 방길튼 교무(나주교당)에 의해 수집·정리 되었고, 조성식 박사(법명: 원식, 광주교당)에 의해 남도관련 자료를 첨부·부연되는 작업이었다.

『원불교 남도와 만나다』는 원불교와 남도가 서로를 다양하고, 풍부하게, 의미 있게 교감하기를 바라는 첫 시도이다. 작업이 열린 텍스트text가 되길 바란다. 이 책에 소개된 이야기가 다른 이야기와 만나 의미가 확산되고 해석이 넓어지는 콘텐츠contents로 진화되기를 바란다.

예를 들면 정관평 허가관련 전남도청의 부서와 기능, 여학원 학생들이 겪은 광주의 제사공장과 근대자본주의, 경양호에서 바라보는 무등산 풍경과 종교회통, 목포와 완도 뱃길 풍경, 완도 여행담과 시詩, 곡성 관음사의 연기설화와 인도설화의 관계, 호남선과 광주선 철도 이야기, 장성에서 영광을 잇는 옛길, 일제강점기 신작로 이야기 등에 대해 연구를 확장하는 계기가 되었으면 한다.

『원불교 남도와 만나다』는 소태산과 당대 제자들의 남도 관련 역사를 스토리텔링Storytelling 한 작업이다. 아무쪼록 이 책이 남도 곳곳에 스며있는 원불교 이야기를 안내하는 마중물이 되길 바란다. 남도에 원불교와 관련된 이야기가 다양하게 있었음에도 주목되지 못한 지난날의 아쉬움은 뒤로 하고, 앞으로 원불교와 남도가 서로 교감하고 공유하는 관계로 발전해 가길 바란다.

2020년(원기 105년) 12월 말에

방길튼·조성식 합장

원불교 남도와 만나다

초판 1쇄 펴낸 날   2020년 12월 31일

발행처   원불교 광주·전남교구
          주소 | 서구 상무오월로 31
          전화 | 062)232-7223
지은이   방길튼·조성식
펴낸이   김정현
펴낸곳   상상창작소 봄
          등록 | 2013년 3월 5일 제 2013-000003호
          주소 | (62260)광주광역시 광산구 월계로 117-32, 상가 1동 204호
          전화 | 062)972-3234   팩스 | 062)972-3264
          이메일 | sangsangbom@hanmail.net
          페이스북 | facebook.com/sangsangbom
          인스타그램 | @sangsangbom
          블로그 | https://blog.naver.com/bombooks
인 쇄   정명인쇄(062-232-5596)

ISBN   979-11-88297-27-6
ⓒ2020 상상창작소 봄 Printed in Korea.